Steffen Baumhauer

Auf der Suche nach dem modernisierten Wahlkampf

Eine vergleichende Betrachtung der SPD-Bundestagswahlkämpfe zwischen 1998 und 2005

Steffen Baumhauer

AUF DER SUCHE NACH DEM MODERNISIERTEN WAHLKAMPF

Eine vergleichende Betrachtung der SPD-Bundestagswahlkämpfe zwischen 1998 und 2005

ibidem-Verlag
Stuttgart

Bibliografische Information der Deutschen Nationalbibliothek
Die Deutsche Nationalbibliothek verzeichnet diese Publikation in der Deutschen Nationalbibliografie; detaillierte bibliografische Daten sind im Internet über http://dnb.d-nb.de abrufbar.

Bibliographic information published by the Deutsche Nationalbibliothek
Die Deutsche Nationalbibliothek lists this publication in the Deutsche Nationalbibliografie; detailed bibliographic data are available in the Internet at http://dnb.d-nb.de.

Coverbild: © her-life.com / PIXELIO

∞

Gedruckt auf alterungsbeständigem, säurefreien Papier
Printed on acid-free paper

ISBN-10: 3-89821-953-4

ISBN-13: 978-3-89821-953-2

Printed in Germany

Kurzfassung

Gegenstand dieser Studie ist die Wahlkampfführung der Sozialdemokratischen Partei Deutschlands (SPD) zu den Bundestagswahlen 1998, 2002 und 2005. Anhand dieser Kampagnen wird untersucht, ob die Wahlkampfführung in bundesdeutschen Wahlkämpfen einem Wandel unterworfen ist, wie er in der Amerikanisierungs- oder Modernisierungsthese postuliert wird. Dazu werden zentrale Merkmale idealtypischer, modernisierter Wahlkämpfe herausgearbeitet. Die anschließende Analyse der Bundestagswahlkämpfe zeigt, ob und inwiefern diese Merkmale für die bundesdeutsche Wahlkampfführung zutreffen. Gestützt wird die Untersuchung der Bundestagswahlkämpfe durch eine Analyse politischer Werbeträger, welche die SPD, im Gegensatz zur medialen Wahlkampfkommunikation, selbstbestimmt gestalten kann; mit den Wahlplakaten wird das zentrale Werbemittel der Wahlkampagne analysiert. Im Ergebnis zeigt sich, dass eine Modernisierung bundesdeutscher Wahlkämpfe weitgehend zurückzuweisen ist. Während die meisten Merkmale modernisierter Wahlkampagnen nicht oder nur sehr bedingt in der postulierten Form anzutreffen sind, kann bei denjenigen Merkmalen, die sich in den untersuchten Wahlkämpfen wiederfinden, nicht von einem Umbruch der Wahlkampfkommunikation gesprochen werden. Als zentraler Punkt modernisierter Wahlkampfführung für die Bundestagswahlen bleibt allein die große Bedeutung der Metakommunikation.

Inhaltsverzeichnis

Abbildungs-, Tabellen- und Abkürzungsverzeichnisse

Verzeichnis der Abbildungen

Verzeichnis der Tabellen

Verzeichnis der Abkürzungen

bzgl.	bezüglich
bzw.	beziehungsweise
CDU	Christlich Demokratischen Union Deutschlands
CSU	Christlich-Soziale Union in Bayern
d. h.	das heißt
ebd.	ebendort
et al.	et alii (und andere)
f.	folgende (die folgende Seite)
FDP	Freie Demokratische Partei
Grüne	Bündnis '90/Die Grünen
Hrsg.	Herausgeber
insbes.	insbesondere
Kap.	Kapitel
NGO	Nongovernmental Organisation (Nichtregierungsorganisation)
o. J.	ohne Jahr
o. O.	ohne Ort
PDS	Partei des Demokratischen Sozialismus
SPD	Sozialdemokratische Partei Deutschlands
USA	Vereinigten Staaten von Amerika
vgl.	vergleiche
WASG	Wahlalternative Arbeit und soziale Gerechtigkeit

1 Wahlkämpfe und Wandel

1.1 Wahlkämpfe, Weltbilder und deren Wandel

„Politik ist nicht denkbar ohne Kommunikation.“[1] Gerade für Demokratien als diejenige Form politischer Ordnung, die Herrschaft auf die Zustimmung der Regierten aufbaut, ist Kommunikation und die Vermittlung von Politik gegenüber der Bevölkerung ein zentrales Strukturelement. Politikvermittlung, so stellt Ulrich Sarcinelli bereits 1987 fest, umschreibe das spezifisch demokratische Faktum, dass „die Politik zwischen Herrschenden und Beherrschten, zwischen den politischen Führungseliten und den Bürgern vermittelt werde.“[2] Politische Herrschaftsausübung in Demokratien ist „zustimmungsabhängig und begründungspflichtig. Beide, Zustimmung und Begründung, finden ihre Realisierung durch und im Rahmen politischer Kommunikation“[3], wobei „Legitimation als Prozess“[4] gedacht eine stetige Erneuerung und Begründung in Kommunikationsprozessen erfordert. Die Vermittlung, Erklärung und Rechtfertigung von Politik stellt somit eine unerlässliche Voraussetzung demokratischer Regierungsformen dar.[5]

Eine herausgehobene Sonderrolle kommt in Demokratien den Wahlen zu,[6] die nach wie vor das einzige Verfahren sind, in dem potentiell alle Bürger in der Lage sind, ihre Stimme einzubringen und die politische Führungselite zu bestimmen.[7] Der Wahlprozess hat dementsprechend eine herausragende normative Bedeutung. Die

---

[1] Schulz, Winfried: Politische Kommunikation. 2008, Seite 13.

[2] Sarcinelli, Ulrich: Politikvermittlung und Demokratie. 1998, Seite 11.

[3] Sarcinelli, Ulrich: Politische Kommunikation in Deutschland. 2005, Seite 77.

[4] Sarcinelli, Ulrich: Legitimität. 1998, Seite 254.

[5] Zur Legitimationskonstruktion mittels politischer Kommunikation vgl. einführend Sarcinelli, Ulrich: Politische Kommunikation in Deutschland. 2005, Seite 77-92.

[6] Die folgenden Ausführungen nehmen implizit auf ein repräsentationstheoretisches Demokratiemodell Bezug. Insbesondere im diskurstheoretischen Modell, das eng mit der Person Jürgen Habermas verknüpft ist, nimmt politische Kommunikation eine andere, jedoch nicht minder wichtige Position ein. Vgl. zusammenfassend Sarcinelli, Ulrich: Legitimität. 1998, Seite 256-260.

[7] Sarcinelli, Ulrich/Geisler, Alexander: Die Demokratie auf dem Opferaltar kampagnenpolitischer Aufrüstung? 2002, Seite 153.

Methode des „Konkurrenzkampfes um die Stimmen des Volkes“[8] ist Kernpunkt von Demokratie und wird als „entscheidende[s] Instrument zur Konkretisierung der Volkssouveränität“[9] und als „*der* Mechanismus, über den politische Herrschaft zugewiesen und legitimiert wird“[10] bezeichnet. Aus normativer Perspektive sind Wahlen eine „zentrale demokratische Veranstaltung, mit der die ansonsten herrschaftsunterworfenen Staatsbürger selbst Herrschaft ausüben.“[11] Eine Perspektive, die sich allein auf die Wahlen konzentriert, droht jedoch, verengt zu sein. Untrennbar mit den Wahlen verbunden ist der ihnen vorangehende Wahlkampf, der als „Phase *verdichteter* Politikvermittlungsleistungen“[12] gesehen werden kann.

Politikvermittlung im Kontext von Wahlen nimmt aufgrund der hohen normativen Bedeutung von Wahlen eine Sonderstellung ein.[13] Wahlkämpfe und Wahlwerbung sind Teil des Wahlprozesses. Durch diese Teilhabe am zentralen Legitimationsprozess demokratischer Herrschaft kommt auch ihnen eine wichtige normative Funktion zu. „The manner in which democracies conduct their election campaigns is in some ways as important as the results of the voting.”[14] Wahlwerbung ist dabei nicht nur ein Indikator für die vorherrschende politische Kultur, verstanden als das politisch relevante Weltbild, sondern aktualisiert und verändert diese auch.[15] Aus dieser Perspektive erscheint die persuasive Zielsetzung der Wahlkampfkommunikation zweitrangig, Wahlkämpfe sind vielmehr eine „Konstitutionsbedingung von Wähler-

---

[8] Vorländer, Hans: Demokratie. 2003, Seite 110.

[9] Besson, Waldemar/Jasper, Gotthart: Das Leitbild der modernen Demokratie. 1991 [1965], Seite 31.

[10] Kaase, Max: Demokratisches System und die Mediatisierung von Politik. 1998, Seite 44 (Hervorhebung im Original).

[11] Pappi, Franz U.: Zur Theorie des Parteienwettbewerbs. 2000, Seite 85.

[12] Bethscheider, Monika: Wahlkampfführung und politische Weltbilder. 1987, Seite 29 (Hervorhebung im Original).

[13] Sarcinelli, Ulrich: Politikvermittlung und Wahlen - Sonderfall oder Normalität des politischen Prozesses? 2000, Seite 22.

[14] Mancini, Paolo/Swanson, David L.: Politics, Media and Modern Democracy: Introduction. 1996, Seite 1.

[15] Holtz-Bacha, Christina/Lessinger, Eva-Maria: Wahlwerbung als Indikator politisch-kultureller Wandels. 2000, Seite 273-277.

perzeptionen"[16] und sowohl Ausdruck bestehender als auch Mittel zur Aktualisierung von politischer Kultur.[17]

Der Wahlwerbung wie auch der Politikvermittlung allgemein lassen sich bestimmte Funktionen zuordnen, insbesondere eine Informations- und Appellationsfunktion durch die Weitergabe und die symbolische Verdichtung politischer Informationen, eine partizipatorische Funktion durch die Vermittlung einer Teilhabe an der Politik sowie die Funktion als Faktor im politischen Sozialisierungsprozess.[18] Die Information der Wähler gilt dabei seit langem als die zentrale Funktion von Wahlkämpfen, auch wenn hierbei ignoriert wird, dass die politischen Akteure in der Wahlkampfkommunikation versuchen, Wähler zur Stimmabgabe zu bewegen und Wahlkämpfe somit in den Bereich der symbolischen Politik einzuordnen sind.[19] Auch wurde argumentiert, in Wahlkämpfen ein „konstitutives Ritual repräsentativer Demokratien"[20] zu sehen, das die Bürger als „unverzichtbaren Bestandteil der politischen Ordnung"[21] inszeniert, Wahlkämpfe somit eine stabilitätssichernde Funktion für Demokratien wahrnehmen.[22] Der Wahlkampf soll idealtypischer Weise also nicht nur informieren und mobilisieren, sondern zudem ein systemstabilisierendes Inklusionsgefühl herstellen.[23] Obwohl Politikvermittlung in Wahlkämpfen empirisch primär als persuasive,[24] „output-orientierte, top-down Kommunikation"[25] gesehen wird, bleibt festzuhalten, dass nicht nur Wahlen, sondern auch Wahlkämpfe zentrales Element der demokratischen Ordnung sind.

---

[16] Bethscheider, Monika: Wahlkampfführung und politische Weltbilder. 1987, Seite 22.

[17] Holtz-Bacha, Christina: Wahlwerbung als politische Kultur. 2000, Seite 16-21.

[18] Sarcinelli, Ulrich: Politikvermittlung und Wahlen - Sonderfall oder Normalität des politischen Prozesses? 2000, Seite 22.

[19] Kaase, Max: Demokratisches System und die Mediatisierung von Politik. 1998, Seite 44f. Vgl. bereits Sarcinelli, Ulrich: Wahlkampfkommunikation als symbolische Politik. 1986.

[20] Dörner, Andreas/Vogt, Ludgera: Der Wahlkampf als Ritual. 2002, Seite 15.

[21] Dörner, Andreas: Wahlkämpfe - eine rituelle Inszenierung des "demokratischen Mythos". 2002, Seite 31.

[22] Vgl. ausführlich dazu: Edelmann, Murray J.: Politik als Ritual. 2005 [1976].

[23] Schicha, Christian: Die Theatralität der politischen Kommunikation. 2003, Seite 30.

[24] Schön, Harald: Ein Wahlkampf ist ein Wahlkampf ist ein Wahlkampf? 2007, Seite 35.

[25] Tenscher, Jens: Professionalisierung der Politikvermittlung? 2003, Seite 22.

In den letzten Jahrzehnten scheint die Wahlkampfkommunikation in Deutschland und anderen Ländern einem rapiden Wandel unterworfen zu sein. Meist ist die Rede von Amerikanisierung, ein Wort, ohne das „kaum ein Aufsatz, kaum ein Buch [aus]kommt."[26] „Mit der Amerikanisierung ist", zumindest wenn man Karl-Rudolf Korte folgt, „dreierlei gemeint: Personalisierung, Mediatisierung, Professionalisierung."[27] Während Amerikanisierung damit eine Angleichung an US-typische Wahlkampfpraktiken impliziert, wird daneben die These einer Modernisierung der Wahlkampfkommunikation gestellt, die betont, dass gesellschaftliche Veränderungen veränderte Wahlkampfpraktiken mit sich bringen.[28] Offensichtlich ist zunächst allerdings lediglich ein verändertes Erscheinungsbild der Wahlwerbung: „Heute ist die Symbolik eben ‚modern', das heißt dem Zeitgeschmack angepasst."[29]

Der prognostizierte Wahlkampfwandel, der mit den Begriffen Amerikanisierung, Modernisierung, oder auch mit Medialisierung, Standardisierung oder Professionalisierung, etikettiert wird, geht jedoch weit darüber hinaus.[30] Verschiedene Begriffe werden verwendet, um vermeintliche Veränderungen der Wahlkampfführung wie beispielsweise eine starke Personalisierung und Kandidatenzentrierung der Wahlkampfinhalte, eine Professionalisierung und Verwissenschaftlichung des Wahlkampfmanagements oder auch die Entertainisierung und Entideologisierung von Kampagnen zu kennzeichnen. Der Wandel der Wahlkampfkommunikation und der politischen Kommunikation allgemein gilt dabei als Faktum, wird sogar als „common sense der Wahlkampfforschung"[31] gesehen. Dagegen herrscht über Inhalt, Ursache und sogar Begrifflichkeit dieses Wandels deutlich weniger Klarheit.[32] Zudem wird

---

[26] Schön, Harald: Wahlkampfforschung. 2005, Seite 515.

[27] Korte, Karl-Rudolf: Die Amerikanisierung der Wahlkämpfe. o. J.

[28] Schulz, Winfried: Politische Kommunikation. 2008, Seite 244-246.

[29] Kuhn, Yvonne: Professionalisierung deutscher Wahlkämpfe? 2007, Seite 2.

[30] Vgl. etwa Schulz, Winfried: Politische Kommunikation. 2008, Seite 243-246; Donges, Patrick: Amerikanisierung, Professionalisierung, Modernisierung? 2000, insbes. Seite 29f., 35-39. Es sei darauf hingewiesen, dass die Begriffe außerhalb der politikwissenschaftlichen Diskussion um einen Wahlkampfwandel teilweise eine andere Bedeutung innehaben. Vgl. Wagner, Jochen W.: Deutsche Wahlwerbekampagnen made in USA? 2005, Seite 25-36.

[31] Tenscher, Jens: Professionalisierung nach Wahl. 2007, Seite 67.

[32] Vgl. Kap. 3 dieser Studie. Eine zusammenfassende Übersicht über die Diskussion findet sich bei Schön, Harald: Wahlkampfforschung. 2005, Seite 513-521.

oftmals über einen Mangel an geeigneten Studien geklagt. Einen diachronen empirischen Beleg für den postulierten Wahlkampfwandel sucht man vergeblich.[33] Die Forschung, so auch Sarcinelli, suggeriere nicht selten Bewegung, ohne Befunde darüber, was sich in Kommunikation und Politik tatsächlich verändert habe.[34] Der angebliche Wandel der Wahlkampfführung und -kommunikation, wie ihn die Amerikanisierungs- oder Modernisierungstheorie behaupten, soll hier hinterfragt werden.

1.2 Fragestellung

Mit den Wahlkämpfen soll ein bedeutsamer Aspekt eines jeden demokratischen Systems einem rapiden Wandel unterliegen. Die Frage nach der Art und Weise der Politikvermittlung in Wahlkämpfen ist dabei, legt man ein normatives Demokratieverständnis zugrunde, keineswegs nur von theoretischem Interesse.[35] Die vorliegende Studie will einen Beitrag zur Analyse dieses postulierten Wandels leisten, indem sie Wahlkampfführung und -kommunikation der politischen Akteure in Deutschland analysiert. Aufbauend auf der wissenschaftlichen Diskussion der Amerikanisierung bzw. Modernisierung werden sowohl inhaltliche als auch strategische und organisatorische Aspekte eines möglichen Wandels der Wahlkampfführung berücksichtigt. Anhand der letzten drei Bundestagswahlkämpfe einer Partei, nämlich der Sozialdemokratischen Partei Deutschlands (SPD), wird schließlich geprüft, ob bundesdeutsche Wahlkämpfe dem Idealbild des vermeintlich gewandelten Wahlkampfes entsprechen und inwiefern sich Elemente dieses postulierten Wandels der Wahlkampfkommunikation in diesen Wahlkämpfen feststellen lassen. Die Konzentration auf eine der beiden Volksparteien des deutschen Parteiensystems erscheint insofern berechtigt, als dass den Volksparteien zum einen die weitaus größeren Möglichkeiten in der Wahlkampfführung und in der Modernisierung derselben attestiert werden. Zum anderen sind nur sie in der Lage, parlamentarische Mehrheiten zu schaffen und einen aussichtsreichen Kanzlerkandidaten aufzustellen. Bestimmte Fragen der Wahlkampf-

[33] Kuhn, Yvonne: Professionalisierung deutscher Wahlkämpfe? 2007, Seite 3f.

[34] Sarcinelli, Ulrich: Politikvermittlung und Wahlen - Sonderfall oder Normalität des politischen Prozesses? 2000, Seite 28f. Zum Forschungsstand vgl. Kap. 1.3.

[35] siehe etwa Bethscheider, Monika: Wahlkampfführung und politische Weltbilder. 1987, Seite 15-17.

kommunikation werden daher ausschließlich für die Volksparteien relevant.[36] Die alleinige Berücksichtigung einer der beiden großen Volksparteien erfolgt aus forschungsökonomischen Gründen; die SPD wurde hierbei deswegen ausgewählt, weil ihr über die letzten Jahre hinweg von zahlreichen Beobachtern stets eine moderne Wahlkampfführung bescheinigt wurde.[37] Ein eventueller Wandel der Wahlkampfkommunikation sollte somit hier besonders evident sein.

Die forschungsleitende Fragestellung lautet folglich, ob und inwiefern sich der in der Wissenschaft oftmals postulierte Wahlkampfwandel in der Wahlkampfführung und -kommunikation der Sozialdemokratischen Partei Deutschlands zu den Bundestagswahlen 1998, 2002 und 2005 widerspiegelt. Die Studie möchte so zu einer Reflexion der Diskussion um einen Wahlkampfwandel sowie zu der Beantwortung der „politikwissenschaftlich zentralen Frage nach der Angemessenheit des Verhältnisses von Form und Inhalt in einer politischen Wahlwerbekampagne“[38] beitragen.

Auch wenn eine kausal-analytische Erklärung der Ursachen eines eventuellen Wahlkampfwandels bzw. seines Ausbleibens sowie eine Erörterung der wahrscheinlichen Folgen im Rahmen dieser Studie nicht möglich sind, so bleibt auch für diese Fragen eine gesicherte Beschreibung der Wahlkampfkommunikation grundlegend, denn „unvollständige oder falsche Beschreibungen führen zwingend zu falschen Erklärungen.“[39] Die Wahl der Perspektive, die einen Blick auf drei verschiedene Bundestagswahlkämpfe wirft, erscheint zudem insofern ertragreich, da ein umfassenderes Bild erst über einen längeren Zeitraum hinweg sichtbar wird und ein deutlicher Mangel an Längsschnittuntersuchungen der Wahlkampfkommunikation immer wieder beklagt wird.

---

[36] Bergmann, Knut: Der Bundestagswahlkampf 1998. 2002, Seite 12; Holtz-Bacha, Christina: Wahlwerbung als politische Kultur. 2000, Seite 237f.

[37] Vgl. stellvertretend für viele Bentele, Günter: Zukünftige Trends politischer Öffentlichkeitsarbeit. 2005, Seite 97, der rückblickend den SPD-Wahlkampf 1998 als „Wegmarke in der politischen Kommunikation der Nachkriegsgeschichte“ bezeichnet. Zum Wahlkampf 2005 meint Holtz-Bacha, dass sich „die SPD [...] wiederum als die Partei, die im Wahlkampf Professionalität durch den Einsatz moderner Kampagneninstrumente demonstriert“ bewiesen hätte. Holtz-Bacha, Christina: Bundestagswahlkampf 2005 - Die Überraschungswahl. 2006, Seite 14.

[38] Schicha, Christian/Dörner, Andreas: "Parteien zur Bundestagswahl 2005 - Für den Inhalt der Spots sind ausschließlich die Parteien verantwortlich." 2008, Seite 10.

[39] Rössing, Thomas: Wahlkampf und Wirklichkeit. 2007, Seite 47.

1.3 Forschungsstand

„Bis heute ist Wahlforschung zuallererst Wählerverhaltensforschung.“[40] Während insbesondere die Frage nach den Determinanten des Wählerverhaltens schon früh in der Politikwissenschaft erforscht wurde, erfuhren Wahlkämpfe bis in die 90er Jahre hinein nur sehr zurückhaltende Beachtung.[41] Immer wieder wurden Forschungsdefizite in der politikwissenschaftlichen Kommunikationsforschung und die „festgestellte Ignoranz der Politikwissenschaft“[42] beklagt. Entsprechende Fragestellungen wurden folglich überwiegend außerhalb der Politikwissenschaften bearbeitet.[43]

Als Beginn der wissenschaftlichen Wahlforschung in Deutschland lässt sich die Berliner Wahl von 1952 festhalten, auf Bundesebene die Wahl von 1961. Mit einer ersten Studie zu Wahlwerbespots rückte bereits 1969 auch der Wahlkampf in das Interesse der Wissenschaft.[44] Für den angelsächsischen Raum, insbesondere für die USA, lässt sich diesbezüglich eine wesentlich längere Forschungstradition festhalten,[45] wobei insbesondere die klassische Erie-County-Studie erwähnt werden muss.[46] Für die letzten Jahrzehnte lässt sich auch in der deutschen Politikwissenschaft ein stark gestiegenes Forschungsinteresse feststellen, so dass von der „Emanzipation und Institutionalisierung eines eigenständigen Wissenschaftsfeldes“[47] gesprochen werden

---

[40] Holtz-Bacha, Christina: Kampagnen politischer Kommunikation. 2003, Seite 240.

[41] Zu den folgenden Ausführungen vgl. die Forschungsüberblicke bei Holtz-Bacha, Christina: Wahlwerbung als politische Kultur. 2000, Seite 78-89; Kuhn, Yvonne: Professionalisierung deutscher Wahlkämpfe? 2007, Seite 8-11; .Wagner, Jochen W.: Deutsche Wahlwerbekampagnen made in USA? 2005, Seite 16-22. Zur Forschung bzgl. politischer Kommunikation allgemein vgl. ebenso den Forschungsüberblick von Vowe, Gerhard/Dohle, Marco: Politische Kommunikation im Umbruch. 2007.

[42] Sarcinelli, Ulrich: Politische Kommunikation in Deutschland. 2005, Seite 18.

[43] Kaase, Max: Politische Kommunikation. 1998, Seite 98-100.

[44] Holtz-Bacha, Christina: Wahlwerbung als politische Kultur. 2000, Seite 78f.; Kuhn, Yvonne: Professionalisierung deutscher Wahlkämpfe? 2007, Seite 8. Vgl. Münke, Stephanie: Wahlkampf und Machtverschiebung. 1952; Scheuch, Erwin K./Wildenmann, Rudolf (Hrsg.): Zur Soziologie der Wahl. 1965; Dröge, Franz/Lerg, Winfried/Weißenborn, Rainer: Zur Technik politischer Propaganda in der Demokratie. 1969.

[45] Wagner, Jochen W.: Deutsche Wahlwerbekampagnen made in USA? 2005, Seite 17.

[46] Lazarsfeld, Paul F./Berelson, Bernard/Gaudet, Hazel: The People's Choice. 1944. Vgl. dazu Schulz, Winfried: Politische Kommunikation. 2008, Seite 230-233.

[47] Schulz, Winfried: Politische Kommunikation. 2008, Seite 15.

kann. Von Anfang an spielte die Erforschung der Wahlkampfkommunikation in der politischen Kommunikationsforschung eine zentrale Rolle, die „mit einer beachtlichen historischen Kontinuitätslinie [...] zum Thema gemacht“[48] wurde. Die Gründe liegen zum einen in der großen normativen Bedeutung von Wahlen, zum anderen in der besonderen Eigenschaft der Wahlkämpfe, die sich als „eine Art Forschungslabor [...] auch für die Grundlagenforschung“ besonders eignen.[49]

Trotz der gestiegenen Aufmerksamkeit bleiben jedoch Forschungslücken bestehen. Ulrich Saxer weist in einem Forschungsüberblick auf die ungerechtfertigte, „weitgehende Vernachlässigung von Langzeitstudien“ hin und beklagt als Hauptprobleme der Wahlkampfkommunikationsforschung zudem die „Fixierung auf das Fernsehen“ sowie eine dominierende Rolle „tradierte[r] Common-sense-Wissenschaft.“[50] Gerade durch die Konzentration der Forschung auf Wahlkämpfe ist der Mangel an Längsschnittstudien umso erstaunlicher.[51] Auch methodisch bleibt der Stand der deutschen Wahlkampfforschung oftmals unbefriedigend, was sich in einer großen Zahl an Studien widerspiegelt, die sich den Wahlkämpfen rein deskriptiv und alltagswissenschaftlich nähern, sich auf einzelne Elemente des Gesamtgeschehens beschränken und stark vereinfachende Annahmen zugrundelegen.[52] Deutlich wird, dass sich „Wahlkampfforschung auch heute noch auf sehr brüchigem Eis bewegt.“[53] International-komparative Studien, die ein besseres Verständnis der Veränderungen der Wahlkampfkommunikation ermöglichen würden, bleiben Mangelware.[54] Hinzu kommt, dass der Erforschung der Wahlwerbung der Parteien bislang wenig Aufmerk-

---

[48] Kaase, Max: Politische Kommunikation. 1998, Seite 97.

[49] Schulz, Winfried: Politische Kommunikation. 2008, Seite 229.

[50] Saxer, Ulrich: Massenmedien als Wahlkommunikatoren in längerfristiger Perspektive. 2000, Seite 33.

[51] Reinemann, Carsten: Wandel beschrieben - Wandel erklärt? 2008, Seite 179. Als Ausnahmen sind insbesondere zu erwähnen: Hetterich, Volker: Von Adenauer zu Schröder - der Kampf um Stimmen. 2000; Hönemann, Stefan/Moors, Markus: Wer die Wahl hat... 1994; Keil, Silke I.: Wahlkampfkommunikation in Wahlanzeigen und Wahlprogrammen. 2003; Kuhn, Yvonne: Professionalisierung deutscher Wahlkämpfe? 2007; Michel, Marco: Die Bundestagswahlkämpfe der FDP 1949-2002. 2005.

[52] Wagner, Jochen W.: Deutsche Wahlwerbekampagnen made in USA? 2005, Seite 19-21; Brunner, Wolfram: Bundestagswahlkämpfe und ihre Effekte. 1999, Seite 269f.

[53] Brunner, Wolfram: Bundestagswahlkämpfe und ihre Effekte. 1999, Seite 269.

samkeit entgegengebracht wurde.[55] Der direkte Kontakt zwischen Parteien und Wählern verbleibt, entgegen der massenmedial vermittelten Kommunikation, in der Forschung bislang von „nachgeordneter Bedeutung und wurde bisher wenig untersucht."[56] Stattdessen wird oft von den Medieninhalten auf die Inhalte der Primärkommunikation durch die Parteien geschlossen. Dies stellt jedoch einen unzulässigen und höchst zweifelhaften Schluss dar, „denn für die Darstellung der Parteien in den Medien können nur die Medien verantwortlich gemacht werden."[57]

Insbesondere seit der Bundestagswahl 1998 sind zahlreiche Publikationen zum Thema Amerikanisierung bzw. Modernisierung erschienen, allerdings handelt es sich dabei größtenteils um kürzere Aufsätze, die „meist sehr selektiv vorgehen und/oder einzelne Aspekte herausstellen."[58] Speziell in diesem Forschungsbereich zeigt sich der Mangel an Longitudinalstudien, wie sie zum Beleg eines Wandels der Wahlkampfkommunikation notwendig wären.

> „Das als schrittweiser und langfristiger Prozess charakterisierte Phänomen der ‚Amerikanisierung' [wird] paradoxerweise zumeist im Rahmen von punktuellen, kontext- und situationsspezifischen Einzelfallanalysen untersucht."[59]

1.4 Zur Vorgehensweise und Methodik

Der Frage nach einem Wandel der Wahlkampfführung und -kommunikation soll methodisch mit Hilfe einer Merkmalsanalyse nachgegangen werden. Aus der wissenschaftlichen Diskussion zum Thema Amerikanisierung, Standardisierung bzw. Modernisierung[60] werden charakteristische, idealtypische Merkmale[61] herausgelöst. Diese

---

[54] Holtz-Bacha, Christina: Kampagnen politischer Kommunikation. 2003, Seite 243f.

[55] Kuhn, Yvonne: Professionalisierung deutscher Wahlkämpfe? 2007, Seite 8.

[56] Klingemann, Hans-Dieter/Voltmer, Katrin: Politische Kommunikation als Wahlkampfkommunikation. 1998, Seite 397; Vgl. auch Hetterich, Volker: Von Adenauer zu Schröder - der Kampf um Stimmen. 2000, Seite 25.

[57] Keil, Silke I.: Parteiprogrammatik in Wahlkampfanzeigen und Wahlprogrammen 1957-2002. 2004, Seite 354.

[58] Wagner, Jochen W.: Deutsche Wahlwerbekampagnen made in USA? 2005, Seite 20.

[59] Tenscher, Jens: Professionalisierung der Politikvermittlung? 2003, Seite 57.

[60] Im Folgenden wird überwiegend von einem Wandel oder einer Modernisierung der Wahlkampfkommunikation gesprochen, um den problematischen Sammelbegriff der Amerikanisierung zu

Indikatoren des idealtypischen modernisierten Wahlkampfes, wie ihn die einzelnen Theorien beschreiben, werden dann ausgewählten Wahlkämpfen gegenübergestellt.[62] Durch den Aufbau als theorietestende, komparatistische Fallstudie ist es möglich, die These, Wahlkämpfe in Deutschland seien modernisierte Wahlkämpfe, zu testen und festzustellen, ob und inwiefern dies der Fall ist.[63]

Vor der eigentlichen Untersuchung der Forschungsfrage werden in einem ersten Schritt der Begriff Wahlkampf bestimmt und die theoretischen Grundlagen zur Wahlkampfkommunikation skizziert. Die Akteure und ihr Gestaltungsspielraum im Wahlkampf sowie die wichtigsten stabilen und variablen Rahmenbedingungen der Wahlkampfkommunikation werden betrachtet. Dem Umfeld der Wahlkampfkommunikation ist dabei ein entscheidender Einfluss auf die Gestalt des Wahlkampfes zuzurechnen.[64] Anschließend werden die theoretischen Grundlagen zur Wahlkampfkommunikation und zum Wahlkampfwandel reflektiert. Schwerpunkt muss hierbei sein, die Diskussion um den Wandel von Wahlkämpfen zu betrachten und, darauf aufbauend, einen Merkmalskatalog dieses Wahlkampfwandels aufzustellen und somit idealtypische Kennzeichen einer modernisierten Wahlkampagne herauszuarbeiten. Im Anschluss wird die Arbeitshypothese für die nachfolgende Untersuchung formuliert.

In einem zweiten Schritt werden die Wahlkämpfe der SPD zu den Bundestagswahlen 1998, 2002 und 2005 analysiert. Hierbei stützt sich die Analyse auf vorliegende Studien zu den entsprechenden Wahlkämpfen. Die Schwerpunktsetzung auf eine der beiden großen Volksparteien erfolgt, wie gesehen, aus forschungsökonomischen Gründen und aufgrund der hohen Erfolgsaussichten einer derartigen Perspektive. Zudem wird es so möglich, mehrere Wahlkämpfe zu betrachten und Vergleiche

vermeiden, dem „eine klare Bedeutung fehlt." Vgl. Donges, Patrick: Amerikanisierung, Professionalisierung, Modernisierung? 2000, Zitat Seite 27.

[61] Vgl. Jahn, Detlef: Einführung in die vergleichende Politikwissenschaft. 2006, Seite 220-222.

[62] Vgl. Rosumek, Lars: Politische Öffentlichkeitsarbeit im Wandel? 2005, Seite 6f.

[63] Jahn, Detlef: Einführung in die vergleichende Politikwissenschaft. 2006, Seite 328f.; Prittwitz, Volker von: Vergleichende Politikanalyse. 2007, Seite 15.

[64] Lutter, Johannes/Hickersberger, Michaela: Wahlkampagnen aus normativer Sicht. 2000, Seite 9-11.

zwischen den einzelnen Kampagnen im Zeitverlauf zu ziehen.[65] Um eine gewisse Vergleichbarkeit zu gewährleisten werden Wahlen auf anderen politischen Ebenen, etwa Landtags- oder Europawahlen, nicht berücksichtigt. Eine Einbeziehung dieser Wahlen würde letztlich zu einer kaum aussagekräftigen Komplexitätssteigerung führen.[66] Stattdessen konzentriert sich die Untersuchung auf die als besonders wichtig wahrgenommenen Bundestagswahlkämpfe und hierbei auf die bundespolitische Ebene, welche die Leitungsfunktion für Wahlkampfplanung und -gestaltung auf nationaler Ebene innehat.[67] Durch die Konzentration auf einen politischen Akteur und den zentral geführten, bundesweiten Wahlkampf nimmt die Studie eine akteurszentrierte top-down Perspektive ein.

Theoretische Modelle für die Beschreibung von Wahlkämpfen existieren in der Politikwissenschaft leider nicht, was auch in der hohen Komplexität dieser Ereignisse begründet ist.[68] In Anlehnung an Monika Bethscheider lassen sich jedoch vier verschiedene Forschungsrichtungen in der Wahlkampfforschung unterscheiden.[69] Ziel des zeitgeschichtlich-deskriptiven Ansatzes ist eine „möglichst umfassende Beschreibung des generellen Verlaufs von Wahlkämpfen“[70], wobei meist einem chronologischen Aufbau gefolgt und auf eine Einordnung der Ergebnisse in einen theoretischen

[65] Allerdings muss auf die begrenzte Vergleichbarkeit von Wahlkämpfen hingewiesen werden, da „Wahlkampagnen [...] in ein ganz eigenes, sich immerfort wandelndes gesellschaftliches und politisches Klima“ eingebettet sind. Vgl. Rössing, Thomas: Wahlkampf und Wirklichkeit. 2007; Zitat ebd., Seite 46.

[66] Wagner, Jochen W.: Deutsche Wahlwerbekampagnen made in USA? 2005, Seite 13. Zur Wahlkampfführung bei Europa- und, in geringerem Maße, bei Landtagswahlen liegt Literatur vor; vgl. etwa: Maier, Michaela/Tenscher, Jens (Hrsg.): Campaigning in Europe - Campaigning for Europe. 2006; Sarcinelli, Ulrich/Schatz, Heribert (Hrsg.): Mediendemokratie im Medienland. 2002; Schmid, Josef/Griese, Honza (Hrsg.): Wahlkampf in Baden-Württemberg. 2002; Tenscher, Jens (Hrsg.): Wahl-Kampf um Europa. 2005; Ein Vergleich der Wahlkampfführung zu Europa- und Bundestagswahlen findet sich bei Tenscher, Jens: Professionalisierung nach Wahl. 2007.

[67] Hetterich, Volker: Von Adenauer zu Schröder - der Kampf um Stimmen. 2000, Seite 14f.

[68] Bergmann, Knut: Der Bundestagswahlkampf 1998. 2002, Seite 15; Strohmeier, Gerd: Moderne Wahlkämpfe. 2002, Seite 29.

[69] Für die folgenden Ausführungen vgl. Bethscheider, Monika: Wahlkampfführung und politische Weltbilder. 1987, Seite 23-29 sowie zusammenfassend Bergmann, Knut: Der Bundestagswahlkampf 1998. 2002, Seite 13 und Hetterich, Volker: Von Adenauer zu Schröder - der Kampf um Stimmen. 2000, Seite 22-25.

[70] Bethscheider, Monika: Wahlkampfführung und politische Weltbilder. 1987, Seite 24.

Bezugsrahmen verzichtet wird. Faktorspezifische Analysen hingegen wollen einzelne Faktoren umfassend und detailliert untersuchen. Die in letzter Zeit verstärkt publizierten Studien zu den Wirkungen von Massenmedien in Wahlkämpfen fallen in diese Kategorie.[71] Die dritte Untersuchungsperspektive, die sogenannten prozessanalytischen Studien, versuchen, alle für die Wahlentscheidung relevanten Faktoren kausal zu erfassen, „wobei sie – vermutlich aufgrund forschungspraktischer Erwägungen – auf regionaler, lokaler und länderspezifischer Ebene“[72] ansetzen. Funktionalistische Wahlkampfstudien schließlich „folgen keinem bestimmten methodischen Ansatz [..., sondern] können einzelne Elemente aus den vorgenannten Herangehensweisen verbinden.“[73] Kennzeichnend für diesen Ansatz, der sich im Zuge der Professionalisierungs- und Amerikanisierungsdebatte entwickelt hat, ist stattdessen, dass praktische Fragestellungen der Politikvermittlung im Mittelpunkt stehen, also „aus Sicht der handelnden Akteure organisatorische, technische und kommunikative Aspekte der Wahlkampfführung“[74] untersucht werden. Ihm zuzurechnen ist jedoch auch die nichtwissenschaftliche, oft von Praktikern verfasste, Kampagnenliteratur.[75] Dabei handelt es sich jedoch weniger um wissenschaftliche Betrachtungen, sondern eher um Eigenwerbung, die den Eindruck des professionalisierten, gewandelten Wahlkampfes verstärkt.[76]

Die vorliegende Studie folgt einem funktionalistischen Ansatz, wobei faktorspezifische und zeitgeschichtlich-deskriptive Elemente einfließen. Elemente einer deskriptiven Perspektive sind für die Herausarbeitung und Beschreibung von Organisation und Strategie der jeweiligen Kampagne notwendig. Zugunsten einer Fokussierung auf einen möglichen Wandel der Wahlkämpfe werden allerdings nicht alle Aspekte und Faktoren des Wahlkampfes und der Wahlkampfführung untersucht, sondern nur diejenigen, die als Indikatoren für den vermeintlichen Wandel der Wahlkämpfe gelten.

---

[71] Bergmann, Knut: Der Bundestagswahlkampf 1998. 2002, Seite 13.

[72] Bethscheider, Monika: Wahlkampfführung und politische Weltbilder. 1987, Seite 26.

[73] Bergmann, Knut: Der Bundestagswahlkampf 1998. 2002, Seite 13.

[74] Hetterich, Volker: Von Adenauer zu Schröder - der Kampf um Stimmen. 2000, Seite 23.

[75] Vgl. beispielsweise Althaus, Marco/Cercere, Vito (Hrsg.): Kampagne! 2003; Berg, Thomas (Hrsg.): Moderner Wahlkampf. 2002.

[76] Kuhn, Yvonne: Professionalisierung deutscher Wahlkämpfe? 2007, Seite 36-39.

Die Analyse der ausgewählten Wahlkämpfe folgt dabei einer Zweiteilung. In einem ersten Teil wird die Organisation und Strategie der Wahlkampfführung und deren Umsetzung im Wahlkampf untersucht. Die Betrachtung konzentriert sich auf Merkmale für den vermeintlichen Wahlkampfwandel. Ziel ist es, herauszuarbeiten, inwiefern sich die im Rahmen der Modernisierungsdiskussion postulierten Veränderungen in der organisatorischen und strategischen Realität der Wahlkampagnen wiederfinden.

Problematisch bei der Untersuchung der Bundestagswahlkämpfe ist die zeitliche Abgrenzung des Wahlkampfes.

> „Da bundesdeutsche Wahlkämpfe in den permanenten politischen Prozeß eingebettet sind, ist es schwierig, den Beginn eines Wahlkampfes zu bestimmen und überhaupt eine eindeutige sachliche Abgrenzung vorzunehmen. Eine allgemeingültige Lösung für diese Problematik gibt es wohl nicht."[77]

Bezüglich der zeitlichen Abgrenzung wird weitgehend der jeweiligen Einteilung durch die sozialdemokratische Partei gefolgt; gemeint ist damit jedoch nicht die sogenannte „heiße Phase" nach dem öffentlichen Verkünden des Wahlkampfauftakts, die normalerweise vier bis sechs Wochen vor dem Wahltermin beginnt. In der Regel starten die Parteien bereits wesentlich früher, meist circa ein Jahr vor der jeweiligen Wahl, mit Wahlkampfmaßnahmen,[78] die sich von der normalen Politikvermittlung unterscheiden und die Entwicklung und Umsetzung der Kampagne umfassen.[79] Dies erscheint insofern geeignet, als dass damit der akteurszentrischen Perspektive gefolgt wird.[80] Zudem entspricht diese Abgrenzung dem Wahlkampfverständnis, wonach die

---

[77] Hetterich, Volker: Von Adenauer zu Schröder - der Kampf um Stimmen. 2000, Seite 17.

[78] Kuhn, Yvonne: Professionalisierung deutscher Wahlkämpfe? 2007, Seite 12.

[79] So begann die SPD für die Bundestagswahl 1998 bereits Ende 1996, knapp zwei Jahre vor der Wahl, mit der Vorbereitung ihrer Kampagne und Anfang 1997 mit der Wahlkampfkommunikation; 2002 begann die auf die Wahlen ausgerichtete Kommunikation immerhin noch mit circa einem Jahr Vorlauf. Vgl. SPD Parteivorstand, Abteilung Kommunikation und Wahlen: Mehrheit 98. o. J., Seite 3 und SPD Parteivorstand: Kampa 02. 2002, Seite 7. Eine Besonderheit ergibt sich hierbei für den Bundestagswahlkampf 2005, dessen Beginn auf den 22. Mai, den Tag der Ankündigung von vorgezogenen Neuwahlen durch Franz Müntefering, gelegt werden kann; vgl. Schmitt-Beck, Rüdiger/Faas, Thorsten: The Campaign and its Dynamics at the 2005 German General Election. 2006, Seite 393.

[80] Kuhn, Yvonne: Professionalisierung deutscher Wahlkämpfe? 2007, Seite 12f. Vgl. auch Schön, Harald: Ein Wahlkampf ist ein Wahlkampf ist ein Wahlkampf? 2007, Seite 35f.

„zusätzliche[n] organisatorische[n] und inhaltliche[n] Anstrengungen“[81] der Parteien zur Stimmenmaximierung ein Definitionsmerkmal von Wahlkämpfen darstellen. Darüber hinaus werden gegebenenfalls längerfristige strategische und organisatorische Entscheidungen berücksichtigt. Auf einen Vergleich der Wahlkampfausgaben wird dagegen bewusst verzichtet, da diese wenig aussagekräftig erscheinen.[82]

Da es sich bei Wahlkämpfen jedoch um einen weitestgehend nicht öffentlichen Aspekt der Politik handelt, Wahlkämpfe „Bestandteil des Arkanbereichs von Politik“[83] sind, ist diese Art der Untersuchung mit einem grundlegenden Problem konfrontiert: Wahlkampfberater „gehen ihrem Beruf überwiegend hinter verschlossenen Türen nach“[84] und obwohl einzelne Veröffentlichungen Einblicke erlauben,[85] bleiben Organisation und Strategie eines Wahlkampfes weitgehend vor der Öffentlichkeit verborgen, wobei die Beteiligten sich in „Kommunikationskartellen [...] gegenüber parteiinterner und -externer Öffentlichkeit abschirmen.“[86]

Aufgrund dessen werden komplementär in einem zweiten Teil der Untersuchung die Werbemittel zu der jeweiligen Bundestagswahl[87] auf inhaltliche Indikatoren eines

[81] Timm, Andreas: Die SPD-Strategie im Bundestagswahlkampf 1998. 1999, Seite 9.

[82] Müller, Marion G.: Parteienwerbung im Bundestagswahlkampf 2002. 2004, Seite 103. Die gesamtwirtschaftlichen Wahlkampfausgaben, inklusive der Ausgaben auf Länder- und Kommunalebene, bleiben ebenso intransparent wie die Verwendung der Mittel. Entsprechend wird der Kapitaleinsatz in der Literatur, auch in der Tendenz, unterschiedlich bewertet. So wird bei der Bundestagswahl 2002 beispielsweise, je nach Autor, sowohl von einem gegenüber 1998 stark gestiegenen als auch von einem geringeren Kapitalaufwand gesprochen. Vgl. etwa Müller, Marion G.: Parteienwerbung im Bundestagswahlkampf 2002. 2002, Seite 629; Fengler, Susanne/Jun, Uwe: Rückblick auf den Wahlkampf 2002. 2003, Seite 196.

[83] so etwa Ottfried Jarren und Markus Bode: „Wahlkämpfe sind Bestandteil des Arkanbereichs von Politik. Die beteiligten Akteure [...] lassen sich nur ungern in die Karten schauen – sowohl während des Wahlkampfes als auch in der Zeit danach.“ Jarren, Otfried/Bode, Markus: Ereignis- und Medienmanagement politischer Parteien. 1996, Seite 65.

[84] Althaus, Marco: Wahlkampf als Beruf. 1998, Seite 71.

[85] Vgl. beispielsweise die Veröffentlichung des damaligen technischen Leiters der Wahlkampagne: Machnig, Matthias: Die Kampa als SPD-Wahlkampfzentrale der Bundestagswahl '98. 1999.

[86] Wiesendahl, Elmar: Parteienkommunikation. 1998, Seite 445.

[87] Dem SPD-Parteivorstand bin ich für die Bereitstellung der Kampagnendokumentationen der Bundestagswahlkämpfe 1998, 2002 und 2005 zu Dank verpflichtet.

Wahlkampfwandels untersucht.[88] Im Sinne einer Triangulation im Forschungsprozess soll so denkbaren Interpretationsfehlern vorgebeugt werden.[89] Dabei ist anzunehmen, dass ein eventueller inhaltlicher Wahlkampfwandel insbesondere in der parteieigenen Wahlwerbung zutage treten dürfte. Diese politische Werbung unterliegt, entgegen dem Wahlkampf in den Medien, keinerlei journalistischen Filtern und Einflüssen. Stattdessen kann Wahlwerbung von den Parteien bzw. deren Wahlkampfgremien frei gestaltet werden, der Begriff meint *per definitionem* „die Wahlkampfkanäle, über die die Parteien komplett selbst bestimmen können, deren Gestaltung sie in der Hand haben."[90] Die Medien hingegen sind im Wahlkampf nicht neutrale Vermittler, sondern selbst Akteur, der eigenen Darstellungslogiken folgt, die beispielsweise die Personalisierung der Berichterstattung an Bedeutung gewinnen lassen.[91] Gegenüber der Medienpräsenz bietet die Wahlwerbung den Parteien die Möglichkeit, der „bedeutungsverändernden Informationsbearbeitung"[92] durch die Medien zu entgehen.

> „Als Materialisierung von Erwartungshaltungen und politischen Intentionen sind Wahlplakate und Werbespots zeitgeschichtliche Quellen, die einiges über die Absichten ihrer Produzenten und deren Einschätzung des Rezeptionshorizontes ihres Publikums verraten."[93]

Die Analyse der Wahlwerbung erscheint dadurch für die Untersuchung der Selbstdarstellung der Parteien sowie der eingesetzten Strategien, mit denen die Parteien ihre persuasive Zielsetzung zu erreichen suchen, besonders ertragreich.[94]

---

[88] Teilweise sind Überschneidungen zwischen den Kapiteln unvermeidlich So schlägt sich beispielsweise die verfolgte Strategie in den Werbemitteln nieder, die wiederum die Strategie illustrieren können. Vgl. Kuhn, Yvonne: Professionalisierung deutscher Wahlkämpfe? 2007, Seite 53.

[89] Blatter, Joachim K./Janning, Frank/Wagemann, Claudius: Qualitative Politikanalyse. 2007, Seite 37. Vgl. Jahn, Detlef: Einführung in die vergleichende Politikwissenschaft. 2006, Seite 213; Lamnek, Siegfried: Qualitative Sozialforschung. 2005, Seite 274-291.

[90] Lessinger, Eva-Maria/Moke, Markus/Holtz-Bacha, Christina: "Edmund, Essen ist fertig". 2003, Seite 216. Mit politischer Werbung bzw. Wahlwerbung sind im Folgenden diese Wahlkampfkanäle gemeint.

[91] Klingemann, Hans-Dieter/Voltmer, Katrin: Politische Kommunikation als Wahlkampfkommunikation. 1998, Seite 398f.

[92] Bearns, Barbara: Macht der Öffentlichkeitsarbeit und Macht der Medien. 1987, Seite 160.

[93] Müller, Marion G.: Visuelle Wahlkampfkommunikation. 1997, Seite 206.

[94] Holtz-Bacha, Christina: Wahlwerbung als politische Kultur. 2000, Seite 15, 20f.

Die Art und Weise der Wähleransprache müsste vor allem in denjenigen Werbemitteln deutlich werden, die vom Wähler stark beachtet werden.[95] Für diese Studie scheint daher eine Konzentration auf Wahlkampfplakate sinnvoll. Sie stellen das Wahlkampfmedium dar, welches das Kampagnenbild in der Öffentlichkeit prägt.[96] „Kein anderes Medium symbolisiert den Wahlkampf besser", „zu Wahlkampfzeiten [...] ist den plakatierten Wahlbotschaften kaum auszuweichen."[97] Zudem erfahren Plakate in der Regel über alle Parteien hinweg eine relativ hohe Bewertung durch die Wahlkampfleiter.[98]

Diese Quellen werden mit einem qualitativen Verfahren ausgewertet. Eine quantitative Methode scheidet aus, zum einen, da für zentrale Konzepte wie etwa das der Personalisierung keine hinreichende theoretische Fundierung gegeben ist. In der Folge entstehen vielfältige und nicht vergleichbare, oft unzureichende Forschungsdesigns.[99] Sie können zudem meist den politischen Kontext nicht berücksichtigen und rekurrieren stattdessen zu monokausalen Erklärungsansätzen.[100] Durch die Anwendung einer qualitativen Methodik soll dies verhindert werden. Eine quantitative Auswertung brächte zum anderen die Gefahr, dass die Forschungsperspektive „durch die Perspektive des Forschers dominiert"[101] wird. Studien zur Personalisierung scheinen demnach oft „weniger theoretisch fundiert als Ausdruck normativer Vorannahmen"[102] zu sein.

---

[95] Keil, Silke I.: Parteiprogrammatik in Wahlkampfanzeigen und Wahlprogrammen 1957-2002. 2004, Seite 355.

[96] Auf die Frage nach ihren Informationsquellen bei der Bundestagswahl 1994 gaben 88% der politisch schwach interessierten und 95% der stark interessierten Befragten Wahlplakate an. Eine ähnlich hohe Reichweite erzielten nur Nachrichtensendungen im Fernsehen. Vgl. Schmitt-Beck, Rüdiger: Wirkungen der Parteienwerbung im Fernsehen. 1999, Seite 12, zitiert nach Holtz-Bacha, Christina: Wahlwerbung als politische Kultur. 2000, Seite 83.

[97] Lessinger, Eva-Maria/Moke, Markus/Holtz-Bacha, Christina: "Edmund, Essen ist fertig". 2003, Seite 216 bzw. 218.

[98] So die Ergebnisse der Befragungen von Marion G. Müller für 1998 und 2002, vgl. Müller, Marion G.: Parteienwerbung im Bundestagswahlkampf 2002. 2002, Seite 634.

[99] Hoffmann, Jochen/Raupp, Juliana: Politische Personalisierung. 2006, Seite 457f. Vgl. Kuhn, Yvonne: Professionalisierung deutscher Wahlkämpfe? 2007, Seite 25.

[100] Bergmann, Knut: Der Bundestagswahlkampf 1998. 2002, Seite 16.

[101] Diekmann, Andreas: Empirische Sozialforschung. 1995, Seite 444.

[102] Hoffmann, Jochen/Raupp, Juliana: Politische Personalisierung. 2006, Seite 458.

Die von Mayring als „typisierende Strukturierung“[103] bezeichnete Technik erscheint dagegen für diese Studie besonders geeignet. Dabei wird das vorliegende Material aufgrund eines theoretischen Kontextes gezielt analysiert.[104] Grundlage für die Analyse bilden schließlich einzelne Merkmale, über die Aussagen getroffen werden sollen – in diesem Fall die Merkmale, die in der Theorie als kennzeichnend für den Wahlkampfwandel identifiziert wurden. Anhand dieser Merkmale wird das Material durchgearbeitet, strukturiert und interpretiert. Ziel ist es, „einen Querschnitt durch das Material zu legen und damit eine Gesamteinschätzung zu ermöglichen.“[105] Vorteil dieser Technik ist, dass sie eine Konzentration auf „Ausprägungen von besonderem *theoretischen* Interesse“[106] und deren prototypische Beschreibung ermöglicht.[107]

Wissenschaftliche Analysen von Wahlwerbung gehen meist von einem engen inhaltsanalytischen Verständnis aus, das sich allein auf verbalisierte Information bezieht, da Bilder wegen des ihnen eigenen polysemischen Charakters in der Regel nur sehr schwer analytisch fassbar sind.[108] Die hier zu untersuchenden Werbemittel sind jedoch gerade durch die Kombination von bildlichen und verbalisierten Sujets charakterisiert. Eine qualitative Bildinhaltsanalyse[109] ist im Hinblick auf die Fragestellung jedoch nicht zielführend. Aufgrund des nur sehr kurzen und oberflächlichen Kontaktes von Rezipienten politischer Werbung mit dieser ist es vielmehr angemessen, sich auf plausible Bedeutungszuschreibungen zu konzentrieren. Die Frage nach visuellen Gestaltungsmerkmalen und möglichen assoziativen Bildgestaltungen stellt sich somit

---

[103] Mayring, Philipp: Qualitative Inhaltsanalyse. 2007, Seite 90f. Vgl. dazu auch Lamnek, Siegfried: Qualitative Sozialforschung. 2005, Seite 517-531.

[104] Lamnek, Siegfried: Qualitative Sozialforschung. 2005, Seite 519.

[105] Blatter, Joachim K./Janning, Frank/Wagemann, Claudius: Qualitative Politikanalyse. 2007, Seite 78.

[106] Mayring, Philipp: Qualitative Inhaltsanalyse. 2007, Seite 90 (Hervorhebung im Original).

[107] Daraus ergibt sich allerdings auch eine Gefahr der Verzerrung, vgl. Mayring, Philipp: Qualitative Inhaltsanalyse. 2007, Seite 91. Dieser Gefahr wird hier durch die Beschreibung der Wahlkämpfe und die Einordnung der Inhaltsanalyse in diesen Kontext begrenzt.

[108] Lessinger, Eva-Maria/Moke, Markus/Holtz-Bacha, Christina: "Edmund, Essen ist fertig". 2003, Seite 228.

[109] Vgl. Müller, Marion G.: Grundlagen der visuellen Kommunikation. 2003, insbes. Seite 211-223 und, zusammenfassend, Drechsel, Benjamin: Politik im Bild. 2005, Seite 63-90.

nur am Rande.[110] Nicht das Entdecken möglicher psychischer Strukturen oder Sinnzuschreibungen steht im Mittelpunkt, sondern die Inhalte der Wahlkampfkommunikation zwischen Parteien und Wählern, wie sie sich in den Werbematerialien in Wort und Bild manifestieren.[111] Die nonverbalen Gestaltungsmerkmale der Werbeträger werden daher im Zuge der Inhaltsanalyse mit klaren Bedeutungszuschreibungen, aufbauend auf dem Alltagsverständnis der Werbematerialien, berücksichtigt.

In einem dritten Schritt werden die Ergebnisse der Untersuchung der Bundestagswahlkämpfe reflektiert und dem Idealtyp des modernisierten Wahlkampfes der wissenschaftlichen Literatur gegenübergestellt. Um eine aussagekräftige Einordnung der Ergebnisse zur Wahlkampfführung der letzten Bundestagswahlkämpfe im Kontext früherer Wahlkampagnen vornehmen zu können, wird dabei auf Analyseergebnisse vergangener Wahlkämpfe zurückgegriffen. Der Nachweis eines Wandels ist ohne Berücksichtigung früherer Wahlkämpfe weder sinnvoll noch aussagekräftig.[112] Die Thesen des Wahlkampfwandels drücken auch einen Prozess aus, der einen Wandel von Wahlkämpfen der Vergangenheit hin zu der jetzt zu beobachtenden Wahlkampfform beschreibt. Eine Überprüfung, ob die untersuchten Wahlkämpfe mit dem gezeichneten Idealbild des gewandelten Wahlkampfes übereinstimmen, kann jedoch nur Aufschlüsse über die Merkmale der beobachteten Wahlkämpfe liefern, das Prozesshafte dieses Wandels kann dabei nicht berücksichtigt werden. Deshalb erscheint eine Einordnung der Ergebnisse in den historischen Kontext der Wahlkämpfe zum Deutschen Bundestag notwendig. Die zuvor formulierte Arbeitshypothese wird so mithilfe der Untersuchungsergebnisse überprüft. In einem letzten Abschnitt schließlich werden die Ergebnisse dieser Studie zusammengefasst und Anknüpfungspunkte und Desiderata einer möglichen weitergehenden Forschung benannt.

---

[110] Vgl. dazu etwa Holtz-Bacha, Christina/Lessinger, Eva-Maria: Politische Farbenlehre: Plakatwahlkampf 2005. 2006; Lessinger, Eva-Maria/Moke, Markus/Holtz-Bacha, Christina: "Edmund, Essen ist fertig". 2003; Lessinger, Eva-Maria/Moke, Markus: "Ohne uns schnappt jeder Kanzler über..." 1999.

[111] Lutter, Johannes/Hickersberger, Michaela: Wahlkampagnen aus normativer Sicht. 2000, Seite 133f.

[112] Kuhn, Yvonne: Professionalisierung deutscher Wahlkämpfe? 2007, Seite 53.

2 Wahlkampf und Wahlkampfumfeld

2.1 Akteure und Kommunikation im Wahlkampf

Der Begriff Wahlkampf ist zunächst einmal ein Sammelbegriff für verschiedene kommunikative Interaktionen im Vorfeld von Wahlen, die zwischen unterschiedlichen Akteuren stattfinden, mit dem Ziel, die anderen am Kommunikationsprozess beteiligten Akteure von einer bestimmten politischen Richtung zu überzeugen.[113] Meist wird dabei ein Dreieck aus Parteien/politischen Akteuren,[114] Massenmedien und Wählern zugrunde gelegt.[115] In Anlehnung an Gurevitch und Blumler lässt sich Wahlkampfkommunikation als ein Handlungssystem begreifen, dass durch die kommunikative Interaktion dieser drei Akteure gebildet wird.[116] Die einzelnen Akteure verfolgen dabei unterschiedliche Interessen,[117] die als Ausgangspunkte für die Beschreibung des Dreiecks dienen können: Politische Akteure, in Wahlkampfzeiten insbesondere Parteien, konkurrieren um politischen Einfluss und Macht und versuchen, mittels gesteuerter politischer Kommunikation Vorteile für sich zu erlangen. Medienorganisationen sind zugleich Akteure auf einem eigenen Markt, auf dem sie mittels politischer Kommunikation Vorteile wie etwa höhere Einschaltquoten oder Auflagenzahlen realisieren wollen. Die Bürger schließlich sind daran interessiert, möglichst ohne Auf-

---

[113] Lutter, Johannes/Hickersberger, Michaela: Wahlkampagnen aus normativer Sicht. 2000, S 12. Eine klare Definition des Wahlkampfbegriffes fehlt oft, so dass er meist homonym verwendet wird, um sowohl die kommunikative Interaktion aller Akteure als auch die Aktivitäten eines Akteurs zu bezeichnen.

[114] Als Akteure sind dabei, der soziologischen Verwendung dieses Begriffs folgend, neben Individuen auch kollektive Akteure zu begriffen. Durch ihre Mitwirkung im politischen Prozess ließen sich daneben Bürger bzw. Wähler sowie Medien als politische Akteure im weiteren Sinne denken, im Folgenden bezieht sich der Begriff jedoch auf genuin politische Akteure. Vgl. Schulz, Winfried: Politische Kommunikation. 2008, Seite 16.

[115] Vowe, Gerhard/Dohle, Marco: Politische Kommunikation im Umbruch. 2007, 339. Vgl. beispielhaft Brettschneider, Frank: Bundestagswahlkampf und Medienberichterstattung. 2005, Seite 19f.

[116] Klingemann, Hans-Dieter/Voltmer, Katrin: Politische Kommunikation als Wahlkampfkommunikation. 1998, Seite 396. Vgl. Gurevitch, Michael/Blumler, Jay G.: Linkages between the Mass Media and Politics. 1977.

[117] Kuhn, Yvonne: Professionalisierung deutscher Wahlkämpfe? 2007, Seite 13.

wand politische Informationen zu erhalten.[118] Als vierter Faktor müssen zudem die für die politische Kommunikation relevanten Aspekte der politischen Kultur berücksichtigt werden.[119]

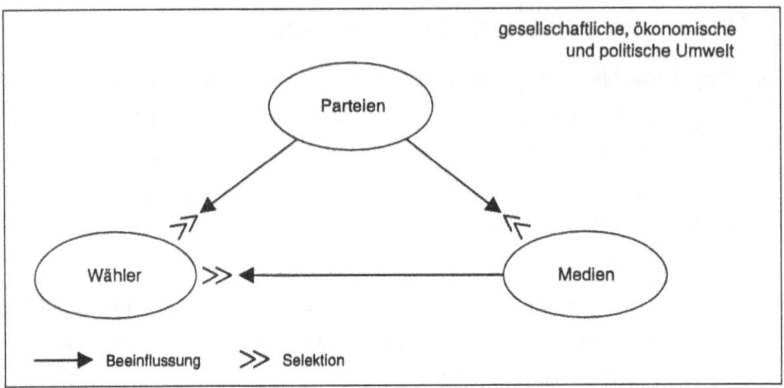

Abbildung 1: Wahlkampfkommunikation als Handlungssystem
Quelle: Klingemann, Hans-Dieter/Voltmer, Katrin: Politische Kommunikation als Wahlkampfkommunikation. 1998, Seite 397.

Der Kommunikationsprozess lässt sich als elitengesteuerte top-down Kommunikation beschreiben. Politische Akteure vermitteln als „Primärkommunikatoren"[120] die zentralen Stimuli der politischen Kommunikation, wobei Parteien die wichtigsten Akteure im Wahlkampf sind.[121] Ziel der Parteien ist es, „Einstellung und Verhalten ihrer Umwelt zum eigenen Nutzen und zur Maximierung politischer Unterstützung für die eigene Organisation zu beeinflussen."[122] Aus diesem Ziel resultiert der janusköpfige Charakter der Wahlkampfkommunikation zwischen Information und Persuasion.[123]

[118] Vowe, Gerhard/Dohle, Marco: Politische Kommunikation im Umbruch. 2007, Seite 340.

[119] Schulz, Winfried: Politische Kommunikation. 2008, Seite 16.

[120] Sarcinelli, Ulrich: Politikvermittlung und demokratische Kommunikationskultur. 1987, Seite 21.

[121] Lutter, Johannes/Hickersberger, Michaela: Wahlkampagnen aus normativer Sicht. 2000, Seite 12.; Woyke, Wichard: Die Bundestagswahl 2002. 2002, Seite 53.

[122] Rosumek, Lars: Politische Öffentlichkeitsarbeit im Wandel? 2005, Seite 8.

[123] Vgl. Rosumek, Lars: Politische Öffentlichkeitsarbeit im Wandel? 2005, Seite 9 und bereits Sarcinelli, Ulrich: Politikvermittlung und demokratische Kommunikationskultur. 1987, Seite 30-36.

Dem Bürger und Wähler steht in diesem asymmetrischen Kommunikationsprozess dagegen eine eher passive Rolle zu, die sich, in Anlehnung an Luhmann, auch als die Rolle eines nichtteilnehmenden Teilnehmers bezeichnen lässt.[124] Als Adressat der Wahlkampfkommunikation lernt der Wähler die Parteien und Politiker nicht direkt kennen, sondern nur deren kommunikativ konstruiertes Bild, das „Image."[125] Nicht übersehen werden sollte jedoch, dass sie zwar einerseits Rezipienten politischer Kommunikation sind. Andererseits werden ihre „Interessen und Befindlichkeiten aber auch an die politischen Akteure rückvermittelt."[126] Für diese Rückkopplung zeigen sich die anderen beiden Akteure der Wahlkampftrias verantwortlich: die Medien, indem sie Berichte über Stimmung und Einstellung der Bevölkerung liefern und die politischen Akteure, die sich hierfür der Demoskopie bedienen.[127]

Der dritte Akteur, die Massenmedien, sind „sowohl Teil als auch Faktor öffentlicher Kommunikation"[128], sie sind „eigenständige (politische) Akteure [...,] werden selbst zum Entscheidungsträger."[129] Das komplexe, interdependente Verhältnis von Politik und Medien ist selbst Thema zahlreicher Analysen.[130] Die Interdependenz beider Akteure wird besonders im Wahlkampf sichtbar: Journalisten sind für ihre Berichterstattung auf Quellen angewiesen, während Politiker versuchen, die Aufmerksamkeit der Medien zu erregen und eigene Themen auf die Agenda zu setzen bzw. von unerwünschten Themen abzulenken.[131] Nicht zu Unrecht lassen sich Politiker und Journalisten als beides, „Täter und Opfer, Instrumentalisierer und Instrumentalisierte" charakterisieren.[132] Innerhalb dieses Beziehungsgeflechts kommt

[124] Wagner, Jochen W.: Deutsche Wahlwerbekampagnen made in USA? 2005, Seite 63.

[125] Kamps, Klaus: Politisches Kommunikationsmanagement. 2007, Seite 181.

[126] Niedermayer, Oskar: Der Wahlkampf zu Bundestagswahl 2005. 2007, Seite 21.

[127] Wagner, Jochen W.: Deutsche Wahlwerbekampagnen made in USA? 2005, Seite 78.

[128] Kamps, Klaus: Politisches Kommunikationsmanagement. 2007, Seite 79.

[129] Wagner, Jochen W.: Deutsche Wahlwerbekampagnen made in USA? 2005, Seite 71.

[130] In der deutschsprachigen Forschung existiert „seit Beginn der 1980er Jahre [eine] virulente Debatte über politisch-mediale ‚Machtverhältnisse.'" Tenscher, Jens: Professionalisierung der Politikvermittlung? 2003, Seite 19f. Vgl. dazu etwa Delhaes, Daniel: Politik und Medien. 2002; Jarren, Otfried/Röttger, Ulrike: Politiker, politische Öffentlichkeitsarbeiter und Journalisten als Handlungssystem. 1999; Pfetsch, Barbara/Adam, Silke: Massenmedien als Akteure im politischen Prozess. 2007. Ein Überblick über verschiedene Konzeptionen findet sich bei Alemann, Ulrich von: Parteien und Medien. 2001, der ein „Zusammenspiel von Politik und Medien, meist zu Lasten des Publikums" sieht. Vgl. ebd., Seite 481.

charakterisieren.[132] Innerhalb dieses Beziehungsgeflechts kommt es zu einem Austausch von Informationen gegen Medienpräsenz.[133]

Während Wahlkampf als Oberbegriff auf die kommunikative Interaktion zwischen diesen drei Akteuren, also Parteien, Massenmedien und Bürgern, abzielt, bezieht sich der Wahlkampfbegriff im engeren Sinne, besser als Wahlkampagne bezeichnet, auf die Kommunikation durch die Parteien bzw. Kandidaten.[134] Sie lässt sich beschreiben als

> „(1) eine geplante, zeitlich abgrenzbare, hauptsächlich an die Öffentlichkeit gerichtete persuasive, partei- oder kandidateninitiierte Kommunikationsform einer eigenständigen politischen Gruppierung oder Person, (2) mit dem Ziel, mittels [...] Gestaltungstechniken (3) ihr Programm bzw. ihren Kandidaten anderen Gruppen [...] bestmöglich zu präsentieren und (4) diese letztlich zur Wahl [...] zu bewegen (Mobilisierung)."[135]

Der Kampagnenbegriff kann sich dabei sowohl auf die gesamte Wahlkampagne einer Partei als auch auf abgrenzbare Einzelaspekte der Gesamtkampagne beziehen.[136]

---

[131] Wagner, Jochen W.: Deutsche Wahlwerbekampagnen made in USA? 2005, Seite 70-75.

[132] Mertens, Michael: Bundeskanzleramt und Bundespresseamt. 2004, Seite 59; zitiert nach Wagner, Jochen W.: Deutsche Wahlwerbekampagnen made in USA? 2005, Seite 74. Vgl. kritisch dazu und von einer Mediendependenz des politischen Systems ausgehend etwa Oberreuter, Heinrich: Medien und Demokratie. 1997; Meyer, Thomas: Mediokratie. 2001. Aus kommunikationswissenschaftlicher Perspektive wird dagegen oft eine Determination der Medien befürchtet, wobei diese beiden antagonistischen Modellvorstellungen der komplexen Beziehung zwischen Medien und Politik nicht gerecht werden dürften. Vgl. Schulz, Winfried: Politische Kommunikation. 2008, Seite 46-52 und 320f.

[133] Pfetsch, Barbara: "Amerikanisierung" der politischen Kommunikation? 2001, Seite 34.

[134] Lutter, Johannes/Hickersberger, Michaela: Wahlkampagnen aus normativer Sicht. 2000, Seite 13.

[135] Wagner, Jochen W.: Deutsche Wahlwerbekampagnen made in USA? 2005, Seite 83.

[136] Wagner, Jochen W.: Deutsche Wahlwerbekampagnen made in USA? 2005, Seite 83f. Deutlich wird dies beispielsweise an der Bezeichnung SPD-Bundestagswahlkampagne 1998 und dem Begriff der Innovationskampagne innerhalb dieses Wahlkampfes; Vgl. zum Sprachgebrauch SPD Parteivorstand, Abteilung Kommunikation und Wahlen: Mehrheit 98. o. J., insbes. Seite 3, 7. Davon zu unterscheiden ist der politische Kampagnenbegriff außerhalb des Wahlkampfes, der als „Ausdruck einer von Politik und Medien getragenen Inszenierung von Politik" (Röttger, Ulrike: Campaigns (f)or a better world? 2006, Seite 19) gesehen wird; vgl. einführend Donges, Patrick: Politische Kampagnen. 2006. Bemerkenswert ist der militärische Ursprung des Begriffs; vgl. Baringhorst, Sigrid: Politik als Kampagne. 1998, Seite 67f.

2.2 Ziele und Mittel der Parteien im Wahlkampf

Die Mitwirkung an der politischen Willens- und Meinungsbildung ist eine im Grundgesetz festgeschriebene Aufgabe der Parteien, die auch im Parteiengesetz betont wird.[137] Daneben steht die Perspektive der Parteien, die den Wahlkampf vorrangig als „Auseinandersetzung [...] um die politische Herrschaft" und „Hochzeit der konkurrierenden Werbung [...] um Wählerstimmen"[138] begreifen. Ihr Ziel ist es also, die Wahl zu gewinnen, denn „dazu treten sie an, das ist insofern völlig legitim."[139] Zur Stimmenmaximierung setzen politische Akteure dabei bestimmte Mittel und Strategien ein, die jedoch, objektiv betrachtet, nicht ideal sein müssen; falsche Perzeptionen über die Rahmenbedingungen und den spezifischen Kontext eines Wahlkampfes oder ungenügende Kenntnisse über Wahlkampfmethoden können beispielsweise ursächlich dafür sein.[140]

Um ihre Botschaften nach Außen zu kommunizieren, stehen den Parteien verschiedene Kommunikationskanäle offen.[141] Üblicherweise wird zwischen Free Media und Paid Media unterscheiden.[142] Mit Free Media wird die Medienkampagne der Parteien bezeichnet, also der Versuch, „die aktuelle Berichterstattung als kostenlosen

---

[137] Seifert, Karl-Heinz/Hömig, Dieter (Hrsg.): Grundgesetz für die Bundesrepublik Deutschland. 1999, Artikel 21, Abs. 1; Vgl. ausführlich dazu Hartmann, Clemens: Die Wahlkampfwerbung von Parteien in der Bundesrepublik Deutschland. 1992, Seite 13-17.

[138] Woyke, Wichard: Die Bundestagswahl 2002. 2002, Seite 53.

[139] Alemann, Ulrich von: Das Parteiensystem der Bundesrepublik Deutschland. 2003, Seite 153.

[140] Schön, Harald: Wahlkampfforschung. 2005, Seite 505. Daneben führt auch der hier vernachlässigte Fall, dass die subjektive Zielsetzung eine andere ist, dazu, dass die Strategie nicht optimal erscheint.

[141] Von der Außen- ist die Parteibinnenkommunikation zu unterscheiden. Vgl. Bosch, Thomas: "Hinten sind die Enten fett." 2006, Seite 33-37; Wiesendahl, Elmar: Parteienkommunikation. 1998, Seite 443-445.

[142] Pfetsch, Barbara/Mayerhöffer, Eva: Politische Kommunikation in der modernen Demokratie. 2006, Seite 11; Eine andere Einteilung nehmen David Paletz und Danielle Vinson anhand des journalistischen Einflusses vor. Sie unterscheiden zwischen einer vollmediatisierten Kommunikationsebene, also der Medienberichterstattung, einer teilmediatisierten Ebene, etwa in Fernsehdebatten und Interviews, und schließlich einer nicht-mediatisierten Kommunikationsebene, also der politischen Werbung. Vgl. Paletz, David L./Vinson, Danielle: Mediatisierung von Wahlkampagnen. 1994, Seite 361f.

Werbeträger zu instrumentalisieren."[143] Unter Berücksichtigung der dabei zugrundeliegenden Öffentlichkeitsarbeit, durch welche die Medienpräsenz „verdient" wird, erscheint der Begriff Earned Media jedoch zutreffender.[144] Nicht nur die Medien sind Ziel der Wahlkampfkommunikation, auch andere Organisationen wie Gewerkschaften oder Nichtregierungsorganisationen (NGOs) sind als Multiplikatoren mögliche Adressaten.[145] Die einzelne Partei steht dabei in direkter Konkurrenz zu anderen politischen Akteuren um die Aufmerksamkeit der Medien. Nicht nur ein Wettbewerb um die Medienpräsenz ist die Folge, sondern auch ein Handlungsdruck, stets auf die Handlungen und Inszenierungen der anderen an der Wahlkommunikation beteiligten Akteure und auf genuine Ereignisse[146] reagieren zu müssen.[147] Auch die Aufmerksamkeitskonkurrenz zu anderen, nicht-politischen Kommunikationsinhalten ist hervorzuheben.[148] Da die Medien jedoch auf den Input durch politische Akteure angewiesen sind, um ihrer Informationspflicht gegenüber ihren Rezipienten nachzukommen und Vorteile im Konkurrenzkampf untereinander zu erlangen, ergibt sich eine relativ große Medienpräsenz politischer Akteure.[149] Neben der höheren Glaubwürdigkeit sind für sie als großer Vorteil die deutlich geringeren Kosten dieses Kommunikationskanals zu betonen.[150]

Im Gegensatz dazu bezieht sich Paid Media, also politische Werbung oder Wahlwerbung, auf diejenigen Politikvermittlungsmaßnahmen, die einer journalistischen Selektion und Bearbeitung entzogen sind.[151] Mittels politischer Werbung wird

---

143 Pfetsch, Barbara/Mayerhöffer, Eva: Politische Kommunikation in der modernen Demokratie. 2006, Seite 11. Dieser Kommunikationskanal wird auch als „Unterstützungskampagne" bezeichnet. Vgl. Niedermayer, Oskar: Modernisierung von Wahlkämpfen als Funktionsentleerung der Parteibasis. 2000.

144 Holtz-Bacha, Christina: Wahlwerbung als politische Kultur. 2000, Seite 14.

145 Jackob, Nikolaus: Wahlkampfkommunikation als Vertrauenswerbung. 2007, Seite 11.

146 Zur Unterscheidung von genuinen, mediatisierten und Pseudo-Ereignissen vgl. unten, Seite 57.

147 Pfetsch, Barbara/Mayerhöffer, Eva: Politische Kommunikation in der modernen Demokratie. 2006, Seite 11f.

148 Jarren, Otfried/Donges, Patrick: Politische Kommunikation in der Mediengesellschaft. 2006, Seite 223.

149 Jakubowski, Alex: Parteienkommunikation in Wahlwerbespots. 1998, Seite 50.

150 Podschuweit, Nicole: Wirkungen von Wahlwerbung. 2007, Seite 17f.

151 Holtz-Bacha, Christina: Wahlwerbung als politische Kultur. 2000, Seite 14.

es den Parteien möglich, direkt und mit selbstbestimmten Inhalten mit dem Wähler in Kontakt zu treten. Die Parteien können so die Gestaltungs- und Darstellungsmöglichkeiten wählen, die ihnen geeignet erscheinen, ihre Kommunikationsziele zu erreichen. Im Vergleich zur Medienkampagne ist die Werbekampagne deutlich kostenintensiver.[152] Für deutsche Wahlkämpfe lässt sich dabei die Vielfalt der Werbekanäle als charakteristisch einstufen, wobei neben Fernsehwerbung insbesondere Anzeigen in Printmedien und Wahlplakate zu nennen sind.[153] Als immer noch relativ neues Medium im Wahlkampf erregt das Internet noch große Aufmerksamkeit. Durch die Möglichkeit der direkten, interaktiven Kommunikation wird ihm häufig ein enormes Potential attestiert. Abseits dieser Hoffnungen reiht es sich jedoch vielmehr als zielgruppenspezifisches Werbemedium in den Werbemix der Parteien ein.[154]

Entgegen der analytischen Trennung zwischen politischer Werbung und politischer Öffentlichkeitsarbeit kommt es in Wahlkampagnen durchaus zu Überschneidungen. Um effektiv und glaubwürdig zu sein, ist eine inhaltliche Übereinstimmung der einzelnen Kommunikationskanäle sogar eine zentrale Voraussetzung.[155] So werden beide Kampagnen teilweise von denselben Händen betreut.[156] Die Überschneidung zwischen beiden Kampagnen wird auch in Werbematerialien wie den Presseplakaten deutlich: Plakate, die nicht plakatiert werden, sondern allein auf eine mediale Verbreitung abzielen.[157]

Als dritter Kommunikationskanal darf schließlich der direkte Kontakt zwischen Partei und Wähler nicht vergessen werden. Gemeint ist damit die direkte Wähleransprache im persönlichen Kontakt mittels Gesprächen, Diskussionen oder in politi-

---

[152] Müller, Marion G.: Parteienwerbung im Bundestagswahlkampf 2002. 2002, Seite 632.

[153] Holtz-Bacha, Christina: Wahlwerbung als politische Kultur. 2000, Seite 149. Damit unterscheidet sich Deutschland von anderen Ländern wie den USA, wo TV-Spots eine dominierende Stellung innehaben.

[154] Sarcinelli, Ulrich: Politische Kommunikation in Deutschland. 2005, Seite 210.

[155] Podschuweit, Nicole: Wirkungen von Wahlwerbung. 2007, Seite 16.

[156] Müller, Marion G.: Parteienwerbung im Bundestagswahlkampf 2002. 2002, Seite 632. Die Ähnlichkeit der Inhalte, mit einem deutlichen Primat der Öffentlichkeitsarbeit, deren Inhalte ergänzend in die Wahlwerbung einfließen würden, betont bereits Radunski, Peter: Wahlkämpfe. 1980, Seite 45.

[157] Dörner, Andreas: Politainment. 2001, Seite 121.

schen Debatten und unter Verwendung entsprechender Werbemittel.[158] In deutschen Wahlkämpfen kommt diesem dritten Kanal eine relative große Bedeutung zu, die sich in großen Wahlkampfveranstaltungen und -ständen zeigt.[159] Auch der klassische Straßenwahlkampf und Hausbesuche werden als Wahlwerbemittel eingesetzt, die ihre Relevanz insbesondere der Möglichkeit zum persönlichen Dialog verdanken.[160]

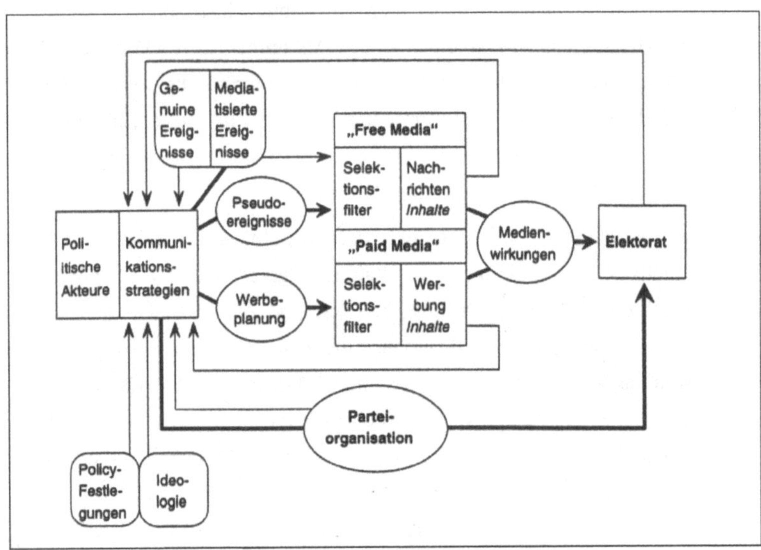

Abbildung 2: Modell der Wahlkampfkommunikation

Quelle: Pfetsch, Barbara/Mayerhöffer, Eva: Politische Kommunikation in der modernen Demokratie. 2006, Seite 10.

Zunehmende Bedeutung erhalten bei der direkten Wähleransprache neue Kommunikationsmöglichkeiten, zu nennen sind insbesondere Direct Mailing und Telemarketing. Telemarketing bezeichnet die massenhafte Wähleransprache über Telefon, meist über zentrale Telefonanlagen (Callcenters). Hinter dem Begriff Direct Mailing dagegen verbirgt sich ein quasipersonalisiertes Serienbriefverfahren, bei dem ein Anschreiben und meist eine Möglichkeit zur Rückantwort postalisch zugestellt wer-

[158] Wagner, Jochen W.: Deutsche Wahlwerbekampagnen made in USA? 2005, Seite 87.

[159] Schoenbach, Klaus: The "Americanization" of German Election Campaigns. 1996, Seite 92.

[160] Woyke, Wichard: Die Bundestagswahl 2002. 2002, Seite 60f.

den.[161] Als neueres Medium ließe sich E-Mail-Kommunikation hinzufügen. All diesen Kommunikationsformen ist die direkte und zielgruppenspezifische Wähleransprache gemein, wobei der Kommunikationsimpuls von den Parteien ausgeht. Zudem bieten sie die Möglichkeit zu großflächiger, ja bundesweiter Kommunikation.[162] Es ist jedoch davon auszugehen, dass die Direktansprache bei Wahlen auf nachgeordneten politischen Ebenen größere Relevanz besitzt.[163]

Ist diese Wahlkampfkommunikation der Parteien wirkungsträchtig? „Werbung entscheidet Wahlen. Die knappen zumindest."[164] Wenigstens die Politiker scheinen dieser Ansicht eines Kampagnenpraktikers zuzustimmen, investieren sie doch regelmäßig große Summen in ihre Werbekampagnen. Ebenso gehen normativ begründete Kritiken politischer Werbung von deren Wirksamkeit aus.[165] Über die Wirkung von Wahlkampagnen ist aber nur wenig bekannt, es bleibt unklar „wie sie sich auf das politische Verhalten allgemein und speziell auf die Stimmabgabe auswirk[en]."[166] Im Gegensatz zu den Einflüssen der massenmedialen Kommunikation wird der Werbekampagne in der politischen Kommunikationsforschung nur sehr wenig Aufmerksamkeit zu teil.[167] Die Politikwissenschaft geht in der Erforschung der Wahlentscheidung von einem wählerzentrierten Modell aus, dem verschiedene, lang- und kurzfristige Einflüsse auf die Wahlentscheidung zugeordnet werden. In diesem sozialpsychologischen Modell des Wählerverhaltens werden durchaus Einflüsse des Wahlkampfes

---

[161] Falter, Jürgen W./Römmele, Andrea: Professionalisierung deutscher Wahlkämpfe, oder: Wie amerikanisch kann es werden? 2002, Seite 56f.

[162] Römmele, Andrea: Postmoderne Wahlkampftechnologien. 2000, Seite 508-511.

[163] Wagner, Jochen W.: Deutsche Wahlwerbekampagnen made in USA? 2005, Seite 88. Einzelne Studien zu Landtagswahlkämpfen bestätigen diese Vermutung; vgl. Geisler, Alexander/Tenscher, Jens: Modern, post-modern, pseudo-modern? 2001.

[164] Stauss, Frank: Wählt Markenpolitik. 2002, Seite 215.

[165] Schön, Harald: Wahlkampfforschung. 2005, Seite 521.

[166] Wagner, Jochen W.: Deutsche Wahlwerbekampagnen made in USA? 2005, Seite 99.

[167] Schulz, Winfried: Politische Kommunikation. 2008, Seite 291. Vgl. dazu auch die zusammenfassenden Ausführungen über den Medieneinfluss auf Wahlentscheidungen von Brettschneider, Frank: Massenmedien und Wählerverhalten. 2005.

akzeptiert, jedoch mangelt es nach wie vor an Ansätzen, die konkrete Einflussnahmen erfassen.[168]

Die Übernahme von Forschungsergebnissen aus den USA, wo dieses Thema mehr Beachtung findet, erweist sich als schwierig.[169] Einzelne vorliegende Studien deuten jedoch durchaus auf Wirkungsmöglichkeiten der Wahlwerbung hin. Sie kann Aufmerksamkeit verschaffen und insbesondere die eigenen Anhänger in ihrer Wahlentscheidung bestärken.[170] Das größte Problem für politische Werbung ist dabei ein Verarbeitungsproblem: „Sie wird nur von einer Minderheit als glaubwürdig eingeschätzt."[171]

2.3 Wahlkampfumfeld: Prämissen politischer Kommunikation

2.3.1 Invariante Prämissen: gesetzliche Rahmenbedingungen

In ihrer Wahlkampfführung sind die politischen Akteure nicht vollkommen frei, Wahlkämpfe werden im Gegenteil durch bestimmte Rahmenbedingungen entscheidend geprägt[172] und „vom politischen System geformt."[173] Als erstes muss für Deutschland auf das Wahlsystem und den gesetzlichen Rahmen allgemein hingewiesen werden, wie er insbesondere im Grundgesetz und dem Wahlgesetz festgehalten ist.[174]

Die Bundestagswahlen sind durch die im Bundeswahlgesetz festgelegte personalisierte Verhältniswahl gekennzeichnet, nach der mit der Erststimme ein Kandidat in

---

[168] Kamps, Klaus: Politisches Kommunikationsmanagement. 2007, Seite 197-225, insbes. Seite 214-217.

[169] Schulz, Winfried: Politische Kommunikation. 2008, Seite 291.

[170] Podschuweit, Nicole: Wirkungen von Wahlwerbung. 2007, Seite 154-156.

[171] Podschuweit, Nicole/Dahlem, Stefan: Das Paradox der Wahlwerbung. 2007, Seite 230.

[172] Mancini, Paolo/Swanson, David L.: Politics, Media and Modern Democracy: Introduction. 1996, Seite 17.

[173] Lutter, Johannes/Hickersberger, Michaela: Wahlkampagnen aus normativer Sicht. 2000, Seite 9.

[174] Roper, Juliet/Holtz-Bacha, Christina/Mazzoleni, Gianpietro: The Politics of Representation. 2004, Seite 77. Seit den 50er Jahren sind diese Rahmenbedingungen praktisch konstant geblieben. Die Rahmenbedingungen werden hier nur spezifisch auf Bundestagswahlen bezogen betrachtet. Zur allgemeineren Unterscheidung von Regierungs-, Wahl- und Parteiensystemen als Wahlkampffaktoren vgl. Strohmeier, Gerd: Moderne Wahlkämpfe. 2002, Seite 58-60.

relativer Mehrheitswahl in Einerwahlkreisen direkt gewählt wird, während die Zweitstimme für die Wahl einer starren Landesliste einer Partei abgegeben wird.[175] Als Besonderheit stechen dabei die 5 %-Sperrklausel sowie die Möglichkeit der Überhangmandate hervor.[176] Für die Zusammensetzung des Parlaments ist die Zweitstimmenverteilung und somit die von den Parteien aufgestellten Landeslisten ausschlaggebend, die Beziehung zwischen Wähler und Kandidat bleibt somit „unpersonell."[177] Für den Kandidaten „ist es daher zentral, zunächst die Unterstützung seiner Partei zu suchen und danach erst die des Wählers."[178] Demzufolge scheint das Verhältniswahlsystem einer starken Personalisierung und Regionalisierung des Wahlkampfes entgegenzuarbeiten. Eine weitere Folge des Verhältniswahlrechts ist die Favorisierung von Koalitionsregierungen, wodurch Koalitionsmöglichkeiten Thema der Wahlkommunikation werden.[179]

Reglungen die den Wahlkampf direkt betreffen, finden sich in Deutschland kaum. Insbesondere die Länge des Wahlkampfes ist nicht geregelt.[180] Entscheidender Einfluss für die Gestaltung der Wahlkampfkommunikation geht jedoch von der Parteienfinanzierung aus. Die in Deutschland praktizierte Form staatlicher Parteifinanzierung bezieht sich auf den im Grundgesetz verankerten Auftrag zur Mitwirkung an der politischen Meinungsbildung und bemisst sich vor allem nach den erhaltenen Wählerstimmen.[181] Die Wahlkampfführung wird davon in zweierlei Hinsicht beeinflusst. Zum einen ändert sich die Zielsetzung der Parteien, da nicht mehr allein der

---

[175] Vgl. Schmidt, Manfred G.: Das politische System Deutschlands. 2007, Seite 45-54.

[176] Vgl. Behnke, Joachim: Das Wahlsystem der Bundesrepublik Deutschland. 2007, Seite 182-225; Nohlen, Dieter: Wahlrecht und Parteiensystem. 2004, Seite 304-331, insbes. Seite 316f., 322f.

[177] Kuhn, Yvonne: Professionalisierung deutscher Wahlkämpfe? 2007, Seite 19. Dem entsprechen Studien, die zeigen, dass der lokale Kandidat die Wahlentscheidung kaum beeinflussen kann. Vgl. Roper, Juliet/Holtz-Bacha, Christina/Mazzoleni, Gianpietro: The Politics of Representation. 2004, Seite 85f.

[178] Pfetsch, Barbara: "Amerikanisierung" der politischen Kommunikation? 2001, Seite 29.

[179] Holtz-Bacha, Christina: Wahlkämpfe in Deutschland. 2002, Seite 211.

[180] Holtz-Bacha, Christina: Wahlkämpfe in Deutschland. 2002, Seite 212.

[181] Kuhn, Yvonne: Professionalisierung deutscher Wahlkämpfe? 2007, Seite 19. Um staatliche Mittel zu erhalten, müssen dabei mindestens 0,5% bei bundesweiten bzw. 1% der Stimmen bei landesweiten Wahlen erreicht werden; daneben werden die Zuwendungen von natürlichen Personen als Indikator für die gesellschaftliche Verankerung der Parteien herangezogen. Vgl. Alemann, Ulrich von: Das Parteiensystem der Bundesrepublik Deutschland. 2003, Seite 89-97.

Machterwerb angestrebt wird, sondern auch die Teilnahme und Stimmenmaximierung aufgrund finanzieller Motive.[182] Daneben werden durch die staatliche Co-Finanzierung die Parteien als „Wahlkampf-‚Monopolisten'" institutionalisiert.[183]

Zudem haben die Parteien Anspruch auf kostenlose, jedoch begrenzte Sendezeit für Wahlwerbung im öffentlich-rechtlichen Hörfunk und Fernsehen. Die Länge der Spots wurde dabei seit ihrer Einführung konstant reduziert und liegt mittlerweile bei 1½ Minuten.[184] Daneben bietet sich die Möglichkeit, im privat-kommerziellen Rundfunk zu werben, der zum rabattierten Verkauf von Sendezeit für Wahlwerbung verpflichtet ist. Hier besitzen die Parteien durch die Wahl des Programmumfeldes auch die Möglichkeit der Zielgruppenansprache. Aufgrund der relativ hohen Kosten wird dieser Kommunikationskanal jedoch vor allem von den beiden großen Volksparteien wahrgenommen. Rundfunkwerbung darf in der Bundesrepublik nur in den letzten Wochen vor einer Wahl ausgestrahlt werden.[185]

2.3.2 Dynamische Prämissen: Veränderungen der Akteursstruktur

Die Konzeption des Dreiecksmodells Politik – Medien – Wähler lässt die Dynamik des Handlungssystems in das Blickfeld rücken: „Veränderungen in einem der Elemente des Kommunikationssystems [ziehen] Veränderungen im Verhalten der anderen Elemente nach sich."[186] Zentrale Veränderungen mit Folgen für die Wahlkampfführung werden insbesondere bei den Medien und den Wählern ausgemacht. Daneben haben aber auch Veränderungen in der Sphäre der Politik selbst, insbeson-

---

[182] Kuhn, Yvonne: Professionalisierung deutscher Wahlkämpfe? 2007, Seite 58f.

[183] Strünck, Christoph: Agenten oder Agenturen? 2000, Seite 208f., Zitat Seite 209.

[184] Grundlage ist ein Urteil des Bundesverfassungsgerichts von 1957, das feststellt, dass jede zur Wahl antretende Partei bei der Verteilung der Sendezeit berücksichtigt werden muss. Nicht beachtet wurde die Frage, ob die Rundfunkanstalten überhaupt zur Ausstrahlung verpflichtet sind. Aufgrund der Kulturhoheit der Länder kommt es zudem zu regionalen Unterscheiden. Für die Verteilung der Spots findet die Formel 8:4:2 Anwendung, mit 8 Spots (je auf ARD und ZDF) für CDU und SPD, 4 für die anderen Parteien im Bundestag und 2 für die kleineren Parteien. Die Parteien haben keinen Einfluss auf die Platzierung der Spots. Vgl. Holtz-Bacha, Christina: Wahlwerbung als politische Kultur. 2000, Seite 63-70.

[185] Schicha, Christian/Dörner, Andreas: "Parteien zur Bundestagswahl 2005 - Für den Inhalt der Spots sind ausschließlich die Parteien verantwortlich." 2008, Seite 14-18.

dere die gestiegene Komplexität politischen Entscheidens, Auswirkungen auf die Wahlkommunikation.[187]

Den Medien kommt in Wahlkämpfen eine hohe Bedeutung zu, sie sind zentral für die Kommunikation zwischen Parteien und Wählern. Expansion und Differenzierung des Mediensystems seien daher mit ursächlich für den Wahlkampfwandel.[188] Eng verbunden mit der enormen Ausweitung des Medienangebots ist die Kommerzialisierung, d. h. die zunehmende Dominanz marktorientierter, auf den Publikumsgeschmack abzielender Medieninhalte. Von dieser Entwicklung und dem Konkurrenzdruck unterhaltungsorientierter privat-kommerzieller Anbieter blieb auch der öffentlich-rechtliche Rundfunk nicht ausgenommen.[189] Es kommt zum „Wahlkampf unter Vielkanalbedingungen"[190], gemeint ist die Fragmentierung des Publikums und formale und inhaltliche Änderungen der Berichterstattung.[191] Dazu zählt die Etablierung des Fernsehens als zentrales Medium und die Kommerzialisierung der Medienberichterstattung, die zur Betrachtung von Politik unter dem Blickwinkel der Einschaltquoten führt. Es wird für die Parteien im Wahlkampf folglich „zunehmend schwierig, Politik and die Frau und den Mann zu bringen."[192]

Demgegenüber stehen als zweiter Faktor, der die Wahlkampfführung erheblich beeinflusst, die „Veränderungen der politischen Kultur, das heißt des politischen Bewusstseins der Wähler, ihrer Grundeinstellung und ihrer Bereitschaft zur politischen Beteiligung."[193] Wahlentscheidungen bilden sich im Spannungsverhältnis von lang-

---

[186] Klingemann, Hans-Dieter/Voltmer, Katrin: Politische Kommunikation als Wahlkampfkommunikation. 1998, Seite 397.

[187] Tenscher, Jens: Professionalisierung der Politikvermittlung? 2003, Seite 41. Sarcinelli, Ulrich/Schatz, Heribert: Von der Parteien- zur Mediendemokratie. 2002, Seite 14f.

[188] Schulz, Winfried: Politische Kommunikation. 2008, Seite 245f.

[189] Sarcinelli, Ulrich/Schatz, Heribert: Von der Parteien- zur Mediendemokratie. 2002, Seite 13.

[190] Schulz, Winfried: Wahlkampf unter Vielkanalbedingungen. 1998.

[191] Holtz-Bacha, Christina: Wahlkämpfe in Deutschland. 2002, Seite 214. Veränderungen der Berichterstattung werden dabei, der Konvergenzthese folgend, sowohl bei privat-kommerziellen, als auch bei öffentlich-rechtlichen Anbietern angenommen. Vgl. Mathes, Rainer/Donsbach, Wolfgang: Rundfunk. 2003, insbes. Seite 582-592.

[192] Holtz-Bacha, Christina: Wahlkampf in Deutschland. 2000, Seite 45.

[193] Schulz, Winfried: Wahlkampf unter Vielkanalbedingungen. 1998, Seite 378.

fristigen und kurzfristigen Faktoren.[194] Aufgrund soziökonomischer und kultureller Veränderungen – zu nennen sind in erster Linie die Auflösung stabiler sozialer Milieus und Parteibindungen sowie Werteverschiebungen – kommt es nicht nur zusehends zu einer Individualisierung der Lebensläufe, sondern auch zu einer Änderung des Wahlverhaltens.[195] Während zur Erklärung des Wahlverhaltens lange Zeit der Cleavage-Ansatz von Lipset und Rokkan[196] maßgeblich war, wird nun auf die Dealignment-These von Russell Dalton[197] verwiesen:

> „Durch Bildung erwarben die Wähler mehr politische Kompetenz. Zugleich verbesserten sich die Möglichkeiten politischer Information durch die Ausweitung des Mediensystems. [...] Das versetzte ein zunehmend größeres Wählersegment in die Lage, selbständig mit der komplexen Situation einer Wahl umzugehen. [...] Auf die komplexitätsreduzierende Funktion einer Parteibindung sind diese Wähler nicht angewiesen."[198]

Für die Parteien folgt daraus eine tendenzielle Entkopplung von Wahlverhalten und sozioökonomischen Merkmalen, der Rückgang dauerhafter Parteibindungen und der Verlust an Mitgliedern. Demgegenüber steigt die Wechselwahlbereitschaft eines zunehmend situativen und nutzenorientierten Elektorats.[199] Während so der Stammwähleranteil der Parteien schrumpft, steigt die Volatilität der Wahlentscheidung und die Bedeutung der Wechselwähler – und damit auch, so wird zumindest angenommen, die Bedeutung des Wahlkampfes.[200] Die Wechselwähler, insbesondere die politisch Uninteressierten, sind dabei der Teil des Elektorats, auf den sich die Wahlkampfaktivitäten konzentrieren.[201] Zugleich stehen die Parteien vor der Herausforderung, verschiedene, heterogene Wählerschichten ansprechen und

[194] Vgl. einführend Broschek, Jörg/Schultze, Rainer-Olaf: Wahlverhalten. 2006.

[195] Holtz-Bacha, Christina: Wahlkämpfe in Deutschland. 2002, Seite 212f.

[196] Vgl. Lipset, Seymour M./Rokkan, Stein: Cleavage Structures, Party Systems and Voter Alignments. 1967.

[197] Vgl. Dalton, Russel J.: Cognitive Mobilisation and Partisan Dealignment in Advanced Industrial Democracies. 1984.

[198] Schulz, Winfried: Wahlkampf unter Vielkanalbedingungen. 1998, Seite 380. Nur hingewiesen sei auf die Wählertypologie von Dalton, der vier Wählergruppen nach Parteibindung und kognitiver Mobilisierung, d. h. Bildung und politischem Interesse, unterscheidet.

[199] Sarcinelli, Ulrich/Schatz, Heribert: Von der Parteien- zur Mediendemokratie. 2002, Seite 12f.

[200] Strohmeier, Gerd: Moderne Wahlkämpfe unter besonderer Berücksichtigung der Bundestagswahlkämpfe seit 1998. 2007, Seite 101. Vgl. kritisch dazu Kuhn, Yvonne: Professionalisierung deutscher Wahlkämpfe? 2007, Seite 48.

[201] Schulz, Winfried: Wahlkampf unter Vielkanalbedingungen. 1998, Seite 380f.

rung, verschiedene, heterogene Wählerschichten ansprechen und integrieren zu müssen.[202]

[202] Kuhn, Yvonne: Professionalisierung deutscher Wahlkämpfe? 2007, Seite 47.

3 Wandel der Wahlkampfkommunikation

3.1 Die Amerikanisierungsthese

Auf Wahlkämpfe bezogen meint der Amerikanisierungsbegriff „einen Vorgang, dessen auffälligstes Merkmal die Übernahme von Wahlkampfmethoden aus den USA ist.“[203] Diffusionstheoretisch lässt sich Amerikanisierung somit als unilinearer Prozess beschreiben, der durch die Übernahme von Handlungslogiken aus den USA gekennzeichnet ist.[204] Gemeint ist also

> „ein gerichteter und einseitiger Konvergenzprozess zwischen der Wahlkampfpraxis in den USA und einem Land X [...], bei dem zentrale Parameter der Handlungslogik von Wahlkampfakteuren in Land X sich denen der entsprechenden Akteure in den USA annähern, und zwar unabhängig von institutionellen Restriktionen in Land X. [...] Die Quelle der Innovationen sind also eindeutig die USA, das Muster der Übernahme ist die Imitation.“[205]

Die Amerikanisierungsthese bleibt dabei rein deskriptiv. Die Ursachen für die Diffusion von Wahlkampfpraktiken bleiben außen vor, stattdessen erweckt sie denn Eindruck, dass Handlungslogiken imitiert würden, „*weil* sie aus den USA kommen. Dies ist nicht sonderlich plausibel, da offensichtlich nur bestimmte Teile des Wahlkampfes übernommen werden.“[206] Meist bezieht sich der Terminus Amerikanisierung auf oberflächliche Übernahmen, eine Veränderung des politischen Systems oder der Parteienstruktur ist nicht gemeint.[207]

Der Amerikanisierungsbegriff selbst hat in der Regel eine negative Konnotation, die „in erster Linie aus der Gleichsetzung [...] mit einer Trivialisierung der Kampagnenkommunikation“ resultiert.[208] Die Verwendung des Amerikanisierungsbegriffs

---

[203] Schulz, Winfried: Wahlkampf unter Vielkanalbedingungen. 1998, Seite 378. Daneben wird mit Amerikanisierung auch ein Kulturtransfer beschrieben. Vgl. dazu Kamps, Klaus: America ante Portas? 2000, Seite 13-17.

[204] Plasser, Fritz: "Amerikanisierung" der Wahlkommunikation in Westeuropa. 2000, Seite 50.

[205] Donges, Patrick: Amerikanisierung, Professionalisierung, Modernisierung? 2000, Seite 35.

[206] Vowe, Gerhard/Wolling, Jens: Amerikanisierung des Wahlkampfs oder Politisches Marketing? 2000, Seite 62 (Hervorhebung im Original).

[207] Wagner, Jochen W.: Deutsche Wahlwerbekampagnen made in USA? 2005, Seite 38.

[208] Kamps, Klaus: America ante Portas? 2000, Seite 17.

kann so eine objektive Analyse durch die begriffsimmanente Kulturkritik behindern.[209] Der Terminus erscheint auch insofern ungeeignet, als dass das Amerikanische an Phänomenen wie etwa der Personalisierung nicht zu erkennen ist.[210]

In neueren Ansätzen wird das undifferenzierte, eine einseitige Anpassung unterstellende Amerikanisierungsmodell erweitert und modifiziert, indem konkrete Transformationsmodelle ausgearbeitet wurden. Das Shopping-Modell bezeichnet demgemäss die Übernahme von Methoden und Techniken, deren Modifikation und Implementation in den jeweiligen nationalen Kontext.[211] Im Gegensatz zu dieser oberflächlichen und oft situationsabhängigen Transaktion konstatiert das Adoption-Modell einen Bruch mit der bisherigen Wahlkampfführung und die Übernahme zentraler Vorstellungen und Handlungslogiken aus den USA.[212] Amerikanisierung lässt sich demzufolge als „elitengesteuerter Diffusionsprozess“[213] charakterisieren, der auf zwei unterschiedlichen Ebenen ablaufen kann: „The shopping model accelerates the transition [...] while the adoption model stands for a break with the European [...] tradition of party-centered campaigning.“[214]

3.2 Die Modernisierungsthese

Der Terminus Amerikanisierung ist in der Wissenschaft alles andere als unumstritten. Nicht nur um die ihm eigene negative Konnotation zu vermeiden, wurde ihm oft der Begriff der Modernisierung entgegengesetzt.[215] Modernisierung bezieht sich dabei nicht mehr auf eine Imitation der Handlungslogiken der USA, sondern auf Veränderungen, die „auch eingetreten [wären] ohne entsprechende Anregungen aus den

[209] Vowe, Gerhard/Wolling, Jens: Amerikanisierung des Wahlkampfs oder Politisches Marketing? 2000, Seite 63.

[210] Donges, Patrick: Amerikanisierung, Professionalisierung, Modernisierung? 2000, Seite 29.

[211] Plasser, Fritz: American Campaign Techniques Worldwide. 2000, Seite 35.

[212] Plasser, Fritz: Wahlkommunikation in den USA und Europa. 2008, Seite 159f.

[213] Plasser, Fritz: "Amerikanisierung" der Wahlkommunikation in Westeuropa. 2000, Seite 61.

[214] Plasser, Fritz: American Campaign Techniques Worldwide. 2000, Seite 35.

[215] Schulz, Winfried: Wahlkampf unter Vielkanalbedingungen. 1998, Seite 378. Teilweise wird der Begriff Evolutionsthese synonym verwendet, um den Prozess der Entwicklung zu betonen und den unscharfen Begriff der Modernisierung zu vermeiden. Vgl. Wagner, Jochen W.: Deutsche Wahlwerbekampagnen made in USA? 2005, Seite 39.

USA."[216] Veränderungen der Wahlkampfführung sind, so der Modernisierungsansatz, auf endogene Ursachen zurückzuführen und somit „Konsequenz eines anhaltenden Strukturwandels in den Subsystemen Politik, Gesellschaft und Mediensystem."[217]

> „And instead of seeing the development of a specifically American pattern, with practices [...] that are subsequently exported to other countries, it seems more accurate to understand the changes in campaigning as part of the modernization process rooted in technological and political developments common to many postindustrial societies."[218]

Dieselben Indikatoren, die zuvor für eine Amerikanisierung angeführt wurden, werden nun als Reaktion auf ein auf sich wandelndes Wahlkampfumfeld verstanden.[219] Die Modernisierung der Wahlkämpfe ist somit ein Adaptionsprozess, wobei einige Elemente in den USA besser zu beobachten sind als in anderen Ländern, da diese im Prozess des gesellschaftlichen Wandels weiter fortgeschritten sind.[220] Von der Quelle der Veränderungen in der Amerikanisierungsthese werden die US-Wahlkämpfe zu einem möglichen Vorbild, das lediglich die fortschrittlichste Variante einer Entwicklung darstellt, die jedoch allgemeingültig ist.[221] Nur diese Vorreiterrolle der USA würde dazu führen, dass dieser Wandel in Deutschland als amerikanisch wahrgenommen wird, während tatsächlich gesellschaftliche Veränderungen – die Modernisierung – dafür verantwortlich sind.[222] Die durch die Modernisierung hervorgerufenen Veränderungen sind dabei, im Gegensatz zur Amerikanisierungsthese, substantielle und tiefgreifende, strukturbildende Veränderungen.[223]

Anstatt eines einseitigen, gerichteten Diffusionsprozesses, stehen *„ungerichtete, modernisierungsbedingte Konvergenzen* der politischen Kommunikationslogik"[224] im

---

216 Holtz-Bacha, Christina: Wahlkampf in Deutschland. 2000, Seite 47.

217 Plasser, Fritz: "Amerikanisierung" der Wahlkommunikation in Westeuropa. 2000, Seite 50f.

218 Pippa, Norris: A Virtuous Circle. 2000, Seite 140.

219 Kamps, Klaus: America ante Portas? 2000, Seite 21.

220 Esser, Frank/Pfetsch, Barbara: Amerikanisierung, Modernisierung, Globalisierung. 2003, Seite 48f.

221 Wagner, Jochen W.: Deutsche Wahlwerbekampagnen made in USA? 2005, Seite 39.

222 Kamps, Klaus: America ante Portas? 2000, Seite 19.

223 Donges, Patrick: Amerikanisierung, Professionalisierung, Modernisierung? 2000, Seite 36.

224 Tenscher, Jens: Professionalisierung der Politikvermittlung? 2003, Seite 58 (Hervorhebung im Original).

Blickpunkt der Modernisierungstheorie, die zu scheinbar ähnlichen, jedoch pfadabhängigen Veränderungen der politischen Kommunikation führen.[225] Ausmaß und Gestalt der Veränderungen sind von den Rahmenbedingungen abhängig, auf die dieser Prozess jeweils trifft: Unterschiedliche soziokulturelle und mediale Voraussetzungen führen so zu divergierenden Modernisierungsprozessen.

> „As a result of such structural contrasts, rather than following the American model, election campaigns in different postindustrial societies continue to display striking differences."[226]

Die Perspektive der Modernisierungsthese richtet sich auf eine gesellschaftliche Modernisierung, deren zentrales Merkmal eine zunehmende gesellschaftliche Komplexität ist.[227] Modernisierungsbedingte Veränderungen lassen sich für alle drei Akteursgruppen, Wähler, Medien und Parteien, festhalten.[228] Jedes Element dieser Trias unterliegt und generiert Wandlungsprozesse, die wiederum Veränderungen im Wahlkampf mit sich bringen.[229] Je nach Perspektive drücken sich dabei unterschiedliche Akzentuierungen aus. Einerseits werden Veränderungen des Mediensektors als zentral gesehen, was sich im Begriff Medialisierung als Bezeichnung des Wahlkampfwandels ausdrückt: „Wahlkämpfe sind in erster Linie Kommunikationsereignisse."[230] Die Modernisierungsthese ist damit auch vor der Diskussion um eine Mediengesellschaft oder -demokratie zu sehen, in der massenmediale Kommunikation eine „alle Sphären des gesellschaftlichen Seins durchwirkende Prägekraft entfaltet, ein sogenanntes soziales Totalphänomen"[231] geworden sei, der sich auch politische Akteure

---

[225] Plasser, Fritz: Wahlkommunikation in den USA und Europa. 2008, Seite 158.

[226] Pippa, Norris: A Virtuous Circle. 2000, Seite 160. Vgl. auch die Ergebnisse einer vergleichenden Länderstudie bei Swanson, David L./Mancini, Paolo: Patterns of Modern Electoral Campaigning and Their Consequences. 1996, Seite 255-268.

[227] Kamps, Klaus: Politisches Kommunikationsmanagement. 2007, Seite 66f.

[228] Tenscher, Jens: Professionalisierung der Politikvermittlung? 2003, Seite 59. Der Perspektive der Studie folgend kann auf die Veränderungen im Wähler- und Mediensektor nur skizzenhaft eingegangen werden.

[229] Kamps, Klaus: Politisches Kommunikationsmanagement. 2007, Seite 68.

[230] Schulz, Winfried: Politische Kommunikation. 2008, Seite 245f., Zitat Seite 245.

[231] Saxer, Ulrich: Mediengesellschaft. 1998, Seite 53. Vgl. zusammenfassend Jarren, Otfried: "Mediengesellschaft" - Risiken für die politische Kommunikation. 2001.

anpassen müssen.[232] Auf der anderen Seite steht das Wählerverhalten im Fokus und damit vor allem nachlassende Parteibindungen, der Dealignment-Prozess, als primäre Ursache des postulierten Wahlkampfwandels: „Schließlich ist der Wahlkampf in erster Linie ein Kampf um die Gunst der Wähler.“[233]

Auch wenn die USA nicht mehr ursächlich für den Wahlkampfwandel sind, wird doch die Möglichkeit der Übernahme von Innovationen aus den USA nicht ausgeschlossen.[234] Während Modernisierung einen weitreichenden Prozess beschreibt, ist auf untergeordneter Ebene eine Amerikanisierung möglich. Durch das Schaffen ähnlicher Strukturen in verschiedenen Gesellschaften, die eine Adaption ähnlicher Techniken ermöglichen, beschreibt die Modernisierungsthese gerade den notwendigen Rahmen für eine untergeordnete Diffusion: „Je *modernisierter* ein Land, desto größer die Absicht, Innovationen anderer Länder zu übernehmen.“[235] Internationale Transferprozesse sind so handlungstheoretische Erweiterungen der Modernisierungsthese,[236] Ursache des Wandels ist jedoch der gesellschaftliche Wandel: „Innovation in election campaigns [...] that resemble the practices developed first in the United States result fundamentally [...] from transformations in the social structure and form of democracy."[237]

3.3 Die Standardisierungsthese

Die Standardisierungsthese, auch als Globalisierung bezeichnet, bietet ein weiteres, drittes Erklärungsmodell für den postulierten Wahlkampfwandel. Im Zentrum des noch neuen Ansatzes steht die Frage nach der Adaption von Gesellschaften an die

[232] Wagner, Jochen W.: Deutsche Wahlwerbekampagnen made in USA? 2005, Seite 40.

[233] Strohmeier, Gerd: Moderne Wahlkämpfe unter besonderer Berücksichtigung der Bundestagswahlkämpfe seit 1998. 2007, Seite 98-103, Zitat Seite 98.

[234] Plasser, Fritz: "Amerikanisierung" der Wahlkommunikation in Westeuropa. 2000, Seite 51.

[235] Wagner, Jochen W.: Deutsche Wahlwerbekampagnen made in USA? 2005, Seite 46f., Zitat Seite 47 (Hervorhebung im Original). Vgl. Geisler, Alexander/Tenscher, Jens: "Amerikanisierung" der Wahlkampagne(n)? 2002, Seite 56.

[236] Plasser, Fritz: "Amerikanisierung" der Wahlkommunikation in Westeuropa. 2000, Seite 62.

[237] Mancini, Paolo/Swanson, David L.: Politics, Media and Modern Democracy: Introduction. 1996, Seite 6.

Bedingungen der Globalisierung und entsprechend eine weltweite Angleichung von Merkmalen der politischen Kommunikation.[238] Globale Standardisierung meint also

> „einen wechselseitigen, freien, auch widersprüchlichen Austausch von Werten, Normen und Praktiken zwischen Kulturen. [...] Dabei findet keine hierarchische Über- oder Unterordnung statt, wie sie der Begriff Amerikanisierung konnotiert. Vielmehr handelt es sich um einen gegenseitigen Interaktions- oder Transaktionsprozess von Politikvermittlungs-Axiomen aus verschiedenen Quellen."[239]

Demnach findet eine Orientierung an und Übernahme von Handlungspraktiken aus anderen Ländern, auch den USA, durchaus statt. Der unilineare Konvergenzprozess, der die Amerikanisierungsthese kennzeichnet, wird jedoch abgelehnt und stattdessen ein wechselseitiger, symmetrischer Übernahmeprozess postuliert[240] oder sogar ein „common pool of ressources"[241] angenommen. Die Verbindung zwischen der Standardisierungs- und der Modernisierungsthese besteht dabei in der geteilten Annahme, dass gesellschaftliche Wandlungsprozesse in allen demokratischen Staaten in gleicher oder ähnlicher Weise auftreten. Eine gesellschaftliche Modernisierung ist auch Ausgangspunkt der Standardisierungsthese, vor allem ein global ähnlicher Entwicklungsprozess im Medienwesen.[242] Ein zweiter Faktor der globalen Standardisierung ist die weltweite Verdichtung der Kommunikation und die Vernetzung der Politikberater.[243] Die Globalisierungsthese baut demnach auf „ein komplexes Netz von Interaktionen und Interdependenzen" und versucht, „die Analyse *externer* Einflüsse und *interner* nationaler Wandlungsprozesse zu integrieren."[244] Als empirischer Beleg wird angeführt, dass nicht nur eine Vorbildfunktion der USA zu beobachten sei, sondern sich amerikanische Wahlkampfpraktiker auch in Europa, insbesondere an Mitterand und Blair, orientierten. Der transatlantische Austausch ist somit nicht einseitig,

---

[238] Wagner, Jochen W.: Deutsche Wahlwerbekampagnen made in USA? 2005, Seite 40f.

[239] Esser, Frank/Pfetsch, Barbara: Amerikanisierung, Modernisierung, Globalisierung. 2003, Seite 49.

[240] Donges, Patrick: Amerikanisierung, Professionalisierung, Modernisierung? 2000, Seite 37.

[241] Negrine, Ralph M./Papathanassopoulos, Stylianos: The "Americanization" of Political Communication. 1996, Seite 47; zitiert nach: Wagner, Jochen W.: Deutsche Wahlwerbekampagnen made in USA? 2005, Seite 41f.

[242] Wagner, Jochen W.: Deutsche Wahlwerbekampagnen made in USA? 2005, Seite 41f.

[243] Wagner, Jochen W.: Deutsche Wahlwerbekampagnen made in USA? 2005, Seite 41.

[244] Hallin, Daniel C./Mancini, Paolo: Amerikanisierung, Globalisierung, Säkularisierung. 2003, Seite 37 (Hervorhebung im Original).

wie ihn die Amerikanisierungsthese darstellt.[245] Auch der rege Kontakt deutscher Wahlkämpfer zu anderen europäischen Demokratien weist auf eine weitgefächerte Orientierung deutscher Wahlkampfführer hin.[246]

Die Konsequenz, folgt man der Standardisierungsthese, ist schließlich ein „Trend zur globalen Homogenisierung der Mediensysteme und der Öffentlichkeit“[247], ein globaler Konvergenzprozess, der, trotz struktureller und kultureller Unterschiede, den Trend zu einer einheitlichen politischen Kommunikation einschließt.[248]

3.4 Indikatoren des Wahlkampfwandels

Neuere Studien weisen insgesamt auf komplexe Prozesse hin, die sich mit den oben genannten Hypothesen nur schwer erfassen lassen.[249] Zentral für die Erklärung eines solchen Wandels schätzt Wagner den Begriff der Modernisierung ein:

> „Die Modernisierung bleibt der weitreichende und tief greifende Bestandteil aller Entwicklungen in deutschen Wahlkämpfen. Sämtliche alternativen Begriffe [...] erwiesen sich als zu monothematisch bzw. teilaspektbezogen, um den komplexen Vorgängen gerecht zu werden.“[250]

Neben der Modernisierung als Grundlage des Wandels lassen sich, so Wagner, auch eingeschränkt internationale Transferprozesse feststellen, die er als „shopping light“ bezeichnet.[251] Unabhängig von Ursache und Prozess des Wahlkampfwandels lässt sich jedoch festhalten, dass „sich sowohl der Amerikanisierungs- als auch der Globalisierungsbegriff in ihren disparaten Interpretationen verhältnismäßig problem-

---

[245] Esser, Frank/Pfetsch, Barbara: Amerikanisierung, Modernisierung, Globalisierung. 2003, Seite 49.

[246] Wagner, Jochen W.: Deutsche Wahlwerbekampagnen made in USA? 2005, Seite 402.

[247] Hallin, Daniel C./Mancini, Paolo: Amerikanisierung, Globalisierung, Säkularisierung. 2003, Seite 35.

[248] Hallin, Daniel C./Mancini, Paolo: Amerikanisierung, Globalisierung, Säkularisierung. 2003, Seite 52.

[249] Vgl. die Ergebnisse von Plasser, Fritz/Plasser, Gunda: Globalisierung der Wahlkämpfe. 2002, Seite 425-437; Sarcinelli, Ulrich/Schatz, Heribert: Mediendemokratie im Medienland Nordrhein-Westfalen? 2002; Wagner, Jochen W.: Deutsche Wahlwerbekampagnen made in USA? 2005, insbes. Seite 401-407.

[250] Wagner, Jochen W.: Deutsche Wahlwerbekampagnen made in USA? 2005, Seite 403.

[251] Wagner, Jochen W.: Deutsche Wahlwerbekampagnen made in USA? 2005, Seite 403.

los auf eine umfassendere modernisierungstheoretische Prämisse zurückführen lassen."[252] Die Indikatoren, die üblicherweise für eine Amerikanisierung herangezogen werden, können demzufolge auch unter dem Blickwinkel der anderen Ansätze betrachtet werden.[253] Für den weiteren Verlauf der Studie erscheint es deswegen sinnvoll, den Begriff Modernisierung, bezogen auf die Wahlkampfführung politischer Akteure, als Heuristik heranzuziehen.[254]

Tabelle 1: Divergierende Amerikanisierungskonzeptionen

Diffusion	Modernisierung	Globale Standardisierung
selektive Übernahme spezifisch US-amerikanischer Muster als Leitbild und Zielvorstellung der Modernisierung	universelle Konvergenzprozesse in Mediendemokratien: Die USA als Vorreiter im universellen Modernisierungsprozess	Modernität als Ergebnis wechselseitiger Inspiration zwischen den USA und Europa

Quelle: Geisler, Alexander/Tenscher, Jens: "Amerikanisierung" der Wahlkampagne(n)? 2002, Seite 56.

Was diese gewandelten Wahlkämpfe ausmacht, scheint jedoch eine ebenso unklare Frage zu sein wie die Ursache des Wandels. „So engagiert auch über die Frage der ‚Amerikanisierung' diskutiert wird, so wenig herrscht Einigkeit darüber, was darunter genau zu verstehen sei."[255] Professionalisierung gilt vielen als wichtigstes Merkmal, um die Wahlkampfveränderungen zu charakterisieren. Andere setzen den Begriff mit Amerikanisierung oder Modernisierung praktisch gleich.[256] Ähnliches gilt für den Begriff des politischen Marketings.[257] Auffällig ist, dass der gewählte Begriff zur Kennzeichnung des Wahlkampfwandels in der Regel nicht operationalisiert wird, sondern „häufig einfach im umgangssprachlichen Sinn benutzt [... wird], um eine

[252] Geisler, Alexander/Sarcinelli, Ulrich: Modernisierung von Wahlkämpfen und Modernisierung von Demokratie? 2002, Seite 51.

[253] Schulz, Winfried: Politische Kommunikation. 2008, Seite 246.

[254] Vgl. Kamps, Klaus: America ante Portas? 2000, Seite 22f., der mit einer ähnlichen Argumentation den Amerikanisierungsbegriff als Heuristik wählt.

[255] Geisler, Alexander/Tenscher, Jens: "Amerikanisierung" der Wahlkampagne(n)? 2002, Seite 54.

[256] Donges, Patrick: Amerikanisierung, Professionalisierung, Modernisierung? 2000, Seite 29.

[257] Vowe, Gerhard/Wolling, Jens: Amerikanisierung des Wahlkampfs oder Politisches Marketing? 2000, Seite 57, 64-66.

Erscheinung in politikwissenschaftlicher Sicht zu erfassen und zu benennen."[258] Folglich kann ihm auch eine Fülle an Bedeutungen zugewiesen werden.[259] Die Irritationen werden zudem dadurch vergrößert, dass sich Kennzeichen eines Wahlkampfwandels sowohl „auf die Strukturen und Bedingungen, unter denen politische Kommunikationsaussagen entstehen, [... als auch] auf die Beschaffenheit dieser Aussagen"[260] beziehen können.

Im Folgenden soll deshalb versucht werden, zentrale Kennzeichen des postulierten Wahlkampfwandels herauszuarbeiten. Diese Indikatoren werden dabei auf zwei unterschiedliche Dimensionen bezogen:[261] Zum einen die Entstehungsbedingungen von Wahlkampfaussagen, also die Organisation und Strategie von Wahlkampagnen, zum anderen die Aussagen selbst, d. h. inhaltliche Aspekte der Wahlkampagne.[262] Aufgrund der Perspektive der Studie konzentriert sich die Darstellung auf Merkmale, die für die Kampagnenführung der politischen Akteure kennzeichnend sind.[263]

3.4.1 Indikatoren für Strategie und Organisation

Politisches Marketing und Verwissenschaftlichung

Politisches Marketing[264] wird als zentrale Strategie eines modernisierten Wahlkampfes betrachtet. Politische Wahlkampagnen werden demnach in Analogie zu kommerzieller Werbung geplant, Wähler werden als Konsumenten und Politiker bzw.

---

[258] Kuhn, Yvonne: Professionalisierung deutscher Wahlkämpfe? 2007, Seite 25.

[259] Donges, Patrick: Amerikanisierung, Professionalisierung, Modernisierung? 2000, Seite 29f.

[260] Donges, Patrick: Amerikanisierung, Professionalisierung, Modernisierung? 2000, Seite 27.

[261] Entgegen dieser analytischen Trennung ist von einer gegenseitigen Abhängigkeit der einzelnen Merkmale und Dimensionen auszugehen. Vgl. Kuhn, Yvonne: Professionalisierung deutscher Wahlkämpfe? 2007, Seite 26.

[262] Vgl. für die folgenden Ausführung die Überblicksdarstellungen bei Kuhn, Yvonne: Professionalisierung deutscher Wahlkämpfe? 2007, Seite 26-33; Mancini, Paolo/Swanson, David L.: Politics, Media and Modern Democracy: Introduction. 1996 Seite 14-17; Schulz, Winfried: Politische Kommunikation. 2008, Seite 247-259; Wagner, Jochen W.: Deutsche Wahlwerbekampagnen made in USA? 2005, 85-97.

[263] Kennzeichen wie der oft angeführte Horse-Race-Journalismus, also die auf den Kandidatenwettstreit zentrierte Medienberichterstattung, bleiben somit außen vor. Vgl. dazu Schulz, Winfried: Politische Kommunikation. 2008, Seite 253-255 und 259-282.

[264] Vgl. bereits Habermas, Jürgen: Strukturwandel der Öffentlichkeit. 1962, Seite 256f.

Parteien als Anbieter konzipiert, die politische Unterstützung gegen Legitimation auf einem Markt tauschen.[265] Ziel des Wahlkampfes nach Marketingmethoden ist es, die Interessen der Wähler in zielgruppengenauer und entideologisierter Form anzusprechen.[266]

Kernpunkt des Marketinggedankens ist das Umdenken hin zu einem wählerzentrierten Wahlkampf: Statt einen Persuasionswahlkampf zu führen und zu versuchen, die Wähler von seinem politischen Programm zu überzeugen, bildet bei einem Marketingwahlkampf das Elektorat bzw. der als bedeutend wahrgenommene Teil die Ausgangsbasis: Auf ihre Einstellungen wird das politische Programm zugeschnitten.

> „Es handelt sich also um eine Veränderung von einer angebots- hin zu einer nachfrageorientierten Politikvermittlung. Politisches Marketing steht für eine Strategie, die mit Blick auf den Wahlerfolg einen Weg verfolgt, der entgegengesetzt zu dem verläuft, den die klassische Kampagne beschreitet."[267]

Nach dem Muster kommerzieller Kampagnen wird der Wahlkampf planvoll und wissenschaftlich fundiert angelegt, die Wählerschaft soll zielgruppengenau und mit einem einheitlichen Erscheinungsbild angesprochen werden.[268] Wahlwerbung lässt damit deutliche Parallelen zur kommerziellen Werbung erkennen.[269] Im Zentrum der Ausrichtung am Wähler steht wiederum die Ausrichtung am Wechselwähler, der als wahlentscheidend wahrgenommen wird:

> „Ein wesentliches Kennzeichen moderner Wahlkämpfe besteht in der zunehmenden Orientierung [...] an den Wechselwählern. In der Folge bestimmen diese zunehmend die Ausgestaltung des ‚politischen Produkts'."[270]

Der Marketing-Ansatz weist damit über die Kampagnenführung hinaus, „greift [...] in die Politikformulierungs- und Implementierungsprozesse ein."[271]

---

[265] Schulz, Winfried: Politische Kommunikation. 2008, Seite 247. Damit lehnt sich das Konzept an Downs' ökonomische Demokratietheorie an. Vgl. Downs, Anthony: Ökonomische Theorie der Demokratie. 1968.

[266] Geisler, Alexander/Tenscher, Jens: "Amerikanisierung" der Wahlkampagne(n)? 2002, Seite 58.

[267] Vowe, Gerhard/Wolling, Jens: Amerikanisierung des Wahlkampfs oder Politisches Marketing? 2000, Seite 65f.

[268] Schulz, Winfried: Politische Kommunikation. 2008, Seite 247f.

[269] Schicha, Christian: Die Theatralität der politischen Kommunikation. 2003, Seite 49-51.

[270] Strohmeier, Gerd: Moderne Wahlkämpfe unter besonderer Berücksichtigung der Bundestagswahlkämpfe seit 1998. 2007, Seite 103.

Hand in Hand mit dem Marketingansatz geht die als Verwissenschaftlichung[272] bezeichnete Anwendung von demoskopischen Methoden, deren Ergebnisse zur „Marktanalyse“ und als Planungsbasis der Kampagne fungieren.[273] Umfragen dienen bei der Kampagnenplanung demnach vor allem dazu, Stimmungen, Themen und das Bild der Kandidaten in der Bevölkerung zu analysieren, einzelne Zielgruppen im Elektorat und deren Mediennutzung zu identifizieren und Werbemittel oder Begriffe zu testen.[274] Fortschritte in demoskopischen Methoden erleichtern die konstante Bevölkerungsbeobachtung und die Konzeption des Medieneinsatzes und somit den gezielten Einsatz politischer Werbung und eine planvolle Medienkampagne.[275]

Professionalisierung

Hauptmerkmal der Professionalisierung ist die Externalisierung,[276] oft werden die Begriffe sogar synonym verwendet.[277] Gemeint ist, dass zentrale Aufgaben der Kampagnenorganisation und -durchführung nicht (mehr) von den Parteien erledigt werden.

> „Zur Professionalisierung des Wahlkampfes gehört, daß die Aufgaben engagierter Parteisoldaten von Experten für die Diagnose und Steuerung der öffentlichen Meinung wie Meinungsforscher, Medienberater, Werbe- und Public-Relations-Agenturen übernommen werden.“[278]

Grundlage für eine solche Professionalisierung bildet eine Kommerzialisierung, da Aufgaben, die zuvor von Parteimitgliedern unentgeltlich übernommen wurden, nun durch bezahlte Spezialisten erledigt werden. Professionalisierung meint insofern

---

[271] Karp, Markus: Einführung in das Politische Marketing. 2004, Seite 8.

[272] Mancini und Swanson merken an, dass der Begriff auf Jürgen Habermas zurückgeht. Vgl. Mancini, Paolo/Swanson, David L.: Politics, Media and Modern Democracy: Introduction. 1996, Seite 14f.

[273] Schulz, Winfried: Politische Kommunikation. 2008, Seite 248.

[274] Gallus, Alexander: Demoskopie in Zeiten des Wahlkampfs. 2002, Seite 31f.

[275] Falter, Jürgen W./Römmele, Andrea: Professionalisierung deutscher Wahlkämpfe, oder: Wie amerikanisch kann es werden? 2002, Seite 53f.

[276] Der Begriff kann daneben berufssoziologisch auf die Gruppe der Politikberater bezogen werden. Vgl. Donges, Patrick: Amerikanisierung, Professionalisierung, Modernisierung? 2000, Seite 32-35.

[277] Hoffmann, Jochen/Steiner, Adrian/Jarren, Otfried: Politische Kommunikation als Dienstleistung. 2007, Seite 53.

[278] Schulz, Winfried: Wahlkampf unter Vielkanalbedingungen. 1998, Seite 378.

auch den Übergang von einer arbeitsintensiven zu einer kapitalintensiven Form der Kampagnenführung,[279] d. h. die Verlagerung aus einem nicht-kommerziellen in einen kommerziellen Bereich. Impliziert wird damit auch, dass sich die kommerziell erbrachten Dienstleistungen von denjenigen, die Parteimitglieder ehrenamtlich erbringen würden, qualitativ unterscheiden.[280] Die Externalisierung liefere zudem das Einfallstor für Marketing-Ansätze in die Wahlkampfführung. Durch die Einbindung externer Akteure in die Kampagnenführung, so wird angenommen, werden „sukzessive Strategien und Instrumentarien aus dem Bereich des kommerziellen Marketings [...] übernommen bzw. entsprechend adaptiert."[281] Hand in Hand mit der Externalisierung geht eine Spezialisierung, da externe Dienstleister auf einzelne Teilbereiche spezialisiert sind.[282] Innerhalb der Parteien wird als Konsequenz der Externalisierung eine „Funktionsentleerung der Parteibasis"[283] und die „Deinstitutionalisierung politischer Willensbildung"[284] befürchtet.

Besondere Aufmerksamkeit, auch von Seiten der Wissenschaft, kommt dem Begriff des Spin Doctors zu. Gemeint sind professionelle Medienberater, die in der publizistischen Diskussion geradezu wie die Verkörperung des Wahlkampfwandels erscheinen.[285] Der „Medizinmann der Wahlkampfführung"[286] soll insbesondere der Medienberichterstattung im Wahlkampf den richtigen Dreh (englisch: *spin*) geben.[287] Der auch in der angelsächsischen Heimat des Terminus wahrgenommene manipulative Charakter lässt sich bereits im Begriff selbst erkennen (englisch *to doctor*: fäl-

---

[279] Donges, Patrick: Amerikanisierung, Professionalisierung, Modernisierung? 2000, Seite 30f.

[280] Kamps, Klaus: Politisches Kommunikationsmanagement. 2007, Seite 77f.

[281] Tenscher, Jens: Professionalisierung der Politikvermittlung? 2003, Seite 60.

[282] Schulz, Winfried: Politische Kommunikation. 2008, Seite 249f.

[283] Niedermayer, Oskar: Modernisierung von Wahlkämpfen als Funktionsentleerung der Parteibasis. 2000., Seite 12f.

[284] Sarcinelli, Ulrich: Politische Kommunikation in Deutschland. 2005, Seite 211.

[285] Tenscher, Jens: Professionalisierung der Politikvermittlung? 2003, Seite 17-19.

[286] Falter, Jürgen W.: Alle Macht dem Spin Doctor. 1998, Seite 12.

[287] Schicha, Christian: Die Theatralität der politischen Kommunikation. 2003, Seite 46; Müller, Albrecht: Von der Parteiendemokratie zur Mediendemokratie. 1999, Seite 51.

schen).[288] Der Terminus Spin Doctor als Manipulator der öffentlichen Meinung ist in aller Regel negativ besetzt, als analytische Kategorie erscheint er nicht geeignet.[289]

„Temporäre, wahlkampfbezogene *Externalisierung* von Kommunikationstätigkeiten [... wird mitunter] als *das* Wesensmerkmal moderner Politikvermittlung angesehen."[290] Jedoch sind diesem Konzept Grenzen gesetzt: Zum einen bleibt das Ausmaß der Externalisierung abhängig von den finanziellen Ressourcen der Parteien, zum anderen ist eine entsprechende Spezialisierung der Kommunikationsberater eine Voraussetzung. Durch die im Vergleich zu den USA nur geringe Zahl an Wahlen wird sich ein entsprechender Markt in Deutschland wohl kaum entwickeln.[291] Auch die Reaktanz der Parteien gegen eine weitgehende oder dauerhafte Externalisierung dürfte hierzulande einer so verstandenen Professionalisierung Grenzen setzen.[292] Das Auftreten von professionellen Beratern sagt schließlich nichts darüber aus, ob es sich dabei um parteiinterne oder -externe Berater handelt.[293] Ebenso unklar bleibt ihr Einfluss: Während manche die Parteien während des Wahlkampfes in einer „Diktatur auf Zeit"[294] sehen, charakterisieren andere externe Dienstleister als „Erfüllungsgehilfen ohne eigene Definitionsmacht."[295]

Telemediatisierung

Für die Parteien kann der Kontakt zu den Wählern nahezu ausschließlich über die Massenmedien hergestellt werden. Gleichzeitig stellen die Medien für die allermeisten Bürger in Ermanglung direkter Kontakte das unverzichtbare Instrument zur Beobachtung von Politik dar. Besonderes deutlich wird diese Rolle der Medien als „zent-

---

[288] Kamps, Klaus: Politisches Kommunikationsmanagement. 2007, Seite 186.

[289] Jarren, Otfried/Donges, Patrick: Politische Kommunikation in der Mediengesellschaft. 2006, Seite 230.

[290] Tenscher, Jens: Professionalisierung der Politikvermittlung? 2003, Seite 61 (Hervorhebungen im Original).

[291] Donges, Patrick: Amerikanisierung, Professionalisierung, Modernisierung? 2000, Seite 31.

[292] Tenscher, Jens: Professionalisierung der Politikvermittlung? 2003, Seite 61.

[293] Kuhn, Yvonne: Professionalisierung deutscher Wahlkämpfe? 2007, Seite 31.

[294] So Wolfgang Drexler, ehemaliger SPD-Generalsekretär in Baden-Württemberg; zitiert nach Griese, Honza: Von der Notwendigkeit des Wahlkampfmanagements. 2002, Seite 87.

[295] Falter, Jürgen W./Römmele, Andrea: Professionalisierung deutscher Wahlkämpfe, oder: Wie amerikanisch kann es werden? 2002, Seite 53.

rale Arena und Bühne des politischen Wettbewerbs" im Fernsehen, das „zum Leitmedium von Politikvermittlung und Politikwahrnehmung avancierte."[296] Ein weiteres Merkmal des Wahlkampfwandels findet sich so in der Telemediatisierung der Kampagnen. Wahlkampagnen würden, folgt man dieser These, immer mehr in den Medien, vor allem im Fernsehen ausgetragen. Diese herausragende Bedeutung des Mediums Fernsehen ergibt sich dabei sowohl für Fernsehwerbung als auch für die Medienkampagne.[297]

> „Unter den vorherrschenden Bedingungen [...] werden Wahlkämpfer ihre Planung, ihre Kreativität und ihre organisatorische Energie auf das Fernsehen richten müssen. Wahlkämpfe können im Fernsehen gewonnen oder verloren werden. Aus dem Parteienwahlkampf ist der Fernsehwahlkampf geworden."[298]

Die relative Bedeutung nicht-medienvermittelter Wahlkampfformen sei gegenüber dem Wahlkampf in den Massenmedien stark zurückgegangen, vor allem, da mit diesen eine deutlich größere Reichweite verbunden ist.[299] Die Wähleransprache im Fernsehen richtet sich an ein Massenpublikum, während durch die Ausdifferenzierung des Medienmarktes zugleich eine Zielgruppenansprache möglich wird. Darüber hinaus eigenen sich Fernsehbilder durch die Möglichkeit der Visualisierung und der emotionalen Ansprache dafür, Partei- und Kandidatenimages zu formen und zu vermitteln.[300] Dem Fernsehen wird in der Regel eine hohe Glaubwürdigkeit zugesprochen, beim Rezipienten entsteht die Fiktion von Authentizität.[301] Durch den fernsehimmanenten Drang zur Visualisierung wird es für die politischen Akteure andererseits möglich, in Kenntnis der Nachrichtenfaktoren Öffentlichkeitsarbeit und Ereignisse mediengerecht zu gestalten,[302] mithin „Bilder für die Bilder-Macher"[303] zu pro-

---

[296] Sarcinelli, Ulrich/Geisler, Alexander: Die Demokratie auf dem Opferaltar kampagnenpolitischer Aufrüstung? 2002, Seite 159f.

[297] Schulz, Winfried: Politische Kommunikation. 2008, Seite 236f.

[298] Radunski, Peter: Politisches Kommunikationsmanagement. 1996, Seite 36.

[299] Schulz, Winfried: Medialisierung von Wahlkämpfen und die Folgen für das Wählerverhalten. 2006, Seite 43.

[300] Schulz, Winfried: Politische Kommunikation. 2008, Seite 239.

[301] Schicha, Christian: Die Theatralität der politischen Kommunikation. 2003, Seite 56f.

[302] Sarcinelli, Ulrich/Geisler, Alexander: Die Demokratie auf dem Opferaltar kampagnenpolitischer Aufrüstung? 2002, Seite 160.

[303] Goergen, Fritz/Goergen, Barbara: Bilder für die Bilder-Macher. 2000, Seite 60.

duzieren. Das heißt jedoch auch, dass der Preis, den die Wahlkämpfer dafür zahlen müssen, die Ausrichtung der Kampagnenaktivitäten an der Darstellungslogik des Fernsehens ist.[304]

Themen- und Ereignismanagement

Eng mit der Telemediatisierung verbunden ist das Themen- und Ereignismanagement, also die Lenkung der öffentlichen Aufmerksamkeit hin zu gewünschten Themen, in der Regel diejenigen, bei der die eigene Partei einen Kompetenzvorsprung besitzt. Die Parteien versuchen dabei nicht nur, Themen zu lancieren, sondern auch auf die Einordnung des Themas Einfluss auszuüben und Folgekommunikation, die an das gesetzte Thema anknüpft, auszulösen.[305] In Anlehnung an Frank Brettschneider lassen sich dabei drei Zielsetzungen unterscheiden: Die Thematisierung (Agenda-Setting), die Dethematisierung (Agenda-Cutting) und die Instrumentalisierung vorhandener Themen (Agenda-Surfing).[306] Das Themen- und Ereignismanagement zielt so auf eine Beeinflussung der Medienberichterstattung, insbesondere derjenigen des Fernsehens, durch „geschickt inszenierte Ereignisse und medienwirksam gestaltetes politisches Handeln."[307]

Im Rahmen des Themen- und Ereignismanagements erfolgt die Instrumentalisierung von genuinen und mediatisierten Ereignissen sowie die Inszenierung von Pseudo-Ereignissen.[308] Unter genuinen Ereignissen versteht man solche, die sich unabhängig von der Berichterstattung der Medien ereignen; Mediatisierte Ereignisse finden ebenfalls ohne Einfluss der Medien statt, ihr Charakter ist jedoch durch die Medienpräsenz geprägt; Inszenierte Ereignisse oder Pseudo-Ereignisse schließlich werden eigens für die Medien geschaffen.[309] Die Regierungsparteien haben dabei Vorteile auf ihrer Seite, um die gewünschte Medienpräsenz durch das Themen- und

[304] Rosumek, Lars: Die Kanzler und die Medien. 2007, Seite 43f.

[305] Jarren, Otfried/Donges, Patrick: Politische Kommunikation in der Mediengesellschaft. 2006, Seite 264f.

[306] Brettschneider, Frank: Die Medienwahl 2002. 2002, Seite 38.

[307] Schulz, Winfried: Politische Kommunikation. 2008, Seite 257.

[308] Strohmeier, Gerd: Moderne Wahlkämpfe unter besonderer Berücksichtigung der Bundestagswahlkämpfe seit 1998. 2007, Seite 110f.

[309] Kepplinger, Hans M.: Inszenierung. 1998, Seite 662. Vgl. Kepplinger, Hans M.: Ereignismanagement. 1992.

ihrer Seite, um die gewünschte Medienpräsenz durch das Themen- und Ereignismanagement zu erlangen, da sie qua Amtes die Möglichkeit zum politischen Handeln besitzen und ihnen ein höherer Nachrichtenwert zukommt.[310]

3.4.2 Inhaltliche Indikatoren

Personalisierung und Privatisierung

Als einer der zentralen Faktoren für einen Wandel der Kampagnenkommunikation wird oft eine starke Personalisierung angeführt. Unter Personalisierung versteht man, dass die Person des Politikers zum „Deutungsmuster komplexer politischer Tatbestände wird."[311] Neben der Wahlkampfführung bezieht sich der Begriff häufig auf das Wählerverhalten – man spricht dann ebenfalls von Candidate Voting, wobei der eigenständige Einfluss der Personen auf die Wahlentscheidung als gering angesehen wird.[312] Ebenso ist von einer Personalisierung der Medienberichterstattung die Rede. Für die Medien gehört die Personalisierung zu den wichtigsten Darstellungsmerkmalen, insbesondere „für das Fernsehen, dessen Präsentationslogik am Handeln von Personen [...] ausgerichtet ist."[313] Personalisierung im Wahlkampf gilt demnach auch als stark medieninitiiertes Phänomen.[314]

Neben dieser Personalisierung auf der Bevölkerungs- bzw. Medienebene steht die Personalisierung auf der Ebene des dritten Wahlkampfakteurs, der Politik.

> „Festzustellen sei eine Fokussierung auf den Spitzenkandidaten und eine tendenzielle Entkopplung von Kandidat und Partei [...] Personenorientierung dominiere in Wahlkämpfen über die Themenorientierung."[315]

---

[310] Falter, Jürgen W./Römmele, Andrea: Professionalisierung deutscher Wahlkämpfe, oder: Wie amerikanisch kann es werden? 2002, Seite 54f.

[311] Holtz-Bacha, Christina/Lessinger, Eva-Maria/Hettesheimer, Merle: Personalisierung als Strategie der Wahlwerbung. 1998, Seite 241.

[312] Brettschneider, Frank: Politiker als Marke. 2005, Seite 103. Vgl. ausführlich Brettschneider, Frank: Spitzenkandidaten und Wahlerfolg. 2002.

[313] Schulz, Winfried: Politische Kommunikation. 2008, Seite 251f., Zitat Seite 252.

[314] Vgl. Marcinkowski, Frank: Politikvermittlung durch Fernsehen und Hörfunk. 1998, Seite 183. So auch empirische Ergebnisse, vgl. etwa Wirth, Werner/Voigt, Ronald: Der Aufschwung ist meiner! 1999, Seite 147 und Marcinkowski, Frank/Greger, Volker: Die Personalisierung politischer Kommunikation im Fernsehen. 2000, Seite 192-194.

[315] Hoffmann, Jochen/Raupp, Juliana: Politische Personalisierung. 2006, Seite 457.

Personalisierung generell kommt einem grundlegenden Bedürfnis des Wählers entgegen: Die Personifizierung undurchschaubarer politischer Prozesse bietet dem Bürger Orientierung und Komplexitätsreduktion. Aus demokratiepraktischer Sicht ist Personalisierung politischer Verantwortung sogar „Voraussetzung dafür, dass der Souverän seine politische Sanktionsmacht ausüben kann.“[316] Kritisiert wird dagegen vielmehr eine „spezifische Form der Personalisierung: [...] die ausschließliche Vermarktung der Persönlichkeit – weitgehend losgelöst von jeglichen Inhalten.“[317] Die Themen würden zunehmend in den Hintergrund gedrängt, während die Personen, insbesondere die Spitzenkandidaten, mediengerecht in Szene gesetzt würden. Als Anzeichen modernisierter Wahlkämpfe wird die „fast vollständige Zuspitzung des Wahlkampfes auf die Person eines Kandidaten“[318] gesehen, gar das Austauschen politischer Programme durch Personen.[319] Kritisiert wird die mit der Personalisierung einhergehende Entpolitisierung,[320] denn „schließlich habe sich der Wähler bei seiner Stimmabgabe an den politischen Positionen [...] zu orientieren und nicht am Charme der Kandidaten.“[321]

Die so geäußerte normative Kritik, die Personalisierung als Nullsummenspiel und Verlust an Inhalten begreift, greift jedoch zu kurz.[322] Personalisierung kann ebenso zur Kommunikation von Sachthemen dienen, da mit Personen bestimmte Programme und Themen „gleichsam in personal-verdichteter Form“[323] verbunden sind: „Personen können Parteien auch als Vehikel für Inhalte dienen.“[324] Demnach wird an anderer Stelle nicht die Personalisierung *per se*, sondern eine Privatisierung kritisiert. Gemeint ist damit die Vermittlung politikferner Eigenschaften und apolitischer Image-

---

[316] Sarcinelli, Ulrich: Politische Kommunikation in Deutschland. 2005, Seite 157.

[317] Lutter, Johannes/Hickersberger, Michaela: Wahlkampagnen aus normativer Sicht. 2000, Seite 40-42, Zitat Seite 41.

[318] Falter, Jürgen W.: Alle Macht dem Spin Doctor. 1998, Seite 11.

[319] Schulz, Winfried: Wahlkampf unter Vielkanalbedingungen. 1998, Seite 378.

[320] Vgl. etwa Oberreuter, Heinrich: Image statt Inhalt? 2001.

[321] Brettschneider, Frank: Politiker als Marke. 2005, Seite 101.

[322] Hoffmann, Jochen/Raupp, Juliana: Politische Personalisierung. 2006, Seite 457f.

[323] Jarren, Otfried/Donges, Patrick: Politische Kommunikation in der Mediengesellschaft. 2006, Seite 271.

[324] Keil, Silke I.: Wahlkampfkommunikation in Wahlanzeigen und Wahlprogrammen. 2003, Seite 30.

merkmale,[325] also „die Einbeziehung der ganzen Person in den Wahlkampf: Alter, E-heleben und außereheliches Leben, Kinder, Haustier, Gesundheitszustand, Steuererklärung."[326] Aus der Sicht der Politik würde durch die Darstellung apolitischer Inhalte im Wahlkampf eine Vermenschlichung und emotionale Sympathiewerbung, ein Gewinn an Prominenz sowie eine Dethematisierung möglich werden.[327] Auch diese Perspektive ist jedoch nicht unproblematisch, da persönlichkeitsbezogene Merkmale, beispielsweise Ehrlichkeit, durchaus politisch relevant sein können, die Unterscheidung zwischen politikfernen und -nahen Thematisierungen mithin schwer sein kann.[328]

Angriffswahlkampf

Ein Aspekt des Wandels der Wahlkampfkommunikation wird darin gesehen, dass dem sogenannten Negative Campaigning eine Schlüsselrolle im Wahlkampf zukäme:

> „Zentrales Element einer Kampagne bildet die Kritik und Diskreditierung des politischen Gegners, nicht die Darstellung der eigenen Ziele."[329]

Ohne Aussagen über die eigene Politik treffen zu müssen, wird der Gegner diskreditiert und polarisierend dazu die eigene Partei als Gegenpol aufgebaut.[330] Während der Austausch von Argumenten in Wahlkampfzeiten normativ gewünscht ist, geht der Angriffswahlkampf durch die Diffamierung und Diskreditierung von Parteien und Personen darüber hinaus[331] und versucht, den politischen Gegner „als unzuverlässig, unberechenbar und eine Gefahr für das Gemeinwohl" darzustellen.[332]

Eng verbunden mit einer zunehmenden Personenzentriertheit der Wahlkampfkommunikation sind persönliche Angriffe und eine personenbezogene Emotionalisie-

---

[325] Hoffmann, Jochen/Raupp, Juliana: Politische Personalisierung. 2006, Seite 458.

[326] Holtz-Bacha, Christina: Bundestagswahlkampf 1998 - Modernisierung und Professionalisierung. 1999, Seite 13.

[327] Holtz-Bacha, Christina: Das Private in der Politik. 2001, Seite 23f.

[328] Graner, Jürgen/Stern, Eva: It's the Candidate, Stupid? 2002, Seite 151f.

[329] Keil, Silke I.: Wahlkampfkommunikation in Wahlanzeigen und Wahlprogrammen. 2003, Seite 70.

[330] Jakubowski, Alex: Kommunikationsstrategien in Wahlwerbespots. 1998, Seite 404.

[331] Schicha, Christian: Die Theatralität der politischen Kommunikation. 2003, Seite 44.

rung als Teil des modernen Angriffswahlkampfes. Auch wenn gerade für deutsche Wahlkämpfe noch von Hemmungen wegen der zugrundeliegenden politischen Kultur gesprochen wird, gelten „Formen des ‚Negative Campaigning' als klassisches Kennzeichen einer [...] Modernisierung der Wahlkampfkommunikation."[333] Negativer Wahlkampf ist kein neues Phänomen, die Zunahme des negativen Angriffswahlkampfes hingegen wird als Teil des Wandels der Wahlkampfkommunikation betrachtet. Der zunehmenden Negativität kommt dabei vor allem die Funktion zu, Aufmerksamkeit zu generieren und als Mittel des Themenmanagements zu fungieren.[334] Die Gefahr für die Parteien ist dabei, dass die als geschmacklos und unfair empfundenen Kampagnen negativ auf sie zurückwirken. Aufgrund dieses Bumerang-Effekts wird teilweise nicht der Angriffswahlkampf, sondern die konstante Gegnerbeobachtung und der schnelle Konterwahlkampf als Kennzeichen modernisierter Wahlkampagnen gesehen.[335]

Emotionalisierung, Entideologisierung und Entpolitisierung

Personalisierung besteht in der Darstellung der eigenen Vorteile, Angriffswahlkampf in der Darstellung der Nachteile des Gegners – beiden gemeinsam ist das Element der Emotionalisierung der Wahlkampagne.[336] Die Ursache der Emotionalisierung wird in der Konvergenz der Parteien gesehen: Da sich die Parteien oder die öffentliche Wahrnehmung der Parteien kaum unterscheidet, seien für den Wahlkampf Methoden der Wirtschaftswerbung übernommen worden.

> „Der Einsatz der Methoden kommerzieller Werbung bedeutet: Die Parteien sprechen den Wähler eher emotional statt rational an und versuchen, über das Empfinden von Sympathie für das Spitzenpersonal Wählerstimmen zu gewinnen."[337]

Eine zentrale Stellung nimmt dabei die visualisierte Ansprache der Wähler ein: Während Bilder ursprünglich zur Ergänzung der verbalisierten Information dienten,

---

[332] Falter, Jürgen W./Römmele, Andrea: Professionalisierung deutscher Wahlkämpfe, oder: Wie amerikanisch kann es werden? 2002, Seite 55.

[333] Sarcinelli, Ulrich: Politische Kommunikation in Deutschland. 2005, Seite 212.

[334] Holtz-Bacha, Christina: Negative Campaigning. 2001, Seite 673f, 677.

[335] Strohmeier, Gerd: Moderne Wahlkämpfe unter besonderer Berücksichtigung der Bundestagswahlkämpfe seit 1998. 2007, Seite 112f.

[336] Wagner, Jochen W.: Deutsche Wahlwerbekampagnen made in USA? 2005, Seite 94f.

scheinen sie nun eine dominierende Stellung in der Wahlkommunikation innezuhaben. Fest steht, dass Bilder stärkere Emotionen auslösen, als es geschriebenen Sätzen gelingt,[338] ikonische Elemente tragen dadurch zur emotionalen Wähleransprache bei.[339]

Mit dieser Technik kommerzieller Werbung ist auch die Entideologisierung des Wahlkampfes verbunden. Ideologien werden als „Ballast [gesehen], von dem man sich, um erfolgreich zu sein, so schnell wie möglich lossagen musste."[340] Die Parteien stellen so „statt eines scharfen weltanschaulichen und programmatischen Profils positive ‚Produkteigenschaften' und universelle Kompetenz" heraus.[341] Auf der anderen Seite wird dieses Vorgehen als Vermeidung argumentativer Auseinandersetzungen und Vermittlung vager, allgemeingültiger Aussagen, kurz als Inhaltslosigkeit entpolitisierter Wahlkämpfe kritisiert.[342]

Auftritte von Politikern in Unterhaltungsformaten und Talkshows geben dieser Kritik weitere Nahrung. Um die unpolitischen Wähler zu erreichen, tragen die Parteien den Wahlkampf in die Unterhaltungssendungen und in Talkshows, die politischen Akteure reagieren mit einer „unterhaltenden Inszenierung"[343] und nehmen Anleihen aus der Populärkultur.[344] Eine besondere Rolle kommt dabei den Talkshows, also Gesprächssendungen, zu, die Politikern reichlich Möglichkeit zur Fernsehpräsenz bieten.[345] Das als Entertainisierung oder Politainment kritisierte Vorgehen bringt ihnen den Vorteil, größere Kontrolle über die mediale Informationsvermittlung zu haben als beispielsweise in politischen Informationssendungen.[346] Im Gegenzug wird dadurch, so die Kritik, der Entpolitisierung des Wahlkampfes weiter Vorschub geleistet, Dramatik und Emotionalität statt Informationsvermittlung rücken in den Fokus,[347] die

---

[337] Kuhn, Yvonne: Professionalisierung deutscher Wahlkämpfe? 2007, Seite 28.

[338] Schicha, Christian: Die Theatralität der politischen Kommunikation. 2003, Seite 47.

[339] Müller, Marion G.: "Seht mich, liebt mich, wählt mich!" 1999, Seite 136.

[340] Strohmeier, Gerd: Die Modernisierung der Wahlkämpfe in Deutschland. 2004, Seite 53.

[341] Schulz, Winfried: Wahlkampf unter Vielkanalbedingungen. 1998, Seite 378.

[342] Kuhn, Yvonne: Professionalisierung deutscher Wahlkämpfe? 2007, Seite 33f.

[343] Kuhn, Yvonne: Professionalisierung deutscher Wahlkämpfe? 2007, Seite 33.

[344] Nieland, Jörg-Uwe: Politics goes popular. 2000, Seite 307f.

[345] Tenscher, Jens: Talkshowisierung als Element moderner Politikvermittlung. 2002, Seite 60-63.

[346] Dörner, Andreas: Politainment. 2001, Seite 114-116.

[347] Schicha, Christian: Die Inszenierung politischer Diskurse. 2002, Seite 224f.

Wahlkampagne wird so weiter personalisiert, emotionalisiert und privatisiert.[348] Durch diese Entertainisierung erhalten „Elemente der Privatsphäre wie Intimität, Spontaneität und persönliche Gefühle immer mehr Platz im politischen Diskurs."[349]

Metakommunikation

Als ein letztes Merkmal des Wahlkampfwandels ist die immer wieder als Bestandteil der angeblichen Entpolitisierung von Wahlkämpfen gebrandmarkte Metakommunikation zu nennen. „Denn ein wesentlicher Teil der politischen Diskussion und Berichterstattung beschäftigt sich mit dem Wahlkampf als Thema."[350] Die Art und Weise der Wahlkampfführung, die Organisation und die Umsetzung der Wahlkampagne wird von den Parteien selbst zum Thema der Wahlkampfkommunikation gemacht. Die Parteien nutzen diese Kommunikation als Instrument des Themenmanagements und zum Aufbau eines kompetenten, modernen Parteiimages.[351] Der Wahlkampf selbst wird Thema und dient, wie der Begriff „Meta-Imaging" auszudrücken versucht, der Kommunikation demonstrativer Professionalität, der Blick auf die Art und Entstehung der Kommunikation soll das Parteibild prägen. Dabei gilt, „je professioneller die Verpackung, desto professioneller auch ihr Inhalt."[352]

Kommunikation über Kommunikation findet daneben ebenfalls statt, wenn die Wahlkampagne des politischen Gegners kritisiert und etwa als unfair oder unglaubwürdig und inszeniert abgelehnt wird.[353] Zudem wird Wahlkampfkommunikation zunehmend selbstreferentiell: Motive des Wahlkampfes oder aus anderen Wahlkämpfen werden verstärkt wieder aufgegriffen, wobei Ursprünge und Inhalt des Motivs verloren zu gehen drohen.[354] Die Wahlkampfkommunikation greift so auf sich selbst zurück, das Verstehen der Wahlkampfkommunikation wird erschwert.

---

[348] Holtz-Bacha, Christina: Massenmedien und Wahlen: Die Professionalisierung der Kampagnen. 2002, Seite 27.

[349] Holtz-Bacha, Christina: Entertainisierung der Politik. 2000, Seite 165.

[350] Schulz, Winfried: Politische Kommunikation. 2008, Seite 269f., Zitat Seite 269.

[351] Müller, Albrecht: Von der Parteiendemokratie zur Mediendemokratie. 1999, Seite 57f.

[352] Rosumek, Lars: Die Kanzler und die Medien. 2007, Seite 238f., Zitat Seite 239.

[353] Schulz, Winfried: Politische Kommunikation. 2008, Seite 270.

[354] Müller, Marion G.: "Seht mich, liebt mich, wählt mich!" 1999, Seite 123-125.

3.5 Formulierung einer Arbeitshypothese

Festzuhalten bleibt, dass der Wandel der Wahlkampfkommunikation unterschiedlich gesehen und gefüllt wird. Für die weitere Studie lassen sich als zentrale Merkmale für eine strategische und organisatorische als auch eine inhaltliche Modernisierung der Wahlkampfführung die folgenden Indikatoren aufführen:

- Politisches Marketing und Verwissenschaftlichung: Der Wahlkampf erfolgt nachfrageorientiert und auf Basis wissenschaftlicher Analysen.
- Professionalisierung: Zentrale Wahlkampfaufgaben werden von externen Experten kommerziell wahrgenommen.
- Telemediatisierung: Die Kampagne konzentriert sich auf die Massenmedien, insbesondere auf das Fernsehen, als zentralen Kommunikationskanal.
- Themen- und Ereignismanagement: Parteien versuchen, die öffentliche Aufmerksamkeit zu lenken, insbesondere durch die Instrumentalisierung bzw. Inszenierung von Ereignissen.
- Personalisierung und Privatisierung: Der Wahlkampf ist auf Personen fokussiert, private Eigenschaften der Kandidaten werden wichtig.
- Angriffswahlkampf: Die auch personenbezogene Diskreditierung und Diffamierung des Gegners ist Muster der politischen Auseinandersetzung.
- Emotionalisierung, Entideologisierung und Entpolitisierung: Die rational-argumentative Wähleransprache wird durch eine emotionale ersetzt, ideologische und programmatische Aussagen werden vermieden, Politik unterhaltendend inszeniert.
- Metakommunikation: Kommunikation über Kommunikation ist ein zentrales Element der Wahlkampfkommunikation.

Diese Überlegungen führen zur Formulierung einer Arbeitshypothese, die im Folgenden geprüft wird, um so Erkenntnisse über eine eventuelle Modernisierung der bundesdeutschen Wahlkampfführung zu erhalten. Als Hypothese lässt sich folglich festhalten:

> Die Wahlkampfführung zu den Bundestagswahlen in der Bundesrepublik Deutschland ist einem Wandel unterworfen. Infolgedessen lassen sich die zentralen Merkmale einer modernisierten Wahlkampagne in den letzten Wahlen

zum Deutschen Bundestag eindeutig als bedeutsame Kampagnenbestandteile feststellen. Diese Merkmale sind als neue Elemente der Wahlkampagne zu betrachten. Die bundesdeutsche Wahlkampfführung nähert sich somit dem Idealbild eines modernisierten Wahlkampfes an.

Die so formulierte Hypothese soll als Ausgangspunkt für die weitere Untersuchung dienen.

4 Analyse der SPD-Bundestagswahlkämpfe

4.1 Der Bundestagswahlkampf 1998

Der Bundestagswahlkampf von 1998 ist aus politikwissenschaftlicher Sicht besonders interessant: Zum ersten Mal in der Geschichte der Bundesrepublik Deutschland kam es durch eine Wahl zu einem kompletten Regierungswechsel, die Koalition aus CDU/CSU und FDP unter Bundeskanzler Helmut Kohl musste einer rot-grünen Regierung weichen.[355] Vor allem die SPD-Kampagne gab dazu Anlass, den Wahlkampf von 1998 als Höhepunkt der Amerikanisierung zu bezeichnen.[356]

Die Grundlagen für ihren Wahlerfolg legte die SPD bereits drei Jahre zuvor. Nach der knapp verlorenen Wahl 1994 und anschließenden innerparteilichen Streitigkeiten übernahm auf dem Mannheimer Parteitag 1995 Oskar Lafontaine den Parteivorsitz, auch der spätere Kanzlerkandidat Gerhard Schröder und der spätere Wahlkampfmanager Franz Müntefering konnten sich in der Führungsspitze der Partei positionierten.[357] Wichtige Schritte in dieser Phase waren die Wiederherstellung der innerparteilichen Geschlossenheit sowie die Modernisierung innerparteilicher Strukturen und der Parteizentrale.[358] Bereits im Januar 1996 wurde das Institut Polis mit repräsentativen Umfragen beauftragt, mittels der die Positionierung der Partei im kommenden Wahlkampf vorgenommen werden sollte.[359] Im Wahlkampf trat die SPD mit dem Parteivorsitzenden Lafontaine und dem Kanzlerkandidaten Schröder schließlich mit einer kollektiven Führung an, die unterschiedliche Integrationsangebote unterbreiten konnte.[360]

[355] Green, Simon: The 1998 German Bundestag Election: The End of an Era. 1999, Seite 306f.

[356] Vgl. etwa Oberreuter, Heinrich: '98 und die Folgen. 2001, Seite 22.

[357] Webel, Diana von: Der Wahlkampf der SPD. 1999, Seite 14.

[358] Bergmann, Knut: Der Bundestagswahlkampf 1998. 2002, Seite 48-51.

[359] Dülmer, Hermann: Der Ausgangspunkt: Der Wahlsieg von Rot-Grün bei der Bundestagswahl 1998. 2005, Seite 32.

[360] Oeltzen, Anne-Kathrin/Forkmann, Daniela: Charismatiker, Kärrner und Hedonisten. 2005, Seite 117.

Zu Beginn des Wahljahres befand sich die SPD in keiner schlechten Ausgangslage: Die Unzufriedenheit mit der Regierung war hoch, Wahlprojektionen und Umfragen zu Kompetenzwerten zeigten einen, wenn auch teilweise knappen, Vorsprung vor der Union.[361] Die Wahl selbst endete schließlich „mit einem Erdrutschsieg der SPD."[362]

4.1.1 Wahlkampfführung und Wahlkampfkommunikation

Wahlkampforganisation

Der von Franz Müntefering formulierte Anspruch war, „den modernsten, effizientesten Wahlkampf aller konkurrierenden Parteien [zu] führen."[363] Das Kernelement der Wahlkampforganisation der SPD war die aus der Parteizentrale ausgelagerte Kampagnenzentrale, kurz Kampa genannt, die sich zwischen der SPD-Parteizentrale und dem Bonner Bundeskanzleramt befand. Mit der externen Wahlkampfzentrale folgte Franz Müntefering, innerhalb der Partei nicht unumstritten, dem ‚War-Room'-Konzept der Kampagne Bill Clintons.[364] Als Besonderheit ist hervorzuheben, dass die Wahlkampfzentrale nicht nur die technisch-operative Wahlkampfleitung innehatte, sondern, innerhalb der getroffenen Weichenstellungen, auch die strategisch-politischen Entscheidungen traf und die Wahlkampfbotschaften konzipierte und entwickelte.[365] Die Kampa stellte tatsächlich die Kampagnen- und Kommunikationsfähigkeit der SPD nach Innen und Außen sicher und ermöglichte es, die schwachen und von inneren Streitigkeiten gekennzeichneten Binnenstrukturen der Partei, die 1994 deutlich zu Tage getreten waren, durch eine grundlegende strukturelle Umgestaltung zu überwinden. Zentrale Neuerung wurden in ihr jedoch nicht umgesetzt, sondern nur in vorherigen SPD-Wahlkämpfen verwendete und erprobte Elemente zusammenge-

---

361 Political Consulting Group, The: Zwischen Wahnsinn und Methode. 2000, Seite 59.

362 Rettich, Markus/Schatz, Roland: Amerikanisierung oder Die Macht der Themen. 1998, Seite 5.

363 Müntefering, Franz: Die SPD wird einen interessanten und kommunikativen Wahlkampf führen. 1997, zitiert nach: Webel, Diana von: Der Wahlkampf der SPD. 1999, Seite 13.

364 Bergmann, Knut: Der Bundestagswahlkampf 1998. 2002, Seite 135.

365 Neuwerth, Lars: Strategisches Handeln in Wahlkampfsituationen. 2001, Seite 224f.

führt. Die SPD „tat dies derart professionell, dass der Eindruck eines völlig neuen Wahlkampfstils“ entstand.[366]

Die Kampagnenzentrale war in zehn Abteilungen gegliedert, wobei besonders die eigenständigen Abteilungen „Wahlkampf Ost“, die eine gewisse geographische Zielgruppenabgrenzung vornahm, und „Gegnerbeobachtung“ hervorzuheben sind. Die SPD hatte damit, im Gegensatz zur CDU, erstmals eine organisatorisch ausgegliederte Gegnerbeobachtung.[367] Obwohl die Wahlkampfzentrale ausgelagert war, kamen sowohl die Wahlkampfleiter als auch die große Mehrzahl der Mitarbeiter der Kampa aus der sozialdemokratischen Partei; professionelle externe Wahlkampfmanager waren nicht in die Kampagne involviert. Insbesondere die starke Stellung des Parteiapparates dürfte eine personelle Trennung von Wahlkampf- und Parteizentrale verhindert haben.[368]

Zusammengearbeitet wurde dagegen mit acht externen Dienstleistern, deren Mitarbeiter teilweise auch in die Wahlkampfzentrale integriert waren.[369] Erstmals arbeiteten die Sozialdemokraten dabei mit mehr als nur einer externen Agentur zusammen.[370] Besondere Bedeutung kam der renommierten Werbeagentur KNSK, BBDO, die zuvor nur auf kommerziellem Gebiet tätig war, sowie dem Meinungsforschungsinstitut Polis zu. Die Werbeagentur erstellte, in Zusammenarbeit mit den Meinungsforschern, sowohl die Grundlinien als auch einzelne Werbeträger der Wahlkampagne.[371] Die Kooperation der SPD mit externen Partnern begann bereits 1996 und war von zentraler Bedeutung für den SPD-Wahlkampf. „Wichtiger als die Einrichtung der Kampa als solcher war für die Effizienz der Wahlkampfstrategie [...] deren enge Kooperation mit Instituten und Agenturen.“[372] Das Demoskopieinstitut Polis begann im Januar

[366] Bergmann, Knut: Der Bundestagswahlkampf 1998. 2002, Seite 144.

[367] Müller, Marion G.: Parteienwerbung im Bundestagswahlkampf 1998. 1999, Seite 252. Strohmeier, Gerd: Moderne Wahlkämpfe unter besonderer Berücksichtigung der Bundestagswahlkämpfe seit 1998. 2007, Seite 107f.

[368] Wagner, Jochen W.: Deutsche Wahlwerbekampagnen made in USA? 2005, Seite 282.

[369] Ristau, Malte: Wahlkampf in der Mediendemokratie. 2000, Seite 469.

[370] Wagner, Jochen W.: Deutsche Wahlwerbekampagnen made in USA? 2005, Seite 283.

[371] Webel, Diana von: Der Wahlkampf der SPD. 1999, Seite 18f. Die Werbemittel konnten in der Folge auch mehrere Preise, u.a. bei dem Kreativwettbewerb des Art Directors Club, gewinnen.

[372] Jun, Uwe: Der Wahlkampf der SPD zur Bundestagswahl 1998. 2001, Seite 61.

1996 mit aufwendigen Penal-Befragungen, die in mehreren Wellen knapp 11.000 Personen umfassten. Während des Wahlkampfes wurden mit Fokusgruppen zentrale Werbe- und Kampagnenelemente getestet.[373] Zur Inszenierung des Wahlparteitages in Leipzig wurde eigens auf die auf Kulturveranstaltungen spezialisierte Agentur Compact Team zurückgegriffen.[374]

„Oberstes Ziel für die organisatorischen Maßnahmen war die Erhöhung der Schnelligkeit in der politischen Kommunikation."[375] Eine reibungslose interne und externe Kommunikation sollte durch die Einrichtung neuer Kommunikationskanäle sichergestellt werden. So wurde Ende 1997 das parteiinterne, bundesweite Intranet in Betrieb genommen. Das schnelle Kommunikationsmedium diente nicht nur nach Außen hin als Symbol einer professionellen und modernen Kampagne, sondern ermöglichte auch die Durchsetzung einheitlicher Sprachregelungen und kommunikativer Disziplin. Daneben standen klassischere Kommunikationsmittel wie Konferenzen, die Mitgliederzeitschrift oder eine Kampa-Hotline. Auch das Internet wurde für externe und interne Kommunikation verwendet, wobei man mit diesem noch neuen Medium sehr zurückhaltend umging.[376] Verzichten wollte man auf dieses Medium für die externe Kommunikation jedoch nicht, um so „Modernität und Zukunftskompetenz auszustrahlen."[377]

Die ausgelagerte Wahlkampfzentrale war 1998 ein Novum in Deutschland. Für ihre Bewertung zentral ist nicht nur ihr Beitrag zur Organisation der Kampagne. Sie war ein „Symbol nicht nur für Professionalität, sondern auch für Modernität und Innovation."[378] Malte Ristau stellt demnach fest, dass der Mythos der Kampa und die von ihr initiierte Metakommunikation „wichtiger war als der reale Output."[379]

---

[373] Bergmann, Knut: Der Bundestagswahlkampf 1998. 2002, Seite 139f.

[374] Hetterich, Volker: Von Adenauer zu Schröder - der Kampf um Stimmen. 2000, Seite 391.

[375] SPD Parteivorstand, Abteilung Kommunikation und Wahlen: Mehrheit 98. o. J., Seite 2.

[376] Bergmann, Knut: Der Bundestagswahlkampf 1998. 2002, Seite 140f. Zum Internetwahlkampf vgl. Gellner, Winand/Strohmeier, Gerd: Netzwahlk(r)ampf. 1999, insbes. Seite 90-92.

[377] Strohmeier, Gerd: Die Modernisierung der Wahlkämpfe in Deutschland. 2004, Seite 56.

[378] Jun, Uwe: Der Wahlkampf der SPD zur Bundestagswahl 1998. 2001, Seite 60.

[379] Ristau, Malte: Wahlkampf in der Mediendemokratie. 2000, Seite 471.

Strategie und Umsetzung der Wahlkampfkommunikation

Der Wahlkampf der SPD zeichnete sich durch eine genau ausformulierte Strategie aus, deren Kern vier demoskopisch getestete Begriffe bildeten: „Wechsel, politische Führung, Innovation [und] Gerechtigkeit [... , die] möglichst einheitlich benutzt werden sollten.“[380] Im Laufe der Kampagne konzentrierte man sich dann, wissenschaftlichen Analysen folgend, auf die Begriffe „Gerechtigkeit“ und „Wechsel“.[381]

Thematische Grundlage der Kampagne war zum einen das Ansprechen der Wechselstimmung, die jedoch optimistisch mit „Sicherheit, Verlässlichkeit und Hoffnung als Grundmelodie“ vermittelt werden sollte. „Innovation und Gerechtigkeit als Grundphilosophie“ sollten die SPD als moderne, reformwillige, aber sozial gerechte Partei darstellen, während die SPD zugleich als „Partei der politischen Mitte“ positioniert werden sollte,[382] um so einen Richtungswahlkampf der CDU unmöglich zu machen.[383] Die SPD ging damit gezielt auf die demoskopisch ermittelte Perzeption der Partei in der Wählerschaft und die wahrgenommenen Defizite der SPD ein.[384] „Innovation und Gerechtigkeit“ als Wahlkampfmotto sollte sowohl Tradition als auch Modernität kommunizieren, wobei die Teilbegriffe je mit Schröder bzw. Lafontaine identifiziert werden konnten.[385]

Symbolisiert wird die Ausrichtung in der politischen Mitte durch den von der SPD geprägten Begriff der „Neue Mitte.“ Der Terminus wurde bewusst offen formuliert, um eine möglichst große Wählergruppe anzusprechen, so dass sich „im Prinzip jeder als Teil der ‚Neuen Mitte’ fühlen durfte.“[386] Auch dieser Begriff war im Vorfeld demoskopisch getestet worden und sollte vor allem positive Assoziationen wecken, also eine Einstellung kommunizieren[387] und suggerieren, ein Votum für die SPD „sei

[380] Müller, Marion G.: Parteienwerbung im Bundestagswahlkampf 1998. 1999, Seite 255.

[381] Kamps, Klaus: Politisches Kommunikationsmanagement. 2007, Seite 227.

[382] Zitate nach SPD Parteivorstand, Abteilung Kommunikation und Wahlen: Mehrheit 98. o. J., Seite 4f.

[383] Bergmann, Knut: Der Bundestagswahlkampf 1998. 2002, Seite 58.

[384] SPD Parteivorstand, Abteilung Kommunikation und Wahlen: Mehrheit 98. o. J., Seite 3f.

[385] Raschke, Joachim/Tils, Ralf: Politische Strategie. 2007, Seite 500f, 504.

[386] Webel, Diana von: Der Wahlkampf der SPD. 1999, Seite 30.

[387] Ristau, Malte: Wahlkampf in der Mediendemokratie. 2000, Seite 473.

identisch mit dem für Modernität."[388] Der eigentlich aus den sechziger Jahren stammende Begriff bedeutet den Verzicht auf eine dezidierte Zielgruppenkampagne, wie sie vorhergehende SPD-Wahlkämpfe geprägt hatte.[389] Ebenso ist er Teil einer entideologisierten Wähleransprache, der diffuse Begriff ist „vor allem eines: ideologiefrei – und dadurch für jedermann wählbar."[390]

Ein regionaler Zielgruppenwahlkampf lag bei der „Wahlkampfoffensive '98" vor, bei der in 32 ausgesuchten Wahlkreisen, in denen meist ein knapper Wahlausgang erwartet wurde, ein besonders intensiver Wahlkampf geführt wurde. Dafür erhielten die 32 antretenden Direktkandidaten Hilfe von der Kampagnenzentrale, etwa in Form von demoskopischen Daten oder materielle und personelle Wahlkampfhilfen.[391] Ziel dieser Aktion war, im eigentlich parteizentrierten Wahlsystem den Erwerb von Überhangmandaten sicherzustellen. Andererseits zielte sie als Teil der symbolischen Politik ebenso auf die Inszenierung des Wahlkampfes ab.[392] In der erfolgreichen Erststimmenkampagne setzte die SPD auf die direkte Wähleransprache vor Ort, deren zentrale Bedeutung, auch für den restlichen Wahlkampf, hier deutlich wird.[393]

Die Nutzung der Demoskopie zur Kampagnenplanung erreichte in der Wahlkampfführung der SPD 1998 einen neuen Höhepunkt.[394] Es wurde „keine Strategie und kein Instrument dem Zufall überlassen, sondern alles durch Meinungsforschung abgesichert."[395] Für die Entwicklung der programmatischen Wahlkampfbotschaften wurde folglich ebenso auf die Hilfe der Demoskopie gesetzt. „Bereits die Methode zur Auswahl themenbezogener Wahlkampfbotschaften ist ein Indiz für die hohe Pro-

---

[388] Hetterich, Volker: Von Adenauer zu Schröder - der Kampf um Stimmen. 2000, Seite 395.

[389] Bergmann, Knut: Der Bundestagswahlkampf 1998. 2002, Seite 63-65. Elemente einer Zielgruppenkampagne lassen sich dagegen in eigenen Werbebroschüren für Aussiedler und Homosexuelle erkennen.

[390] Rosumek, Lars: Die Kanzler und die Medien. 2007, Seite 235.

[391] Neuwerth, Lars: Strategisches Handeln in Wahlkampfsituationen. 2001, Seite 228f.

[392] Strohmeier, Gerd: Moderne Wahlkämpfe unter besonderer Berücksichtigung der Bundestagswahlkämpfe seit 1998. 2007, Seite 106f.

[393] Bergmann, Knut: Der Bundestagswahlkampf 1998. 2002, Seite 61f.; Webel, Diana von: Der Wahlkampf der SPD. 1999, Seite 23.

[394] Gallus, Alexander: Demoskopie in Zeiten des Wahlkampfs. 2002, Seite 32.

[395] Webel, Diana von: Der Wahlkampf der SPD. 1999, Seite 17.

fessionalität der Wahlkampfführung."[396] Schon für die Formulierung des Wahlprogramms wurde die Meinungsforschung einbezogen, so dass hier von einer teilweisen Nachfrageorientierung gesprochen werden kann.[397] Neunzig verschiedene Aussagen des veröffentlichten Wahlprogramms wurden dann sowohl repräsentativ als auch qualitativ in Interviews getestet. Die populärsten Aussagen wurden zu Kernbotschaften verdichtet und im Wahlkampf umgesetzt. Das Wahlprogramm wurde in reduzierter Form, als scheckkartengroße „Garantiekarte" sowie als „Startprogramm", nochmals vorgelegt, wobei auch auf neuere demoskopische Befunde eingegangen wurde.[398] Nicht nur bei der Formulierung und Gestaltung der Wahlkampfbotschaften wurde auf Meinungsforschung gesetzt, demoskopische Ergebnisse wurden darüber hinaus gezielt zum Thema der Wahlkampfkommunikation gemacht, um durch eine entsprechende Interpretation der Umfrageergebnisse Wähler zu mobilisieren.[399]

Begleitet wurde diese thematische Positionierung von einer Personalisierungsstrategie, in die zuerst, ehe die Entscheidung über die Kanzlerkandidatur gefallen war, sowohl Lafontaine als auch Schröder integriert wurden. Mit der Doppelkopfkampagne wurden die beiden Politiker als „konstruktiver Dualismus mit Spannungseffekt"[400] inszeniert. Die SPD konnte so im Wahlkampf Geschlossenheit demonstrieren und mit der doppelten Forderung nach Innovation und nach sozialer Gerechtigkeit unterschiedliche Wählergruppen ansprechen.[401] Während die Doppelkopfkampagne zwei Köpfe ins Bild setzte, rückte später Gerhard Schröder ins Zentrum der Personalisierungsstrategie, „am augenfälligsten [...] mit der ‚Ich-bin-bereit-Anzeige' mit Schröders Konterfei"[402] kurz nach der niedersächsischen

[396] Neuwerth, Lars: Strategisches Handeln in Wahlkampfsituationen. 2001, Seite 236.

[397] Dülmer, Hermann: Der Ausgangspunkt: Der Wahlsieg von Rot-Grün bei der Bundestagswahl 1998. 2005, Seite 36. Das umfangreiche Programm, selbstbewusst als Regierungsprogramm bezeichnet, beinhaltete Punkte für eigentlich alle politischen Teilbereiche, wobei alles unter einem Finanzierungsvorbehalt formuliert wurde. Vgl. Alemann, Ulrich von: Der Wahlsieg der SPD von 1998. 1999, Seite 40f.

[398] Bergmann, Knut: Der Bundestagswahlkampf 1998. 2002, Seite 59f., 66-69.

[399] Müller, Albrecht: Von der Parteiendemokratie zur Mediendemokratie. 1999, Seite 56. Die Wirkung dieser Kommunikation von Wahlumfragen muss jedoch angezweifelt werden; vgl. Brettschneider, Frank: Demoskopie im Wahlkampf - Leitstern oder Irrlicht? 2000, insbes. Seite 493.

[400] Ristau, Malte: Wahlkampf in der Mediendemokratie. 2000, Seite 468.

[401] Stöss, Richard/Neugebauer, Gero: Die SPD und die Bundestagswahl 1998. 1998, Seite 16.

Schröders Konterfei"[402] kurz nach der niedersächsischen Landtagswahl. Schröder wurde gegenüber Kohl als modern und zukunftskompetent dargestellt, wobei das Kandidatenimage, das Programm und die Werteorientierung eine Einheit bilden sollten.[403] Mit der Personalisierung und der Aktualisierung der Wechselstimmung wurden zwei Strategien in der Kampagne miteinander verflochten. Die Präsentation Schröders ging Hand in Hand mit der „Historisierung Helmut Kohls"[404], so dass „Schröder als der *personifizierte Wechsel* galt."[405] Auch die Aufforderung zu einem TV-Duell durch Schröder, die Kohl zurückwies, kann als Teil einer personalisierten Wahlkampfkommunikation eingeordnet werden.[406]

Viel Beachtung erhielt ein Auftritt Schröders in der RTL-Serie „Gute Zeiten, Schlechte Zeiten", in der Schröder einen „vernachlässigbaren, gleichwohl vielbeachteten Part"[407] übernahm, der als ein Bestandteil der Personalisierung und Entpolitisierung der Wahlkampfkommunikation gedeutet wurde.[408] Die Entertainisierung im Wahlkampf 1998 wird jedoch durch eine ganze Reihe von Auftritten von Politikern, nicht nur der SPD, in unpolitischen TV-Formaten deutlich, etwa in der „Harald-Schmidt-Show" oder bei „Boulevard Bio".[409]

Die große Zahl an Auftritten in unpolitischen TV-Formaten belegt auch die Bedeutung, welche die Wahlkämpfer dem Medium Fernsehen zumaßen. Die Telemediatisierung im Wahlkampf 1998 wird allein durch die Zahl von rund fünfzig TV-Diskussionen nur in den letzten Wochen vor der Wahl gestützt.[410] Die Auftritte von prominenten Parteimitgliedern gehen dabei weit über die Fernsehpräsenz durch gekaufte Werbezeit hinaus. Ein weiterer Beleg für die Orientierung der SPD-Kampagne an medialer Kommunikation findet sich in der großen Bedeutung der Presseplakate.

---

[402] Bergmann, Knut: Der Bundestagswahlkampf 1998. 2002, Seite 315.

[403] Jun, Uwe: Der Wahlkampf der SPD zur Bundestagswahl 1998. 2001, Seite 74f.

[404] Bergmann, Knut: Der Bundestagswahlkampf 1998. 2002, Seite 58.

[405] Wagner, Jochen W.: Deutsche Wahlwerbekampagnen made in USA? 2005, Seite 280 (Hervorhebung im Original).

[406] Bergmann, Knut: Der Bundestagswahlkampf 1998. 2002, Seite 317f.

[407] Kamps, Klaus: America ante Portas? 2000, Seite 11.

[408] Hetterich, Volker: Von Adenauer zu Schröder - der Kampf um Stimmen. 2000, Seite 400f, 406.

[409] Holtz-Bacha, Christina: Entertainisierung der Politik. 2000, Seite 162f.

[410] Hetterich, Volker: Von Adenauer zu Schröder - der Kampf um Stimmen. 2000, Seite 399f.

Adressaten dieser nur in Einzelstücken hergestellten Plakate waren Journalisten, welche die Weiterverbreitung und so die Medienpräsenz der SPD sicherstellen sollten.[411]

Der Angriffswahlkampf der SPD fiel 1998 zurückhaltend aus. Schröder selbst gab die Linie vor: „Wir werden nicht schmuddeln."[412] Kernpunkt des Angriffswahlkampfes war eine humorvolle Linie gegenüber Helmut Kohl. „Kohl sollte nicht demontiert werden, er sollte sogar Anerkennung erfahren [...] – allerdings immer mit der Beigabe, 16 Jahre sind genug'."[413] Die so vorgenommene Ironisierung Kohls und seiner Regierungsmannschaft weist eine sehr geringe Konfliktintensivität auf und führte nicht zu einer Polarisierung, die allgemein als Kennzeichen des Angriffswahlkampfes gilt.[414] Der Verzicht auf direkte Angriffe passt zur Positionierung der SPD in der politischen Mitte, für die sie sich als moderat und kompetent präsentierte. Der Slogan „Wir wollen nicht alles anders, aber vieles besser machen" drückte diese Positionierung der Partei aus. Unterstützt wurde diese Strategie durch die vorhandene Unzufriedenheit mit der Regierung Kohl, so dass es genügte, die negative Grundstimmung immer wieder zu aktualisieren.[415] Statt eines polarisierenden Wahlkampfes führten die Sozialdemokraten eher einen Regierungswahlkampf, der den eigenen Anspruch auf Machtübernahme unterstrich und auf die Zukunft hin ausgerichtet war.[416] Festzuhalten bleibt, dass der Wahlkampf 1998 „mit hoher Wahrscheinlichkeit einer der Wahlkämpfe mit dem geringsten Anteil an Negative campaigning war."[417] Angriffe des politischen Gegners dagegen wurden schnell gekontert, wie das Beispiel des „Rote-Hände-Plakats" der CDU, das die „Rote-Socken-Kampagne" von 1994 aufgriff, zeigt. Die SPD, die 1998 erstmals eine eigene Abteilung zur Gegnerbeobachtung eingerichtet hatte, konnte zeitgleich durch ein Presseplakat mit dem Claim

---

[411] Kamps, Klaus: Politisches Kommunikationsmanagement. 2007, Seite 191, 194f.

[412] Gerhard Schröder, zitiert nach Holtz-Bacha, Christina: Negative Campaigning. 2001, Seite 676.

[413] Webel, Diana von: Der Wahlkampf der SPD. 1999, Seite 36.

[414] Hetterich, Volker: Von Adenauer zu Schröder - der Kampf um Stimmen. 2000, Seite 403. Die Union führte dagegen einen polarisierenden Richtungswahlkampf. Vgl. ebd., Seite 401-403.

[415] Political Consulting Group, The: Zwischen Wahnsinn und Methode. 2000, Seite 69.

[416] Bergmann, Knut: Der Bundestagswahlkampf 1998. 2002, Seite 316.

[417] Müller, Albrecht: Von der Parteiendemokratie zur Mediendemokratie. 1999, Seite 50.

„Worauf Sie sich bei der CDU verlassen können: immer dieselbe Politik, immer dieselbe Reklame, keine neuen Ideen." kontern.[418]

Mit als wichtigstes Instrument im Wahlkampf galt für die SPD das Ereignismanagement, wobei insbesondere der Parteitag bzw. dessen Inszenierung in den Fokus rückte, da eine ausführliche Medienberichterstattung, eine hohe Reichweite und große Aufmerksamkeit zu erwarten waren.[419] Der Leipziger SPD-Sonderparteitag im April 1998, auf dem Schröder als Kanzlerkandidat nominiert wurde, wird demnach auch als Höhepunkt der Inszenierung gedeutet. Der genau geplante Ablauf war völlig auf seine Wirkung in den Medien ausgerichtet.[420] Der telegen gestaltete Bühnenaufbau platzierte das Motto des Parteitages, „Die Kraft des Neuen"[421], stets in den Fernsehbildern, Schröder wurde, nach triumphalem Einmarsch und Präsentation einer Videobotschaft, zusammen mit Altkanzler Helmut Schmidt in Szene gesetzt, die sachpolitische Entscheidungsfindung trat eindeutig in den Hintergrund. Deutlich wird dies auch an der Zahl der Journalisten, die diejenige der Delegierten um das Dreifache übertraf. „Wie kaum ein anderer Parteitag vor ihm wurde der Leipziger SPD-Wahlparteitag bis ins letzte Detail durchinszeniert. Angefangen mit der Wahl des symbolischen Ortes, der Wiege der Sozialdemokratie. [...] Von seiner ganzen Choreografie war der Leipziger Parteitag ein Medien-Event."[422] Das Anknüpfen an die Person Helmut Schmidts, in amerikanischen Wahlkämpfen als „Ahnenstrategie" bekannt, diente dabei nicht nur zur Stärkung des eigenen politischen Profils, sondern war Teil einer stark emotionalen Ansprache der Zuschauer.[423] Mehrere weitere Veranstaltungen, etwa ein Innovationskongress im Mai 1997 oder ein Politikwechsel-Kongress im Juni 1998 sowie die Abschlusskundgebungen, die Schröder und Lafontaine gemeinsam am 22. September

[418] Müller, Marion G.: Parteienwerbung im Bundestagswahlkampf 1998. 1999, Seite 259f. SPD Parteivorstand, Abteilung Kommunikation und Wahlen: Mehrheit 98. o. J., Seite 12.

[419] Müller, Marion G.: Parteienwerbung im Bundestagswahlkampf 1998. 1999, Seite 258.

[420] Neuwerth, Lars: Strategisches Handeln in Wahlkampfsituationen. 2001, Seite 244f.

[421] Der Slogan musste später aufgegeben werden, da er Rechte der Siemens AG, die schon längere Zeit damit geworben hatte, verletzte. Vgl. Dörner, Andreas: Politainment. 2001, Seite 124.

[422] Müller, Marion G.: Parteitagsinszenierungen diesseits und jenseits des Atlantiks. 2000, Seite 235f. Zitat Seite 235.

[423] Vgl. Müller, Marion G.: Visuelle Wahlkampfkommunikation. 1997, Seite 217-220.

1998 in Berlin, München und Bonn abhielten, sollten weitere positive Medienberichterstattung generieren.[424]

Wesentlicher Teil des Themen- und Ereignismanagements war daneben auch die Terminkoordination, durch die Berichterstattung über die Regierungskoalition behindert bzw. positive Berichterstattung über die eigene Partei erzeugt werden sollte. So wurde der Leipziger Parteitag kurz vor dem Berliner FDP-Parteitag inszeniert, der Bremer CDU-Parteitag wurde durch die anschließende Ablösung des nordrhein-westfälischen Ministerpräsidenten Johannes Rau durch Wolfgang Clement überschattet, der designierte SPD-Innenminister Otto Schily durfte seine Vorschläge zur Inneren Sicherheit zwei Tage vor der CDU verkünden, die eine ähnliche Position bezog.[425] Auch die gekonnt inszenierten Auslandsreisen des Kanzlerkandidaten, ein übliches Mittel symbolischer Politik im Wahlkampf, zählen hierzu.[426] Personalfragen sind ebenfalls mit Bezug auf das Themenmanagement zu sehen, da sie von der SPD gezielt eingesetzt wurden, um entsprechende Berichterstattung zu generieren. Beispiele hierfür sind Spekulationen über die Rolle Lafontaines innerhalb einer SPD-geführten Bundesregierung oder die Vorstellung des Schattenkabinetts mit drei Seiteneinstigern, nämlich den stellvertretenden IG-Metall-Vorsitzenden Walter Riester, dem Computerunternehmer Jost Stollmann sowie dem Verleger Michael Naumann, die teils für lange Diskussionen sorgten.[427]

Als letzten Punkt zum Themenmanagement sind schließlich viele kleinere und kostengünstige Aktionen zu nennen, wobei die SPD durch die humorvolle Gestaltung und das Anknüpfen an aktuelle Bezüge Medienberichterstattung erzeugte.[428] Hervorzuheben sind dabei insbesondere die Presse- oder Sattelitenplakate, die nicht plakatiert wurden, sondern auf eine Verbreitung durch die Medien setzten. Zahlreiche Plakatmotive konnten dabei starke Medienaufmerksamkeit erreichen durch ihre „Unkonventionalität und Originalität.“[429] Beispielhaft hierfür steht eine Serie von Presse-

[424] Neuwerth, Lars: Strategisches Handeln in Wahlkampfsituationen. 2001, Seite 243f.

[425] Political Consulting Group, The: Zwischen Wahnsinn und Methode. 2000, Seite 73.

[426] Bergmann, Knut: Der Bundestagswahlkampf 1998. 2002, Seite 321.

[427] Bergmann, Knut: Der Bundestagswahlkampf 1998. 2002, Seite 71-77.

[428] Webel, Diana von: Der Wahlkampf der SPD. 1999, Seite 26f.

[429] SPD Parteivorstand, Abteilung Kommunikation und Wahlen: Mehrheit 98. o. J., Seite 9-12.

plakaten, bei der gegnerische Politiker in Filmpersiflagen abgebildet wurden, so etwa Helmut Kohl und Finanzminister Theodor Waigel in „... denn sie wissen nicht, was sie tun.“[430]

Die gezielte Metakommunikation, die Inszenierung des eigenen Wahlkampfes als Wahlkampfthema, war ebenso zentraler Teil der SPD-Strategie. Mit ihrer Hilfe sollten die eigenen Anhänger motiviert, die anderen Parteien demotiviert und positive Berichterstattung erzeugt werden. Zum ersten Mal in einem bundesdeutschen Wahlkampf war die Metakommunikation dabei „erklärtes Ziel der Führung.“[431] Durch die Thematisierung der Wahlkampfführung wollte man sich gleichsam als moderne und professionelle, kompetente Partei präsentieren. Dahinter steht die Überlegung, dass eine Partei, die fähig ist, einen modernen, professionellen Wahlkampf zu organisieren, auch fähig sei, die Regierung zu führen. Ziel dürfte es also letztlich gewesen sein, die Regierungsfähigkeit der SPD unter Beweis zu stellen.[432] „Das Ausplaudern – und damit gezielte Lenken der Medienberichterstattung – hatte bei der SPD [...] Methode.“[433] In der Folge konnte die SPD bis kurz vor die Wahl immer wieder positive Berichterstattung über ihre Wahlkampfführung erzielen.[434] Insbesondere mit der Auslagerung der Kampagnenzentrale ging ein Anschein der Professionalität und Modernität einher, der im Kontrast zur CDU-Kampagne umso deutlicher wurde.[435] Durch die massive Thematisierung des eigenen, als professionell inszenierten Wahlkampfes gelang es der SPD, ihr Image als erfolgreiche, kompetente und moderne Partei zu festigen, so dass die „Thematisierung der Wahlkampfprofessionalität in vielerlei Hinsicht hilfreich“ gewesen sein dürfte.[436]

[430] Müller, Marion G.: "Seht mich, liebt mich, wählt mich!" 1999, Seite 123.

[431] Wagner, Jochen W.: Deutsche Wahlwerbekampagnen made in USA? 2005, Seite 284.

[432] Bergmann, Knut: Der Bundestagswahlkampf 1998. 2002, Seite 142f.

[433] Political Consulting Group, The: Zwischen Wahnsinn und Methode. 2000, Seite 77.

[434] Hetterich, Volker: Von Adenauer zu Schröder - der Kampf um Stimmen. 2000, Seite 398.

[435] Ketterl, Hans-Peter: Politische Kommunikation. 2004, Seite 432f.

[436] Müller, Albrecht: Von der Parteiendemokratie zur Mediendemokratie. 1999, Seite 58.

4.1.2 Werbliche Umsetzung

Werbemittel

Im Bereich der politischen Werbung setzte die SPD-Kampagne 1998 eine breite Mischung an Instrumenten ein: Von kleineren Materialien wie Faltblätter oder der erwähnten Garantiekarte, über Internet, Telefon- und Briefwahlkampf bis hin zu Plakaten und Anzeigen, Rundfunk- und Kinospots.[437] Als zentrale Werbemittel stufte die SPD Anzeigen und Wahlplakate sowie, etwas weniger bedeutend, Kinospots ein. Fernsehwerbung, sowohl im öffentlich-rechtlichen als auch im privat-kommerziellem Rundfunk, war für die SPD dagegen von nachgeordneter Bedeutung, als noch unwichtiger wurden Hörfunkwahlspots angesehen. Ein wesentlicher Unterschied zu US-amerikanischen Wahlkampagnen und auch ein Gegensatz zur behaupteten Telemediatisierung ist die Vielzahl unterschiedlicher Werbeträger der SPD-Kampagne, wobei klassischen Werbemitteln wie Plakaten und Anzeigen eine zentrale Position zukam.[438]

Für die Fernsehwerbung im öffentlich-rechtlichen Fernsehen ließ die SPD zwei Spots produzieren, die, in gekürzter Form, auch im privat-kommerziellen Fernsehen ausgestrahlt wurden. Mit nur 77 gesendeten Spots wurde im Privatfernsehen deutlich weniger Werbung gesendet als noch 1994.[439] Während ein Spot durch die Thematisierung der Arbeitslosigkeit den Themenwahlkampf der SPD unterstützen sollte,[440] präsentierte ein zweiter den Spitzenkandidaten vor dem Hintergrund der norddeutschen Küstenlandschaft, legte aber auch Schröders politischen Ziele dar.[441] Der Kinospot galt dem humorigen Angriff auf und der Historisierung von Helmut Kohl.[442]

Erstmals in einem Bundestagswahlkampf war 1998 das Internet von einer gewissen Relevanz, die sich in verstärkten Internetaktivitäten der Parteien im Vorfeld der

---

[437] Webel, Diana von: Der Wahlkampf der SPD. 1999, Seite 26f.

[438] Müller, Marion G.: Parteienwerbung im Bundestagswahlkampf 1998. 1999, Seite 257-259.

[439] Wagner, Jochen W.: Deutsche Wahlwerbekampagnen made in USA? 2005, Seite 288f.

[440] Wagner, Jochen W.: Deutsche Wahlwerbekampagnen made in USA? 2005, Seite 288; SPD Parteivorstand, Abteilung Kommunikation und Wahlen: Mehrheit 98. o. J., Seite17.

[441] SPD Parteivorstand, Abteilung Kommunikation und Wahlen: Mehrheit 98. o. J., Seite18. Vgl. auch Kaid, Lynda L./Tedesco, John: Die Arbeit am Image. 1999, Seite 239.

[442] Holtz-Bacha, Christina: Bundestagswahlkampf 1998 - Modernisierung und Professionalisierung. 1999, Seite 14.

Wahl manifestierte. Die SPD, die ab Ende Mai eine Wahlkampfplattform im Internet präsentierte, hatte sich dabei als „erste Partei für eine Online-Wahlkampagne entschieden.“[443] Hervorzuheben ist daneben das Telefonmarketing, da die SPD 1998 erstmals in deutschen Wahlkämpfen eine zentral gesteuerte, umfangreiche Kampagne durchführte. Die SPD hatte sich gegen eine Externalisierung des Telefonmarketings an einen externen Dienstleister entschieden; stattdessen führte die Kampagnenzentrale selbst eine Schulung von circa 300 Mitarbeitern für diese Aufgabe durch.[444]

In der zeitlichen Abfolge der Werbekampagne lassen sich die ersten Anzeigen und Plakate für Frühjahr 1997 festhalten, die im Rahmen der Innovationskampagne erschienen, welche die SPD als moderne und innovative Partei positionieren sollte. Noch bevor der Kanzlerkandidat feststand, startete im Spätsommer 1997 die Doppelkopfkampagne, die mit Hilfe von drei Zeitschriftenanzeigen die Begriffe Innovation und Gerechtigkeit miteinander verknüpfen und mit Schröder und Lafontaine personell besetzen sollte. Im Sommer 1998 folgte eine Themenkampagne, zu der eine erste Plakatserie flächenplakatiert wurde und in deren Rahmen auch TV-Spots eingesetzt wurden. Die SPD-Wahlkampagne gipfelte in den letzten Wochen vor der Wahl mit der Kandidatenkampagne, die mit zwei Serien an Kanzlerplakaten arbeitete.[445] In der Flächenplakatierung lassen sich somit drei verschiedene Plakatserien unterscheiden, eine Serie an Themenplakaten sowie zwei Kandidatenserien.[446]

Wahlplakate

Die Motive der Themenkampagne der SPD, die ab Sommer 1998 großflächig plakatiert wurden, wurden parallel durch Anzeigen in Magazinen und Zeitschriften umgesetzt.[447] Die Serie besteht aus kombinierten Text- und Bildsujets, in denen Farbfotografien dominieren, denen im oberen Teil der Plakate ein Slogan gegenüberge-

[443] Gellner, Winand/Strohmeier, Gerd: Cyber-Kampagnen. 2002, Seite 172.

[444] Wagner, Jochen W.: Deutsche Wahlwerbekampagnen made in USA? 2005, Seite 286.

[445] SPD Parteivorstand, Abteilung Kommunikation und Wahlen: Mehrheit 98. o. J., Seite 7f., 13-15.

[446] Zur Methodik der Einteilung in Plakatserien vgl. Lessinger, Eva-Maria/Moke, Markus/Holtz-Bacha, Christina: "Edmund, Essen ist fertig". 2003, Seite 230f.

[447] SPD Parteivorstand, Abteilung Kommunikation und Wahlen: Mehrheit 98. o. J., Seite 13. Für die folgenden Ausführung und für Abbildungen der Plakate vgl. SPD Parteivorstand, Abteilung Kom-

stellt ist. Wie bei allen verwendeten Motiven der unterschiedlichen Anzeigen- und Plakatkampagnen ist am unteren rechten Bildrand das quadratische Partei-Logo mit dem übergeordnetem Wahlkampfslogan „Wir sind bereit" zu sehen, das im linken oberen Bildrand mit einem kleineren roten Quadrat wieder aufgegriffen wird. Durch die einheitliche Gestaltung sind die einzelnen Plakate der Serie schnell der SPD zuzuordnen. Auffällig ist der Claim am oberen Bildrand, der den Bezug zum Politikangebot der Partei herstellt (etwa „Wir wollen nicht, daß man Reiche und Arme in Zukunft schon am *Lächeln* erkennt.", „Sie sehen: Wer intelligent ist, hält an einem guten *Sozialsystem* fest.", „Es gibt Familienautos, Familienpackungen, Familienserien. Und demnächst auch endlich wieder *Familienpolitik*."). Der Prototyp zeigt das Foto eines über eine Wiese rennenden Jungen, das mit dem Claim „Er will *Astronaut* werden. Und nicht arbeitslos." übertitelt ist. Ziel der Serie ist es, die eigentlich negativ besetzten Themen wie Arbeitslosigkeit optimistisch und positiv zu kommunizieren und „durch eine emotionale Ansprache für hohe Akzeptanz und Identifikationsbereitschaft mit den SPD-Botschaften sorgen."[448]

Das Bild des Prototyps greift dabei, ebenso wie die Textzeile, alltagsweltliche Motive auf und dient als idyllische Illustration der Arbeits- und Bildungspolitik der SPD. Das Foto des Jungen lädt zur Identifikation mit der Figur ein, es soll positive Emotionen vermitteln durch seine sowohl harmonische als auch dynamische Gestaltung, die durch die Bewegungsunschärfen unterstrichen wird. Der Einsatz von Kindern im Bereich der politischen Werbung ist zudem eine geradezu klassische Strategie zur Kommunikation positiver Emotionen.[449] Der Betrachter wird aufgefordert, sich mit der Zukunft dieses Jungen zu beschäftigen und ihm seinen positiv konnotierten Wunsch zu erfüllen. Die emotionale Ansprache durch die Themenplakate bedeutet jedoch nicht den kompletten Verzicht auf politische Inhalte. Zentrale Themen des Wahlkampfes, wie Arbeitslosigkeit, Gesundheits- oder Bildungspolitik, werden aufgegriffen, jedoch werden die Problemstellungen nur umrissen und Handlungsbereitschaft suggeriert, konkrete Lösungsvorschläge bleiben aus.

munikation und Wahlen: Mehrheit 98. o. J., Seite 13f. (kursive Hervorhebungen im Original als Fettdruck).

[448] SPD Parteivorstand, Abteilung Kommunikation und Wahlen: Mehrheit 98. o. J., Seite 13.

[449] Holtz-Bacha, Christina: Wahlwerbung als politische Kultur. 2000, Seite 236f.

Die Kandidatenkampagne greift auf zwei verschiedene Motivserien zurück. Die erste Serie gleicht in der Aufmachung der Themenkampagne, nur dass Gerhard Schröder in Schwarzweißaufnahmen in den Mittelpunkt gerückt wird. Ziel ist es, „die Stärken des Kanzlerkandidaten heraus[zu]arbeiten.“[450] Die Textsujets sind als wörtliche Zitate Schröders gestaltet („Eine Gesellschaft, die junge Leute vor der Tür stehen lässt, sperrt die *Zukunft* aus.“, „Wer bei *Bildung und Forschung* spart, spart am Hirn.“). Der Prototyp zeigt Schröder, vor einem schwarzen Hintergrund an einem Geländer lehnend, beim Studium von Papieren. Der dazugehörige Claim lautet „Ich bin aus Prinzip für ein vernünftiges Sozialsystem. Das Prinzip heißt *Gerechtigkeit*.“ Die gerade Haltung, der konzentrierte, auf die Dokumente gesenkte Blick sowie der dunkle Hintergrund lassen die Darstellung Schröders staatsmännisch und kompetent erscheinen, wodurch sich das Plakatmotiv in die verfolgte Strategie des Regierungswahlkampfes einfügt. Durch die Gestaltung der Textsujets als Zitate Schröders wird der Kanzlerkandidat, der sich auf den Bildern dieser Serie dem Betrachter nicht zuwendet, indirekt nähergebracht, er gibt dem Rezipienten sein Wort, wodurch Authentizität und Glaubwürdigkeit der Plakate verstärkt werden. Auch wenn der Kanzlerkandidat durch die dominierende Visualisierung im Mittelpunkt der Plakate steht, wird er doch stets mit den Textsujets in Verbindung gebracht, welche ihm scheinbar die Möglichkeit geben, seine politischen Grundsätze dem Betrachter näher zu bringen.

Die zweite Kandidatenserie zeigt, in ähnlicher Gestaltung des Plakats, eine farbige Nahaufnahme Schröders vor einem unspezifischen blauen Hintergrund. Durch den starken Fokus auf die Person Schröders soll Intimität zwischen den Betrachter und dem abgebildeten Kanzlerkandidaten vermittelt werden. Dies wird dadurch, das Schröder den Betrachter direkt ansieht, noch verstärkt.[451] Dasselbe Foto wird dabei mit verschiedenen Claims verbunden („Deutschland braucht neue *Ideen*“, „Deutschland braucht neue *Kraft*“, „Deutschland braucht neuen *Mut*“, „Deutschland braucht

[450] SPD Parteivorstand, Abteilung Kommunikation und Wahlen: Mehrheit 98. o. J., Seite 15. Für die folgenden Ausführung und für Abbildungen der Plakate vgl. SPD Parteivorstand, Abteilung Kommunikation und Wahlen: Mehrheit 98. o. J., Seite 15f. (kursive Hervorhebungen im Original als Fettdruck).

[451] Vgl. Lessinger, Eva-Maria/Moke, Markus/Holtz-Bacha, Christina: "Edmund, Essen ist fertig". 2003, Seite 236.

einen neuen *Kanzler*"). Durch die konstruierte Nähe zum Rezipienten rückt die Person Schröders noch stärker in den Fokus der Aufmerksamkeit, bleibt jedoch auch hier durch die Textsujets verbal mit der Forderung nach einem Politikwechsel und durch das deutlich sichtbare Parteisignet mit der SPD verbunden. Elemente der Metakommunikation, wie sie im Bereich der politischen Werbung beispielsweise durch Wahlaufrufe üblich sind,[452] werden auch in der Schlussphase der Plakatierung nicht verwendet.

4.1.3 Bewertung

Der Wahlkampf der SPD 1998 wird immer wieder als Musterbeispiel eines modernisierten Wahlkampfes herangezogen. Tatsächlich lassen sich etwa Elemente des politischen Marketings deutlich in der Wahlkampfkonzeption feststellen; zu nennen sind insbesondere der große Einfluss der Demoskopie und die genaue und langfristige Wahlkampfplanung, auf eine klare Zielgruppenabgrenzung wurde hingegen verzichtet. In diesem Punkt ist der zentrale, modern erscheinende Aspekt der Kampagne zu sehen. „Auffälligste übergeordnete Entwicklung [...] ist der Schwenk [...] hin zu einer ‚Marketing'-Perspektive."[453] Auch ein professionelles Themen- und Ereignismanagement lässt sich der Kampagne attestieren, wenngleich keines dieser Merkmale zum Wahlkampf 1998 als innovativ zu bezeichnen ist:

> „Alles zusammengenommen – wenig war wirklich neu im Bundestagswahlkampf 1998."[454]

> „Die SPD-Kampa erfand zwar nichts Neues, setzte aber hinsichtlich der professionellen Organisation, der kommerziellen Marketingstrategien, der subtilen und differenzierten Planung sowie der medientechnischen Inszenierung neue Maßstäbe."[455]

Auch die Einbeziehung von Talkshows und Unterhaltungssendungen als Wahlkampfplattformen, für die der Wahlkampf 1998 immer wieder als stilbildend genannt

---

[452] Vgl. Holtz-Bacha, Christina: Wahlwerbung als politische Kultur. 2000, Seite 235.

[453] Kamps, Klaus: Politisches Kommunikationsmanagement. 2007, Seite 228.

[454] Holtz-Bacha, Christina: Bundestagswahlkampf 1998 - Modernisierung und Professionalisierung. 1999, Seite 19.

[455] Wagner, Jochen W.: Deutsche Wahlwerbekampagnen made in USA? 2005, Seite 290.

wird, ist kein neues Kampagneninstrument, „aber im Wahlkampf 1998 wurde dies besonders offensichtlich.“[456]

So bleibt festzuhalten, dass zentrale Elemente eines modernisierten Wahlkampfes nicht oder nur teilweise in der Kampagne von 1998 zu erkennen sind. Zwar kann von einer Professionalisierung der Kampagne insofern gesprochen werden, als dass Aufgaben an acht verschiedene externe Dienstleister abgegeben wurden. Doch eine Externalisierung der Kampagnenleitung blieb aus. Auch führte die Auslagerung der Kampagnenzentrale, mitunter als „Paradebeispiel für die Professionalisierung“[457] interpretiert, nur bedingt zu einer Professionalisierung, da eine personelle Abtrennung der Wahlkampagne vom Parteiapparat nicht stattfand.[458] Die Kampagnenleitung lag demnach in den Händen langjähriger Parteimitglieder, „die eben nicht berufliche Spin Doctors, sondern Mitglieder der Parteispitze waren“[459], so dass von einer unabhängigen Wahlkampfzentrale nicht gesprochen werden kann. Auch das für den Wahlkampf zuständige Personal blieb dasselbe. In der Folge standen kurioserweise in der Parteizentrale „etliche Büros [...] leer, weil die Mitarbeiter 200m weiter ihrer Arbeit nachgingen.“[460] Auf dem Feld der Externalisierung, der Einbeziehung externen Berater, lässt sich letztlich „erstaunlich wenig Innovatives entdecken.“[461]

Als „geradezu symptomatisch für die kandidatenzentrierten Wahlkämpfe der SPD“[462] wurde die Kampagne von 1998 bezeichnet und in der Hervorhebung des Kanzlerkandidaten ein Grund für die Amerikanisierungsdiskussion entdeckt.[463] Trotz der sich hartnäckig haltenden Behauptung, die SPD-Kampagne sei stark personalisiert und privatisiert gewesen, war der Personalisierungsgrad, insbesondere im Ver-

---

[456] Holtz-Bacha, Christina: Entertainisierung der Politik. 2000, Seite 160f., Zitat Seite 161.

[457] Strohmeier, Gerd: Die Modernisierung der Wahlkämpfe in Deutschland. 2004, Seite 54.

[458] Verdeutlicht wird dies durch das Gerücht, dass ursprünglich die Einrichtung von Großraumbüros in der Parteizentrale vorgesehen war. Allein aus statischen Gründen, die dies verhinderten, sei schließlich die Kampagnenzentrale aus dem Erich-Ollenhauer-Haus ausgelagert worden. Vgl. Bergmann, Knut: Der Bundestagswahlkampf 1998. 2002, Seite 144.

[459] Kuhn, Yvonne: Professionalisierung deutscher Wahlkämpfe? 2007, Seite 169.

[460] Wagner, Jochen W.: Deutsche Wahlwerbekampagnen made in USA? 2005, Seite 295.

[461] Rosumek, Lars: Die Kanzler und die Medien. 2007, Seite 235.

[462] Holtz-Bacha, Christina: Strategien des modernen Wahlkampfs. 2006, Seite 13.

[463] Forschungsgruppe Wahlen e.V.: Bundestagswahl 1998. 1998, Seite 55.

gleich zur vorhergehenden Bundestagswahl, sogar rückläufig.[464] Der Wahlkampf präsentierte sich „keineswegs als inhaltsleeres personelles Angebot."[465] Gestützt wird dies durch die Analyse der politischen Werbemittel. Schröder wird in der Kandidatenkampagne zwar stark in den Fokus gerückt, jedoch stets in Verbindung mit politischen Aussagen präsentiert; unpolitische Persönlichkeitseigenschaften werden nicht thematisiert.[466] Auch in den Rundfunkspots zeigt sich ein „deutlicher Vorrang sachpolitischer Themen."[467] Rettich und Schatz stellen bei ihrer Analyse der Wahlkampfkommunikation fest, dass diese, entgegen der journalistischen Berichterstattung, primär sachpolitische Informationen beinhaltete:

> „Denn das hartnäckigste Gerücht über den diesjährigen Wahlkampf ist falsch. Die Kampagne 1998 war weit davon entfernt, inhaltsarm zu sein. Inhaltsarm war nur die Berichterstattung darüber."[468]

Trotz zahlreicher Vorwürfe der Entpolitisierung und Inhaltsarmut ist vielmehr das Gegenteil festzuhalten. Insbesondere das Thema Arbeitslosigkeit, das zentrale innenpolitische Thema, griff die SPD im Wahlkampf „in massiver Weise auf."[469] Weitere wesentliche Projekte der neuen Regierung, etwa die korporatistische Arbeitsmarktpolitik oder die Steuerreform, wurden im Wahlkampf betont.[470] Dabei wurde keineswegs auf eine argumentative Wähleransprache verzichtet. Auch spielte der

---

[464] Bergmann, Knut: Der Bundestagswahlkampf 1998. 2002, Seite 329. Im Langzeitvergleich ergibt sich für die TV-Spots sogar der überraschende Befund, die geringste Personalisierung seit dem Bundestagswahlkampf 1961 aufzuweisen. Vgl. ebd., Seite 319.

[465] Jun, Uwe: Der Wahlkampf der SPD zur Bundestagswahl 1998. 2001, Seite 81.

[466] Als Gegenbeispiel sei an die CDU-Kampagne 1994 erinnert, in der Helmut Kohl ohne Slogan und ohne Parteisignet beim Bad in der Menge plakatiert wurde. Zum anderen wurde SPD-Kanzlerkandidat Scharping mit einem Plakat angegriffen, das ein Porträt Kohls mit dem Claim „Politik ohne Bart" verband. Vgl. Mannstein, Coordt von: Von Popularität bis Polarisierung. 2000, Seite 363, 366f.

[467] Holtz-Bacha, Christina: "Wir sind bereit": Wählen Sie "Weltklasse für Deutschland". 1999, Seite 79.

[468] Rettich, Markus/Schatz, Roland: Amerikanisierung oder Die Macht der Themen. 1998, insbes. Seite 54-58, Zitat Seite 54.

[469] Bachmeier, Andreas: Wirtschaftspopulismus. 2006, Seite 102.

[470] Ristau, Malte: Wahlkampf in der Mediendemokratie. 2000, Seite 474.

Angriffswahlkampf, also die Diffamierung und Diskreditierung des politischen Gegners, nur eine untergeordnete Rolle.[471]

Bedingt erfüllt ist das Kriterium der Telemediatisierung, das sich auch in der Art der Inszenierung des SPD-Wahlparteitages für die Fernsehberichterstattung[472] ausdrückt. Eine weitgehende Telemediatisierung ist jedoch, vor allem aufgrund der Bedeutung klassischer Werbeträger und neuer Werbemedien wie der umfangreichen Telefonwerbung, nicht zu sehen. Dementsprechend war die Anzahl geschalteter Wahlwerbespots sogar rückläufig, die Sozialdemokraten „widersprachen diesbezüglich den Entwicklungskriterien postmoderner Kampagnen."[473] Als neuer Faktor im Wahlkampf, der den Vorhersagen der Modernisierung entspricht, bleibt die dominante Metakommunikation. „Diese freimütige Metakommunikation über Tricks und Methoden, über die Professionalität des Wahlkampfes, ist in dieser Breite eine moderne Erscheinung."[474] Die Selbstreflexivität der Wahlkampfkommunikation wird zudem durch die Thematisierung demoskopischer Daten weiter erhöht.

4.2 Der Bundestagswahlkampf 2002

In den Wahlkampf 2002 zog die SPD als Regierungspartei, wobei sich die Ausgangssituation denkbar schlecht darstellte und von einer großen Enttäuschung über die Regierungspolitik sowie über die Situation in den Bereichen Wirtschaft und Arbeitsmarkt gekennzeichnet war. Nach dem äußerst knappen Wahlsieg der Regierungskoalition fühlten sich die Anhänger der Opposition „um den nahen Sieg gebracht" durch eine plötzliche Änderung des Wählerverhaltens in letzter Minute, die durch die Furcht vor einem Krieg im Irak und die Elbe-Flut hervorgerufen worden sei.[475] Fest steht, dass diese nicht planbaren Ereignisse durchaus einen Einfluss auf die Wahl genommen haben, jedoch die Reaktionen der einzelnen Parteien auf diese Er-

[471] Vgl. Holtz-Bacha, Christina: Negative Campaigning. 2001, Seite 676.

[472] Vgl. Dörner, Andreas: Politainment. 2001, Seite 123-129.

[473] Wagner, Jochen W.: Deutsche Wahlwerbekampagnen made in USA? 2005, Seite 290.

[474] Müller, Albrecht: Von der Parteiendemokratie zur Mediendemokratie. 1999, Seite 57.

[475] Schultze, Rainer-Olaf: Strukturierte Vielfalt als Wählerentscheidung heute? 2003, Seite 71f., Zitat Seite 72.

eignisse mindestens genauso bedeutsam waren.[476] Die SPD lag fast das ganze Jahr 2002 in Umfragen hinter der Union, konnte diese jedoch circa drei Wochen vor der Wahl überhohlen; die Sympathiewerte für Kanzler Schröder waren dessen ungeachtet konstant hoch.[477] Letztlich konnte die schlechte wirtschaftliche Lage von Seiten der Opposition zwar für Stimmengewinne, nicht jedoch für einen Wahlsieg genutzt werden.[478]

4.2.1 Wahlkampfführung und Wahlkampfkommunikation

Wahlkampforganisation

Die SPD „setzte auf Kontinuität“[479] und entschied sich, ihrem Modell von 1998 zu folgen und auch 2002 eine externe Wahlkampfzentrale, genannt Kampa 02, einzurichten, die im November 2001 ihre Arbeit aufnahm.[480] Als Werbeagentur wurde bereits im Frühjahr 2001 die schon 1998 tätige KNSK, BBDO abermals engagiert, mit der die SPD besonders eng zusammenarbeitete.[481] Ebenso wurde für die Öffentlichkeitsarbeit und die Meinungsforschung auf dieselben Dienstleister zurückgegriffen, die bereits 1998 erfolgreich für die SPD tätig waren.[482] Genau wie vier Jahre zuvor übernahm auch 2002 die ausgelagerte Kampagnenzentrale die zentrale Steuerung der demoskopischen Anstrengungen und des strategischen und werblichen Wahlkampfes.[483] Die Organisation der Wahlkampagne 2002 lehnte sich damit klar an diejenige von 1998 an. Die intensive Metakommunikation, die durch die Kampa 1998 ausgelöst wurde, lässt darauf schließen, dass dies auch 2002 ein Ziel war. Da 2002 die

---

[476] Alemann, Ulrich von: Der Zittersieg der SPD. 2003, Seite 67.

[477] Holtz-Bacha, Christina: Bundestagswahlkampf 2002: Ich oder der. 2003, Seite 10.

[478] Pappi, Franz U./Shikano, Susumu: Schröders knapper Sieg bei der Bundestagswahl 2002. 2003, Seite 13.

[479] Hartleb, Florian/Jesse, Eckhard: Der Bundestagswahlkampf von 2002 unter strategisch-personellen Gesichtspunkten. 2005, Seite 87.

[480] Tenscher, Jens: Bundestagswahlkampf 2002 - Zwischen strategischem Kalkül und der Inszenierung des Zufalls. 2005, Seite 114.

[481] Müller, Marion G.: Parteienwerbung im Bundestagswahlkampf 2002. 2004, Seite 108. So musste der Leiter der Hamburger Werbeagentur, im Gegensatz zu 1998, wöchentlich in der Berliner Parteizentrale erscheinen.

[482] Hogwood, Patricia: The Chancellor-Candidates and the Campaign. 2004, Seite 249.

[483] Hilmer, Richard: Bundestagswahl 2002. 2003, Seite 192.

meisten Mitarbeiter des SPD-Wahlkampfes erneut aus der Partei kamen oder dieser zumindest verbunden waren, lässt sich ebenfalls nur bedingt von einer Externalisierung des Wahlkampfes sprechen.[484] Auch die Wahlkampfleitung blieb in der Hand der Partei und wurde von denselben Personen übernommen, die bereits 1998 leitend tätig waren.[485] So lässt sich festhalten, dass sich gegenüber dem Wahlkampf 1998 vier Jahre später wenig geändert hatte, sieht man von einem eigenen Arbeitsbereich für den Online-Wahlkampf, für den eine externe Agentur engagiert wurde, ab. Insgesamt jedoch „änderte sich gegenüber '98 relativ wenig an Struktur und Aufbau der Kampagnenführung."[486]

Bei der Kampa 02 traten im Verlauf der Wahlkampagne innere Steuerungsprobleme und Friktionen zwischen Kampa, Parteizentrale und Kanzleramt auf. Während der heißen Wahlkampfphase kam es daher zu einem Strategiewechsel und zu einer weitgehenden Entmachtung der Wahlkampfzentrale zugunsten des Kanzleramtes. War die externe Kampagnenzentrale im Oppositionswahlkampf 1998 erfolgreich, so erwies sie sich für den aus der Regierungsposition geführten Wahlkampf 2002 „als unangebracht", so dass nur von einer „eingeschränkte[n] Professionalität"[487] und von einem in großen Teilen improvisierten Wahlkampf[488] gesprochen werden kann. Die einzelnen Phasen des Wahlkampfes ergaben sich in der Folge weitgehend situativ.[489]

Strategie und Umsetzung der Wahlkampfkommunikation

Die Weichenstellungen für den Wahlkampf der SPD wurden bereits im Spätherbst 2001 getroffen, also noch vor der Nominierung des CDU/CSU-Spitzenkandidaten.[490] Dabei ist davon auszugehen, dass demoskopische Ergebnisse einen ähnlichen Einfluss auf die Formulierung von Strategie und Zielen des Wahl-

[484] Kuhn, Yvonne: Professionalisierung deutscher Wahlkämpfe? 2007, Seite 169.

[485] Müller, Marion G.: Parteienwerbung im Bundestagswahlkampf 2002. 2004, Seite 104f. Aus dem engsten Kreis der Wahlkampfleitung fehlte lediglich Bodo Hombach.

[486] Wagner, Jochen W.: Deutsche Wahlwerbekampagnen made in USA? 2005, Seite 316.

[487] Tenscher, Jens: Bundestagswahlkampf 2002 - Zwischen strategischem Kalkül und der Inszenierung des Zufalls. 2005, Seite 114-116, Zitate Seite 116.

[488] Wagner, Jochen W.: Deutsche Wahlwerbekampagnen made in USA? 2005, Seite 316f.

[489] Alemann, Ulrich von: Der Zittersieg der SPD. 2003, Seite 55.

kampfes hatten, wie bereits 1998.[491] Ebenso wurde während des Wahlkampfes Meinungsforschung eingesetzt, um die Bewertung von Politikern, Parteien und Themen zu verfolgen und um gegebenenfalls darauf reagieren zu können. „Themen, Personen und Aktionen sollten auch diesmal systematisch demoskopisch erfasst werden."[492] Die Kontinuität in der Organisation des Wahlkampfes scheint sich dabei ebenso im Wahlprogramm auszudrücken, dessen Motto „Erneuerung und Zusammenhalt" beinahe wie eine „Übersetzung der Botschaft von 1998 ‚Innovation und Gerechtigkeit' in andere Worte" erscheint.[493] Auch wenn zahlreiche Politikfelder durch das Programm abgedeckt wurden, bleiben seine Aussagen eher vage und spielten im Wahlkampf keine bedeutsame Rolle.[494] So wurde etwa die für deutsche Wahlen ungewöhnlich hervorgehobene Thematisierung der Europäischen Union weder in der Öffentlichkeit aufgegriffen noch im Wahlkampf, der sich stattdessen, entsprechend einer Nachfrageorientierung, spätestens ab August auf die inhaltliche Ansprache von Zielgruppen, insbesondere ostdeutsche Wähler und SPD-Stammwähler, konzentrierte.[495] Daneben thematisierte die SPD als einzige Partei im Wahlkampf 2002 ihren Spitzenkandidaten im Wahlprogramm.[496]

Die SPD-Strategie war dabei in zweierlei Hinsicht mit Problemen konfrontiert: Zum einen musste die SPD als Regierungspartei ihre überwiegend negativ beurteilte Leistungsbilanz verteidigen, zum zweiten fehlte nach dem Rückzug Oskar Lafontaines eine Identifikationsfigur für die traditionellen SPD-Wähler abseits der „Neuen Mitte" und der modernisierungsorientierten Wähler.[497] Angesichts der schlechten Wirtschaftsentwicklung und der ungebrochenen Beliebtheit Schröders „sollte ein themenorientierter Bilanzwahlkampf vermieden und stattdessen die Popularität

---

[490] Tenscher, Jens: Bundestagswahlkampf 2002 - Zwischen strategischem Kalkül und der Inszenierung des Zufalls. 2005, Seite 119.

[491] Gallus, Alexander: Wahl als "Demoskopiedemokratie"? 2003, Seite 134f.

[492] Schicha, Christian: Die Theatralität der politischen Kommunikation. 2003, Seite 64.

[493] Hartleb, Florian/Jesse, Eckhard: Ein Blick zurück und nach vorne: Faktor "Zufall" oder kalkulierte Kanzlerstrategie? 2005, Seite 166f.

[494] Alemann, Ulrich von: Der Zittersieg der SPD. 2003, Seite 49.

[495] Paterson, William E./Sloam, James: Gerhard Schröder and the Unlikely Victory of the German Social Democrats. 2005, Seite 43.

[496] Grotz, Florian: Bundestagswahl 2002. 2003, Seite 120.

Schröders genutzt werden."[498] Die starke Personalisierungsstrategie sollte die Integration der heterogenen Wählerschichten, in Konkurrenz zu CDU/CSU, FDP als auch zur PDS, ermöglichen, indem eine klare ideologische Positionierung vermieden wurde.[499] Ab Ende 2001 versuchte die SPD dementsprechend, Schröder als „Kanzler der Mitte" zu präsentieren.[500] Gestützt wurde die Personalisierung des Wahlkampfes durch das Rekurrieren auf die Biographie Schröders, die ihn als „einen, der einer aus dem Volk ist und bleibt"[501] darstellen sollte.[502] Die darin zu sehende Privatisierung des Wahlkampfes wurde schließlich durch den „Einsatz von Doris Schröder-Köpf zur Demonstration eines modernen Frauenbildes"[503] verstärkt, gemeinsame Auftritte Schröders mit seiner Gattin und die Thematisierung der Rolle der Kanzlergattin, etwa im Verlauf des TV-Duells, sollten das öffentliche Bild Schröders positiv beeinflussen.[504]

Nach Übernahme der Kanzlerkandidatur durch den CSU-Politiker Edmund Stoiber wurde die Personalisierungsstrategie durch Elemente des Negative Campaigning ergänzt,[505] die Stoiber als „konservativer (rechter) Zauderer"[506] stigmatisieren sollte. Der SPD lässt sich also im beginnenden Wahlkampf 2002 eine „Strategie der personenbezogenen Polarisierung"[507] attestieren, die Personalisierung, verbunden mit einer Entideologisierung der Kampagne, und den Angriffswahlkampf in den Mittelpunkt

[497] Klein, Markus: Der professionalisierte Wahlkampf. 2005, Seite 58.

[498] Tenscher, Jens: Bundestagswahlkampf 2002 - Zwischen strategischem Kalkül und der Inszenierung des Zufalls. 2005, Seite 119.

[499] Hogwood, Patricia: The Chancellor-Candidates and the Campaign. 2004, Seite 251.

[500] SPD Parteivorstand: Kampa 02. 2002, Seite 7. Das Attribut der „*Neuen* Mitte" wurde damit aufgeben. Vgl. Hilmer, Richard: Bundestagswahl 2002. 2003, Seite 192.

[501] SPD Pressestelle: In Deutschland ist die Mitte rot. 2002.

[502] Kuhn, Yvonne: Professionalisierung deutscher Wahlkämpfe? 2007, Seite 172.

[503] Holtz-Bacha, Christina: Strategien des modernen Wahlkampfs. 2006, Seite 16.

[504] Ketterl, Hans-Peter: Politische Kommunikation. 2004, Seite 460-463.

[505] Hilmer, Richard: Bundestagswahl 2002. 2003, Seite 193. Die SPD dürfte die Entscheidung zuungunsten Angela Merkels begrüßt haben, da sie sich so eine stärkere Polarisierung der Auseinandersetzung und Mobilisierung der eigenen Mitglieder versprach.

[506] SPD Parteivorstand: Kampa 02. 2002, Seite 7.

[507] Stöss, Richard/Neugebauer, Gero: Mit einem blauen Auge davon gekommen. 2002, Seite 22.

des Wahlkampfes rückte und sich „knapp mit ‚Ich oder der' charakterisierten" lässt.[508] Verbunden mit der eigenen Positionierung in der Mitte war das Kalkül, die Union und Stoiber nach rechts abzudrängen.[509] Die Angriffe auf die Union und der Versuch der Polarisierung waren dabei der Kern des Wahlkampfes und dominierten dementsprechend auch wesentliche Teile der SPD-Wahlkampfkommunikation.[510]

Der Wahlkampf der Union und Stoibers, der ebenfalls auf die politische Mitte abzielte, machte diese Strategie der Polarisierung zunichte, so dass spätestens ab Mai 2002 von einem Strategiewechsel der SPD zu sprechen ist.[511] Auch das Fehlen politischer Inhalte, die mit der Person des Kanzlers hätten verbunden werden können, sowie einer konstanten Kommunikationslinie dürften zu dem großen Vorsprung der Opposition in der Wählergunst zu diesem Zeitpunkt beigetragen haben.[512] Für einen Mittewahlkampf fehlten die notwendigen Rahmenbedingungen, so „wurde die mittige Mitte freigemacht und […] die SPD auf einen rot-grünen Lagerwahlkampf eingeschworen."[513] Statt der Ausrichtung auf die politische Mitte stand nun die Mobilisierung der eigenen Klientel im Fordergrund des Wahlkampfes, was mit einem eindeutigen Bekenntnis zu Rot-Grün verbunden wurde und in einen Richtungswahlkampf zwischen Rot-Grün und Union und Liberalen mündete. Primäre Zielgruppe des Wahlkampfes waren nun nicht mehr die Wähler der Mitte, sondern die eigene Klientel, vor allem unter den Gewerkschaftlern und Arbeitnehmern, die zurückgewonnen werden sollte.[514] Damit einher ging eine Entschärfung der Personalisierung im Wahlkampf, Personalisierung sollte nun stärker mit programmatischen Inhalten verknüpft werden.[515] Parallel dazu verlagerte sich auch der Angriffswahlkampf. Statt auf eine rein personale Polarisierung setzte man ab Sommer 2002 auf einen Kompetenzunter-

---

[508] Kamps, Klaus: Politisches Kommunikationsmanagement. 2007, Seite 232. Schröder selbst prägte die Parole „Ich oder der." Vgl. Holtz-Bacha, Christina: Bundestagswahlkampf 2002: Ich oder der. 2003, Seite 11.

[509] Wiesendahl, Elmar: Die Bundestagswahl 2002. 2003, Seite 94.

[510] Kuhn, Yvonne: Professionalisierung deutscher Wahlkämpfe? 2007, Seite 171.

[511] Tenscher, Jens: Bundestagswahlkampf 2002 - Zwischen strategischem Kalkül und der Inszenierung des Zufalls. 2005, Seite 119f.

[512] Niedermayer, Oskar: Wandel durch Flut und Irak-Krieg? 2003, Seite 42f.

[513] Wiesendahl, Elmar: Die Bundestagswahl 2002. 2003, Seite 94.

[514] Stöss, Richard/Neugebauer, Gero: Mit einem blauen Auge davon gekommen. 2002, Seite 28.

schied zwischen den Kandidaten und präsentierte Stoiber als „Kandidat ohne Kanzlerformat."[516] Inhaltlich rückte das ideologisch besetzte Topos der sozialen Gerechtigkeit in den Mittelpunkt des Wahlkampfes, verbunden mit einer Kritik an der Wirtschaft und einer ideologischen Zuspitzung der Kampagne.[517]

Von einer Telemediatisierung der SPD-Wahlkampfkommunikation 2002 lässt sich insofern sprechen, als dass das Fernsehen als Kommunikationskanal an Bedeutung gewonnen hat. Insbesondere die direkte Wähleransprache über das Fernsehen, vor allem durch Kanzler Schröder, wurde in der Kampagnenstrategie als wichtig angesehen, da „auch große Teile der Presse seiner Regierung eher kritisch gegenüberstanden."[518] Diese direkte Ansprache wurde zum einen durch Auftritte von Politikern in TV-Sendungen, wie etwa der bemerkenswerte Besuch Franz Münteferings beim Musiksender Viva, erreicht.[519] Die SPD wollte dabei, wie die Union, nicht journalistische Formate mit ihren Bearbeitungs- und Selektionsroutinen verwenden, sondern möglichst viel unkommentierte, direkte Sendezeit im Fernsehen erlangen. Auch die rasche Zustimmung Schröders zu zwei TV-Duellen, die innerhalb der SPD-Strategie als zentrales Kommunikationsmedium angesehen wurden,[520] kann so als Teil des Bemühens um ungefilterte, telemediale Wähleransprache verstanden werden. Als sicher gilt, dass die TV-Duelle durch die ausgelöste Sekundärkommunikation die Telemedi-

[515] Fengler, Susanne/Jun, Uwe: Rückblick auf den Wahlkampf 2002. 2003, Seite 183.

[516] Wagner, Jochen W.: Deutsche Wahlwerbekampagnen made in USA? 2005, Seite 317.

[517] Hilmer, Richard: Bundestagswahl 2002. 2003, Seite 193; Stöss, Richard/Neugebauer, Gero: Mit einem blauen Auge davon gekommen. 2002, Seite 28.

[518] Hilmer, Richard: Bundestagswahl 2002. 2003, Seite 193.

[519] Tenscher, Jens: Bundestagswahlkampf 2002 - Zwischen strategischem Kalkül und der Inszenierung des Zufalls. 2005, Seite 126; Wagner, Jochen W.: Deutsche Wahlwerbekampagnen made in USA? 2005, Seite 329.

[520] Müller, Marion G.: Parteienwerbung im Bundestagswahlkampf 2002. 2004, Seite114f., 122. Vgl. stellvertretend für viele Hofrichter, Jürgen: Die Rolle der TV-Duelle im Bundestagswahlkampf 2002. 2004; Maurer, Marcus/Reinemann, Carsten: Schröder gegen Stoiber. 2003. Der hohen Bewertung seitens der Parteien steht der eher ernüchternde Befund gegenüber, dass „beide TV-Duelle keinen Einfluss auf die vor Start der TV-Duelle geäußerten" Präferenzen der Wähler hatten. Vgl. Dehm, Ursula: Fernsehduelle im Urteil der Zuschauer. 2002, Seite 607. Vgl. kritisch dazu Maurer, Marcus/Reinemann, Carsten: TV-Duelle als Instrument der Wahlkampfkommunikation. 2007, Seite 326-328.

atisierung verstärkten.[521] Daneben sind sie gleichzeitig als ein Moment der Personalisierung der Wahlkampfkommunikation zu betrachten, die jedoch weniger durch die Duelle selbst als durch die Folgekommunikation von den Medien verstärkt wurde.[522] Das Internet als Kommunikationsmittel blieb dagegen auch 2002 noch von nachgeordneter Bedeutung, seine wichtigsten Funktionen erfüllte es im Bereich der internen Kommunikation.[523] Erstmals jedoch kam im Wahlkampf 2002 der Nutzung dieses Mediums eine gewisse Bedeutung zu, wenn auch nur für ein bestimmtes, begrenztes Wählersegment.[524]

Als weniger bedeutsam wurde von der SPD die Inszenierung der Parteitage eingeschätzt, die 1998 noch zentrales Element des Wahlkampfes war. Da sie auch 2002 umfangreiche Berichterstattung auslösten und den Parteien die Möglichkeit gaben, kostenlose Medienpräsenz zu erreichen und innerparteiliche Geschlossenheit und Handlungsfähigkeit zu demonstrieren, blieben die Parteitage als Kommunikationsmittel weiterhin „unersetzlich.“[525] Bereits der ordentliche SPD-Parteitag Ende 2001 lässt aufgrund seiner telegenen Gestaltung keinen Zweifel daran, dass Journalisten, und insbesondere das Fernsehen, als die primären Adressaten zu sehen sind.[526] Während des Wahlparteitages im Juni 2002 stand schließlich die Person Schröders im Mittelpunkt der Inszenierung, die vor allem der Mobilisierung der eigenen Anhänger gedient haben dürfte.[527]

---

[521] Müller, Marion G.: Parteienwerbung im Bundestagswahlkampf 2002. 2004, Seite 114f., 122. Die Überlegungen zu einem TV-Duell dürften, entgegen dem öffentlichen Eindruck, sogar von der SPD ausgegangen sein. Vgl. Wagner, Jochen W.: Deutsche Wahlwerbekampagnen made in USA? 2005, Seite 312.

[522] Brettschneider, Frank/Deth, Jan van/Roller, Edeltraud: Die Bundestagswahl 2002. 2004, Seite 10; Kaase, Max: Die Bundesrepublik Deutschland nach der Bundestagswahl 2002. 2003, Seite 6.

[523] Wagner, Jochen W.: Deutsche Wahlwerbekampagnen made in USA? 2005, Seite 330. Dies soll jedoch nicht darüber hinwegtäuschen, dass das Internet zu den innovativsten Bereich im Wahlkampf zählt. Zum Internet im Wahlkampf 2002 vgl. Bieber, Christoph: Online-Wahlkampf 2002. 2002; Schweitzer, Eva: Wahlkampf im Internet. 2003.

[524] Kuhn, Yvonne: Professionalisierung deutscher Wahlkämpfe? 2007, Seite 188f.

[525] Müller, Marion G.: Parteienwerbung im Bundestagswahlkampf 2002. 2004, Seite 119f.

[526] Müller, Marion G.: Parteitagskommunikation im Bundestagswahlkampf. 2003, insbes. Seite 126f.

[527] Altendorfer, Otto: Wahlparteitage. 2003, Seite 151.

Das Themen- und Ereignismanagement ist auch 2002 als zentrales Element der Wahlkampfführung hervorzuheben. Die SPD verfolgte „ausdrücklich die Strategie, ganz bestimmte Themen in das Zentrum der öffentlichen Aufmerksamkeit zu rücken.“[528] Als ein Element dieses Themenmanagements kann die Personalisierungsstrategie gesehen werden, mit der die Regierungsbilanz dethematisiert werden sollte.[529] Daneben schaffte es die SPD beispielsweise, das für sie heikle Thema Staatsverschuldung aus dem Wahlkampf fern zu halten.[530] Angesichts der schlechten Wirtschafts- und Arbeitsmarktlage sollte dieses Themenfeld ebenfalls weitgehend dethematisiert werden. Im Gegensatz zu 1998 stand die Kompetenz, Arbeitsplätze zu schaffen, nicht im Fokus des SPD-Wahlkampfes.[531] Da dieses zentrale Themenfeld jedoch nicht ignoriert werden konnte, versuchte man, durch die Inszenierung der sogenannten Hartz-Kommission bzw. ihrer Vorschläge dieses Feld positiv zu besetzen.[532] Daneben wurden insbesondere gesellschaftspolitische Fragen inszeniert, um eine Differenz gegenüber CDU/CSU zu kommunizieren und das Themenfeld Wirtschaftspolitik in den Hintergrund zu drängen.[533] Familienpolitik avancierte im SPD-Wahlkampf schließlich zu einem zentralen Thema.[534]

Entscheidende Elemente des Themenmanagements waren jedoch in der heißen Wahlkampfphase das Hochwasser in Ostdeutschland sowie der mögliche Irak-Krieg. Das genuine Ereignis Elbhochwasser ermöglichte es der SPD, ihr Leitmotiv Solidarität mit Leben zu füllen und durch ihr schnelles Krisenmanagement zugleich Kompetenz und Handlungsfähigkeit zu demonstrieren und so frustrierte SPD-Wähler wieder

---

[528] Schön, Harald: Der Kanzler, zwei Sommerthemen und ein Foto-Finish. 2004, Seite 29.

[529] Tenscher, Jens: Bundestagswahlkampf 2002 - Zwischen strategischem Kalkül und der Inszenierung des Zufalls. 2005, Seite 119.

[530] Hartleb, Florian/Jesse, Eckhard: Der Bundestagswahlkampf von 2002 unter strategisch-personellen Gesichtspunkten. 2005, Seite 88.

[531] Alemann, Ulrich von: Der Zittersieg der SPD. 2003, Seite 53.

[532] Schön, Harald: Der Kanzler, zwei Sommerthemen und ein Foto-Finish. 2004, Seite 29.

[533] Machnig, Matthias: Auf der Zielgeraden. 2004, Seite 42; Klein, Markus: Der professionalisierte Wahlkampf. 2005, Seite 59.

[534] SPD Parteivorstand: Kampa 02: Familien im Zentrum. o. J., Seite 3.

zu mobilisieren.[535] Die Professionalität des Themenmanagements zeigte sich hier im flexiblen Umgang mit neuen Themen.

> „Was das bedeutet, hat die Flutkatastrophe deutlich vor Augen geführt: Kanzler Schröder war schneller vor Ort, die Bilder zeigten ihn mit Gummistiefeln und Jacke vom Bundesgrenzschutz, er konnte zudem schnelle Hilfe versprechen.“[536]

Nicht das zufällige Ereignis Hochwasser, sondern die Reaktion darauf ist als Faktor der Wahlkampfkommunikation letztlich von Bedeutung. Entscheidend wurde die Flut, als die SPD sie, entgegen der Union, durch eine „emotionalisierende Themeninszenierungskunst“ für sich zu nutzen wusste.[537] Der intendierten Thematisierung des Elbe-Hochwassers half das „perfekt medial inszenierte Zupacken Schröders“, das nicht zuletzt Bilder vom Kanzler auf den gefährdeten Deichen der Elbe lieferte.[538] Zudem wurden für die Union ungünstige Themen, nämlich Umweltpolitik und die Entwicklung in Ostdeutschland, verstärkt thematisiert.[539] Das zweite bestimmende Thema der Schlussphase des Wahlkampfes war ein möglicher Krieg im Irak, bei dem die SPD eine „gezielt vom Zaun gebrochene Antikriegskampagne“ startete.[540] Durch die energische Thematisierung der Kriegsgefahr wollte die SPD sowohl ungünstige Themen, vor allem die Wirtschafts- und Arbeitsmarktproblematik, dethematisieren als auch ein für sie positives Thema, nämlich Friedenspolitik, an die Spitze der Agenda setzen.[541] So konnte sie mittels einer „Emotionalisierung via Pazifismus“[542] traditionelle SPD-Wähler mobilisieren und zugleich den politischen Gegner unvorbereitet treffen.[543]

Nicht übersehen werden dürfen daneben Grenzen und Fehler des SPD-Themenmanagements. Auch unmittelbar vor der Wahl blieb das Thema Arbeitslosig-

---

[535] Quandt, Markus: Neue Themen, neue Lage. 2005, Seite 171-173.

[536] Holtz-Bacha, Christina: Bundestagswahlkampf 2002: Ich oder der. 2003, Seite 25.

[537] Wiesendahl, Elmar: Die Bundestagswahl 2002. 2003, Seiet 104.

[538] Tenscher, Jens: Bundestagswahlkampf 2002 - Zwischen strategischem Kalkül und der Inszenierung des Zufalls. 2005, Seite 109f., 120f., 126f., Zitat Seite 120.

[539] Hogwood, Patricia: The Chancellor-Candidates and the Campaign. 2004, Seite 254.

[540] Wiesendahl, Elmar: Die Bundestagswahl 2002. 2003, Seite 95.

[541] Brettschneider, Frank: Die Medienwahl 2002. 2002, Seite 42.

[542] Hartleb, Florian/Jesse, Eckhard: Der Bundestagswahlkampf von 2002 unter strategisch-personellen Gesichtspunkten. 2005, Seite 89.

keit mit großem Vorsprung das wichtigste Problemfeld für den Wähler.[544] Daneben sorgten Ereignisse wie etwa das Debakel im Bundesrat bei der Abstimmung über das Zuwanderungsgesetz, die Bonusmeilen- und die Scharping-Affäre oder die antiamerikanischen Entgleisungen hochrangiger Sozialdemokraten kurz vor der Wahl für eine teilweise „nicht enden wollende Kette von Regierungsfehltritten und Negativschlagzeilen."[545]

Die Metakommunikation war auch 2002 Ziel der SPD, wie bereits 1998 sollte der Wahlkampf als modern und innovativ thematisiert werden.[546] Die Professionalität des eigenen Wahlkampfes, den die SPD als „Wahlkampf der Mitte" ohne „Wahlkampfschützengräben"[547] verstanden wissen wollte und kommunizierte, wurde folglich ebenso gezielt thematisiert wie die mangelnde Professionalität der politischen Konkurrenz.[548] Für die SPD kann diese Strategie jedoch nur als bedingt erfolgreich gelten, da die SPD-Kampagnenzentrale nur noch sehr begrenzt journalistische Aufmerksamkeit auf sich ziehen konnte.[549] Mit ursächlich dafür dürfte gewesen sein, dass der Mythos und Neuigkeitswert der ausgelagerten Kampagnenzentrale 2002 nicht mehr gegeben war.[550]

4.2.2 Werbliche Umsetzung

Werbemittel

Während mit den TV-Duellen eine neue Form des medialen Wahlkampfes in Erscheinung trat, setzten die Parteien hauptsächlich auf „die üblichen Selbstdarstellungsmittel [, nämlich] Plakate, Spots, Anschreiben, Anzeigen, Broschüren und

---

[543] Wagner, Jochen W.: Deutsche Wahlwerbekampagnen made in USA? 2005, Seite 317.

[544] Forschungsgruppe Wahlen e.V.: Bundestagswahl - eine Analyse der Wahl vom 22. September 2002. 2002, Seite 40.

[545] Wiesendahl, Elmar: Die Bundestagswahl 2002. 2003, Seite 94f.

[546] Fengler, Susanne/Jun, Uwe: Rückblick auf den Wahlkampf 2002. 2003, Seite 169f.

[547] SPD Pressestelle: In Deutschland ist die Mitte rot. 2002.

[548] Kuhn, Yvonne: Professionalisierung deutscher Wahlkämpfe? 2007, Seite 169, 184-190.

[549] Kamps, Klaus: Politisches Kommunikationsmanagement. 2007, Seite 231.

[550] Ketterl, Hans-Peter: Politische Kommunikation. 2004, Seite 434f.

Kundgebungen."[551] Von Seiten der SPD wurden dabei Wahlplakate, Printwerbung und der Internetauftritt als besonders wichtig eingeschätzt. Wahlspots im öffentlich-rechtlichen und im privat-kommerziellen Rundfunk wurden demgegenüber als weniger wichtig gesehen, auch Kinospots waren im Wahlkampf 2002 nur von nachgeordneter Bedeutung für die Sozialdemokraten. Plakate, Anzeigen und auch die Wahlzeitung sind somit als zentrale Werbemittel der SPD anzusehen.[552] Anders als die Werbespots, kamen die Plakate während des gesamten Wahlkampfes zum Einsatz, so dass sie nach wie vor als die dominierende Werbeform angesehen werden müssen.[553] Die Zahl der plakatierten Großflächen stieg demgemäß im Vergleich zu 1998 um ungefähr 6.000 Stück auf circa 22.000.[554]

Ein weiterer Schwerpunkt der Werbemaßnahmen war, insbesondere jugendliche Freiwillige für Wahlkampfaufgaben einzusetzen. Der Wahlkampf vor Ort wurde daneben durch eine deutliche Zunahme an Schulungsmaßnahmen unterstützt.[555] Zudem wurde, vergleichbar zum Wahlkampf 1998, per Telefon geworben.[556] Das Telefonmarketing erfolgte dabei nicht zentral und blieb im Grad der Professionalität deutlich hinter dem möglichen Vorbild Großbritannien zurück. In rund der Hälfte der Wahlkreise wurden diese Maßnahmen schließlich auf lokaler Basis umgesetzt.[557] Nachdem das Internet in der Kampagne 1998 vor allem zur Demonstration von Modernität diente, wurde der Onlinewahlkampf sowohl in technischer als auch in inhaltlicher Hinsicht intensiver.[558] Daneben wurde Unterstützergruppen wie etwa den „Senioren für Schröder" ein relativ großes Gewicht beigemessen, wobei rund 200 solcher

[551] Kuhn, Yvonne: Professionalisierung deutscher Wahlkämpfe? 2007, Seite 159.

[552] Müller, Marion G.: Parteienwerbung im Bundestagswahlkampf 2002. 2004, Seite 111-115. Daneben erzielten das Event-Marketing und die Parteitage wie auch die TV-Duelle hohe Bewertungen.

[553] Lessinger, Eva-Maria/Moke, Markus/Holtz-Bacha, Christina: "Edmund, Essen ist fertig". 2003, Seite 220.

[554] Müller, Marion G.: Parteienwerbung im Bundestagswahlkampf 2002. 2004, Seite 122.

[555] Fengler, Susanne/Jun, Uwe: Rückblick auf den Wahlkampf 2002. 2003, Seite 195.

[556] Alemann, Ulrich von: Der Zittersieg der SPD. 2003, Seite 57; SPD Parteivorstand: Kampa 02. 2002, Seite 39f.

[557] Schreiber, Michaela: Kommunikationsstrategien im Wahlkampf. 2004, Seite 78f.

[558] Strohmeier, Gerd: Moderne Wahlkämpfe unter besonderer Berücksichtigung der Bundestagswahlkämpfe seit 1998. 2007, Seite 115.

Initiativen systematisch von der SPD in den Wahlkampf integriert wurden und sowohl regional im Wahlkampf tätig waren als auch Anzeigen schalteten.[559] Insbesondere Prominente ergriffen in Anzeigen Partei für die SPD.[560]

Trotz der nur mittleren Priorität, mit der die Sozialdemokraten die Spot-Werbung betrachteten, schaltete die SPD die vergleichsweise große Zahl von 220 Spots im privat-kommerziellen Rundfunk.[561] Die Werbepräsenz im privat-kommerziellen Fernsehen war damit 2002 deutlich höher als 1998, wenn auch unter dem Wert von 1994. Die beiden im Vorfeld des Wahlkampfes produzierten Spots erschienen nach dem Themenwandel durch Hochwasser und Irakkrieg jedoch nicht mehr angemessen, was auch Testvorführungen mit Fokusgruppen bestätigten. Die Kampa produzierte daraufhin den Spot „Kanzleramt“, der mit 45 Sekunden Länge im Privatfernsehen und mit einer Dauer von 60 Sekunden im öffentlich-rechtlichen Fernsehen ausgestrahlt wurde. Erstmals wurde dadurch die freie Sendezeit im öffentlich-rechtlichen Fernsehen nicht voll ausgenutzt, zudem stand nur ein Spot für die gesamte Fernsehwerbung zur Verfügung.[562] Während Schröder im Mittelpunkt des TV-Spots stand und als dynamische Persönlichkeit im Regierungsalltag und in der Öffentlichkeit präsentiert wird, legt er zugleich in langen O-Tönen die zentralen inhaltlichen Themen der SPD dar, bilanziert die abgelaufene Legislaturperiode und kündigt die Ziele für die nächste an. Der Kinospot war dagegen erneut ein humorvoll verpackter Angriff auf den Spitzenkandidaten der Union.[563]

Die Wahlkampfkommunikation der SPD begann mit Anzeigen in den Leitmedien sowie ersten Einzelplakaten ab Ende 2001 und stellte anfangs Gerhard Schröder als „Kanzler der Mitte“ in den Vordergrund. Bis zum Parteitag wurde ebenso die Leistungsbilanz der Regierung positiv thematisiert. Die Flächenplakatierung begann schließlich im Juni, wobei zuerst die SPD als Partei der Mitte präsentiert sowie ge-

---

[559] Fengler, Susanne/Jun, Uwe: Rückblick auf den Wahlkampf 2002. 2003, Seite 192-194; SPD Parteivorstand: Kampa 02. 2002, Seite 30-35.

[560] Schreiber, Michaela: Kommunikationsstrategien im Wahlkampf. 2004, Seite 71.

[561] SPD Parteivorstand: Kampa 02. 2002, Seite 21. Daneben wurden acht Sendeplätze bei den öffentlich-rechtlichen Programmen belegt.

[562] Wagner, Jochen W.: Deutsche Wahlwerbekampagnen made in USA? 2005, Seite 328, 333.

[563] Kießling, Daniel: Wahlwerbung - Ihr Anspruch und ihre Wirklichkeit im Bundestagswahlkampf 2002. 2004, Seite 30-32. SPD Parteivorstand: Kampa 02. 2002, Seite 20f.

genüber der Opposition polarisiert wurde. In der Schlussphase des Wahlkampfes ab Mitte August rückte die Person des Kanzlers stärker in den Fokus der Werbung, wobei die Plakatwerbung nun durch TV- und Kinospots sowie Anzeigen ergänzt wurde.[564] Dabei lassen sich als Elemente der Flächenplakatierung zwei Angriffsserien, die Themen- und die Kanzlerserie sowie die Motive der Schlussplakatierung unterscheiden.

Wahlplakate

Zu Beginn der Flächenplakatierung wurden zwei verschiedene Angriffsserien plakatiert. In der farbigen Angriffsserie[565] sind die Plakate jeweils zweigeteilt in eine rote und eine schwarze bzw. schwarz-gelbe Hälfte, auf denen, jeweils der SPD oder der CDU/CSU bzw. CDU/CSU und FDP zugeordnet, polarisierend Unterschiede verbalisiert werden (etwa: „Chancen für wenige – Chancen für alle“, „Her mit der 2-Klassen-Medizin – Notwendige Leistungen für alle“, „Steuersenkungen für Reiche – Steuersenkungen für alle“). Der Prototyp zeigt auf der linken Plakatseite vor einem schwarzen Hintergrund den Claim „Frauen zurück an den Herd“, dem auf der rechten, roten Plakatseite der Claim „Vereinbarkeit von Familie und Beruf“ gegenübersteht. Die weiße Angriffsserie zeigt dagegen in der Regel freigestellte Abbildungen vor einem weißen Hintergrund.[566] Der Bezug zur SPD wird durch das Parteisignet in der unteren rechten Ecke sowie durch ein rotes Quadrat in der oberen linken Ecke gewahrt. Der Prototyp zeigt einen Haufen Kreide auf weißem Grund, der mit dem Hinweis „Edmund, Essen ist fertig“ übertitelt ist. Der vergleichsweise komplizierte Dekodierungsprozess lässt auf eine beabsichtigte Verbreitung durch die Medien schließen, bei der sich der Rezipient länger mit dem Bild auseinandersetzt und gegebenenfalls journalistische Hilfe erhält.[567] Beiden Angriffsserien gemein ist, dass sie auf eine Polarisierung des Wahlkampfes hinarbeiten und versuchen, die Union bzw.

---

[564] SPD Parteivorstand: Kampa 02. 2002, Seite 7.

[565] Für die folgenden Ausführungen und für Abbildungen der Plakate vgl. SPD Parteivorstand: Kampa 02. 2002, Seite 11f.

[566] Für die folgenden Ausführungen und für Abbildungen der Plakate vgl. SPD Parteivorstand: Kampa 02. 2002, Seite 13. Einzelne Plakate dieser Serie arbeiten auch mit plakatfüllenden Abbildungen.

[567] Kießling, Daniel: Wahlwerbung - Ihr Anspruch und ihre Wirklichkeit im Bundestagswahlkampf 2002. 2004, Seite 33.

ihren Kanzlerkandidaten rechts im politischen Spektrum zu verorten. Die weiße Angriffsserie greift hierzu klar auf personenbezogenes Negative Campaigning zurück, das jedoch durch die humorvolle Verpackung weniger scharf wirkt. Hierbei lässt sich von einer personenbezogenen, emotionalisierten und negativen Wähleransprache sprechen. Politische Inhalte werden kaum aufgegriffen. Die farbige Angriffsserie versucht dagegen, die politischen Positionen der SPD von denen des Gegners abzugrenzen, in dem sich „die SPD bewußt gegen SchwarzGelb in den Bereichen Sozial-, Gesundheits-, Steuer- und Finanzpolitik" positionierte.[568] Die Polarisierung arbeitet hier also über politische Inhalte, wobei den Plakaten so gleichzeitig eine Thematisierungsfunktion zukommt: Der Prototyp hat demnach auch gesellschaftspolitische Bezüge und entspricht der SPD-Strategie, mittels gesellschaftspolitischer Fragen das Themenfeld Wirtschaftspolitik in den Hintergrund treten zu lassen.

Die Plakate der Themenserie greifen die Schwerpunkte des SPD-Wahlprogramms, Arbeit, Bildungs-, Familien- und Gesundheitspolitik, auf.[569] Die Gestaltung ist mit einem dominierenden Foto, einem verbalen Claim, sowie dem bekannten roten Quadrat und dem Parteisignet über alle Themenplakate hinweg weitgehend einheitlich. Die Bildmotive stellen Szenen aus dem Alltagsleben dar, die erst in Kombination mit den verbalen Plakatinhalten eine Verbindung zur Politik eingehen und zur lebensnahen Illustration der SPD-Politik dienen sollen. Die abgebildeten Menschen sollen dem Rezipienten dabei als positive Identifikationsfiguren dienen. Obwohl alle Plakate dieser Serie Themen kommunizieren wollen, lassen sich zwei unterschiedliche Ansprachen des Rezipienten ausmachen. Ein Teil der Plakate deutet negative Konsequenzen an, die durch das politische Handeln der SPD ausgeräumt würden, und versucht so, den Rezipienten „emotional einzubinden."[570] Der dazugehörige Prototyp zeigt das Bild einer Ärztin mit dem Claim „Wir wollen, dass sie auch künftig nach Ihrem Befinden fragt, nicht nach Ihrem Einkommen." Die SPD erscheint so als Garant für eine medizinische Versorgung, während sie zugleich Ängste und Bedenken für den Fall eines Regierungswechsels schürt. Andere Plakate der

[568] SPD Parteivorstand: Kampa 02. 2002, Seite 11.

[569] Für die folgenden Ausführungen und für Abbildungen der Plakate vgl. SPD Parteivorstand: Kampa 02. 2002, Seite 15.

Themenserie versuchen über die Darstellung von Kindern positive Emotionen beim Rezipienten zu wecken und kombinieren dies etwa mit dem Slogan „Man sieht keinem an, was aus ihm wird. Deshalb wollen wir ein Bildungssystem, in dem alle die gleichen Chancen haben." Auch hier wird eine negative, für die Kinder bedrohliche Zukunft aufgezeigt, die von der SPD abgewendet werden kann. Ein weiterer Prototyp dagegen verbindet das Bild eines Arbeiters mit dem Claim „Wir sorgen für mehr Beschäftigung: durch Förderung von Wachstum, mehr Investitionen, schnelle Arbeitsvermittlung und rechtzeitige Qualifizierung." Das Plakat umreißt nicht nur das Problem der Arbeitslosigkeit, sondern bietet im Sinne einer stärker rational-argumentativen Wähleransprache zugleich einen Lösungsweg an.[571]

Die Plakate der Kanzlerserie[572] rücken schließlich Gerhard Schröder in den Mittelpunkt und zeigen ihn in seinem politischen Alltag, etwa arbeitend an Bord eines Flugzeuges (mit dem Slogan „Das Ziel meiner Arbeit? Dass alle Arbeit haben.") oder telefonierend während einer Autofahrt („Wie viel ein Mensch lernt, ist seine Sache. Dass er die Möglichkeit dazu hat, unsere."). Die Plakate bieten dem Betrachter einen scheinbaren „Blick hinter die Kulissen."[573] Auffällig ist die atmosphärische, reportage-ähnliche Gestaltung der Fotographien, die einen authentischen Eindruck erzeugt. Die Glaubwürdigkeit und Authentizität wird durch die als wörtliche Zitate gestalteten Plakatslogans weiter verstärkt. Der verbalisierte Claim ist, jeweils auf weißem Hintergrund abgesetzt, als Störer auf der Fotographie angeordnet. Durch das wiederum in der unteren rechten Ecke platzierte Logo sind die Plakate eindeutig der SPD zuzuordnen. Dem Parteilogo ist der Slogan „Für ein modernes Deutschland zugeordnet", der sich nicht nur auf die SPD, sondern auch auf Schröder selbst zu beziehen scheint.[574] Schröder wird dabei stets in politischen Kontexten gezeigt. Der Prototyp zeigt Schröder, am Schreibtisch sitzend und ein Dokument unterzeichnend, mit dem

[570] Kießling, Daniel: Wahlwerbung - Ihr Anspruch und ihre Wirklichkeit im Bundestagswahlkampf 2002. 2004, Seite 32.

[571] Vgl. Kießling, Daniel: Wahlwerbung - Ihr Anspruch und ihre Wirklichkeit im Bundestagswahlkampf 2002. 2004, Seite 32f.

[572] Für die folgenden Ausführungen und für Abbildungen der Plakate vgl. SPD Parteivorstand: Kampa 02. 2002, Seite 16f.

[573] SPD Parteivorstand: Kampa 02. 2002, Seite 16.

[574] Ohr, Dieter: Sprechende Bilder. 2005, Seite 126.

Slogan „Deutschland modernisieren heißt für mich auch, die soziale Gerechtigkeit zu erhalten und auszubauen." Auffallend ist dabei die Inszenierung Schröders als Amtsinhaber, was durch Körpersprache, die einen „Eindruck von staatstragender Autorität"[575] vermittelt, verstärkt wird. Die „Schnappschüsse aus dem politischen Alltag" sollen Schröder „gezielt als staatsmännischen Arbeitskanzler, der Seriosität und Kompetenz ausstrahlt" vermarkten.[576] Damit wird implizit auch Bezug genommen auf persönliche Qualitäten des Kanzler, jedoch handelt es sich dabei nicht um rollenferne, private Merkmale, sondern um persönliche Eigenschaften, die für die Qualifikation als Politiker bedeutsam sind.

Ein weiteres, auffälliges Plakatmotiv dieser Serie zeigt Schröder zusammen mit seiner Ehefrau beim Dokumentenstudium („Wie wichtig es ist, dass Frauen Kinder und Karriere vereinbaren können, höre ich jeden Tag. Zuhause."). Das Plakat wurde als Element der Privatisierung im Wahlkampf interpretiert durch die sichtliche „Vermischung von öffentlicher und privater Rolle."[577] Auch dieses Motiv ist jedoch in einem politischen Kontext zu sehen. „Die Ehefrau [...] wird nicht etwa als Verkörperung des Privatlebens [...] abgebildet, die Darstellung vermittelt vielmehr eine beruflich-professionelle Szene."[578] Ebenso ist der Bezug zu politischen Inhalten – der Familienpolitik – eindeutig, eine Thematisierung privater Eigenschaften erfolgt nur am Rande.

Im Zuge der Schlussplakatierung[579] werden sowohl kombinierte Text-Bild-Sujets, wie das Porträt Schröders, verknüpft mit dem Text „Ein moderner Kanzler für ein modernes Land." verwendet, als auch reine Textplakate, die mit blauem Hintergrund und weißer Schrift gestaltet wurden. Mit Slogans wie „Klare Sache: Gerhard Schröder." oder schlicht „Schröder wählen." rückt nun die Person des Kanzlers in den Mittelpunkt der Plakatierung, ohne weiterhin mit politischen Inhalten verknüpft zu werden. Durch das deutlich hervortretende SPD-Parteisignet bleibt Schröder jedoch Be-

---

575 Lessinger, Eva-Maria/Moke, Markus/Holtz-Bacha, Christina: "Edmund, Essen ist fertig". 2003, Seite 237.

576 Podschuweit, Nicole: Wirkungen von Wahlwerbung. 2007, Seite 41.

577 Holtz-Bacha, Christina: Strategien des modernen Wahlkampfs. 2006, Seite 16.

578 Ohr, Dieter: Sprechende Bilder. 2005, Seite 126.

standteil der Parteiwerbung. Auffallend sind daneben metapolitische Inhalte in Wahlaufrufen und Claims („Am 22. September: Beide Stimmen für die SPD"). Politische Inhalte werden hier nur noch vereinzelt aufgegriffen.

4.2.3 Bewertung

Die Organisation der SPD-Kampagne 2002 folgte weitgehend dem bereits bekannten Muster von 1998 und lieferte quasi eine „Kopie der Kampa 98 im neuen Kontext."[580] Auch der Einsatz demoskopischer Methoden, also die Verwissenschaftlichung der Kampagnenführung, folgte dabei dem von 1998 bekannten Modus und war 2002 wieder ein zentrales Element der Kampagne. War jedoch die Professionalisierung und Externalisierung im Zuge des Wahlkampfes 1998 nur bedingt gegeben, so kann vier Jahre später noch weniger von einer Verstärkung dieses vermeintlichen Trends gesprochen werden. Die erneute räumliche Auslagerung der Kampagnenzentrale, die teilweise als „augenscheinlichster Indikator"[581] für die Professionalisierung herangezogen wird, führte wiederum nicht zu einer Externalisierung von Kampagnenführung und Entscheidungskompetenzen. Durch den „erratischen Aufbau der Kampagne der SPD"[582] und die konkurrierenden Führungszirkel in Kampagnenzentrale, Willy-Brandt-Haus und Kanzleramt ist die Professionalität der Kampagnenführung eher noch weiter in Frage zu stellen.[583]

In strategischer Hinsicht war der SPD-Wahlkampf vor allem durch Personalisierung und Polarisierung geprägt.[584] Personenzentrierte Wahlkampfführung und Angriffswahlkampf, zwei Indikatoren modernisierter Wahlkampagnen, standen zu Beginn des Wahlkampfes im Zentrum der Kommunikation. Beide Merkmale waren

---

[579] Für die folgenden Ausführungen und für Abbildungen der Plakate vgl. SPD Parteivorstand: Kampa 02. 2002, Seite 22.

[580] So der Untertitel bei: Fengler, Susanne/Jun, Uwe: Rückblick auf den Wahlkampf 2002. 2003.

[581] Tenscher, Jens: Bundestagswahlkampf 2002 - Zwischen strategischem Kalkül und der Inszenierung des Zufalls. 2005, Seite 113.

[582] Barsfeld, Dariush: Von wegen Amerikanisierung. 2003, Seite 137.

[583] Vgl. Alemann, Ulrich von: Der Zittersieg der SPD. 2003, Seite 54. Tenscher, Jens: Bundestagswahlkampf 2002 - Zwischen strategischem Kalkül und der Inszenierung des Zufalls. 2005, Seite 116.

[584] Vgl. Holtz-Bacha, Christina: Bundestagswahlkampf 2002: Ich oder der. 2003, Seite 10-12.

deutlich stärker präsent als vier Jahre zuvor, das Negative Campaigning zielte zudem auf eine personenbezogene Polarisierung ab. Deutlich werden jedoch im gleichen Moment auch die Probleme, welche die Konzentration auf diese Kampagnenelemente mit sich brachte: Der durch sie stark gekennzeichnete Wahlkampf „lief auf Grund.“[585]

> „Zugleich offenbarte der Wahlkampf 2002 die Grenzen von in anderen Ländern erprobten und vermeintlich ‚modernen' Strategien: [... Die] Polarisierungsversuche (*negative campaigning*) der SPD [...] erwiesen sich schlichtweg als entweder unpassend und/oder unflexibel gegenüber sich wandelnden Rahmenbedingungen.“[586]

Der Wahlkampf zeigte ebenso, dass auch „eine Strategie der reinen Personalisierung [...] ins Leere laufen würde.“[587] Hand in Hand mit der stärkeren Einbindung inhaltlicher Aspekte ging daraufhin die verstärkte Kommunikation ideologisch besetzter Themen. Demgemäß spiegelt sich in der Analyse der Werbemittel, die zum großen Teil aus der heißen Wahlkampfphase stammen, sowohl der erfolgte Strategiewechsel als auch die vergleichsweise starke Personalisierung des Wahlkampfes wieder. Schröder steht eindeutig im Mittelpunkt der Werbekampagne, wird jedoch meist mit politischen Themen verknüpft und zur Kommunikation dieser Inhalte herangezogen. Zentrale programmatische Punkte des SPD-Wahlkampfes werden auf den Kandidatenplakaten als O-Töne Schröders präsentiert, mit ihm verbunden und über ihn kommuniziert. Eine bewusste Thematisierung privater, politikferner Aspekte erfolgt nicht. Erst in der Schlussphase spitzte sich die reine Personalisierung zu mit Plakaten, die beispielsweise nur den Claim „Schröder wählen“ kommunizieren.

Neben der teilweise stark emotionalen Wähleransprache finden sich zentrale, moderne Elemente des Wahlkampfes auch in den Punkten Metakommunikation bzw. Themen- und Ereignismanagement, die beide bereits 1998 von großer Bedeutung waren. Ebenso lassen sich im Wahlkampf 2002 erneut Elemente des politischen Marketings beobachten, die etwa im Einfluss der Demoskopie deutlich werden; auch die „Nachfrageorientierung der Wahlkampfrhetorik war 2002 unverkennbar.“[588] Daneben lässt sich im Vergleich zu 1998 ein begrenzter Trend zu einer verstärkten Telemedia-

---

[585] Alemann, Ulrich von: Der Zittersieg der SPD. 2003, Seite 55.

[586] Tenscher, Jens: Bundestagswahlkampf 2002 - Zwischen strategischem Kalkül und der Inszenierung des Zufalls. 2005, Seite 127 (Hervorhebung im Original).

[587] Fengler, Susanne/Jun, Uwe: Rückblick auf den Wahlkampf 2002. 2003, Seite 183.

[588] Kuhn, Yvonne: Professionalisierung deutscher Wahlkämpfe? 2007, Seite 192.

tisierung ablesen. Wie bereits 1998 ist die Inszenierung der Parteitage ein bedeutender Teil der Wahlkampfkommunikation, der 2002 zusätzlich durch die TV-Duelle ergänzt wird. Auch der Anstieg der Anzahl an Werbespots im privat-kommerziellen Rundfunk gegenüber 1998 kann in diesem Sinn gedeutet werden. Zentral für die Annahme einer verstärkten Telemediatisierung sind jedoch die im Wahlkampf verfolgten „langfristige[n] Imagestrategien, die auf Erhöhung der TV-Präsenz abzielen.“[589] Aufgrund der konstant hohen Bedeutung weiterer Kommunikationskanäle ist aber nur von einer bedingt ausgeweiteten Telemediatisierung auszugehen. Dementsprechend ist die Fernsehwerbung innerhalb der SPD-Kampagne nicht derart zentral wie noch 1994, die Werbekampagne bleibt von einem Mix verschiedener Werbemittel geprägt, den klassische Werbemittel wie Plakate und Anzeigen weiterhin dominieren. Daneben tritt eine verstärkte direkte Wähleransprache, was im Anwerben von Freiwilligen und in der umfangreichen Telefonkampagne deutlich wird.

Insgesamt gesehen war der Wahlkampf 2002 für manche Beobachter wohl einer der „langweiligsten in der Geschichte der Republik“[590], „wirklich neu war wiederum nicht viel in diesem Wahlkampf.“[591] Mit der Personalisierung und dem Angriffswahlkampf standen zwei als modern geltende Elemente, die 1998 so nicht zu sehen waren, im Zentrum der SPD-Kampagne. Jedoch wurde auch die Unangemessenheit dieser Konzepte deutlich, wenn sie, entsprechend dem Idealtyp der behaupteten Modernisierung, zugespitzt die Kampagne dominieren. Entscheidend für den Ausgang der Wahl dürfte, neben den überraschend aufgetretenen Themen, der Strategiewechsel der SPD gewesen sein, der diese beiden Elemente in den Hintergrund treten ließ. Eine Fortentwicklung der Kampagne gegenüber 1998 ist letztlich nur sehr begrenzt zu erkennen.

> „Tatsächlich hat sich [...] die Professionalisierung des Wahlkampfmanagements sowohl personell wie auch strategisch nur marginal verbessern können. [... Der Wahlkampf ließ] wenig neue Akzente, Trends oder gar Innovationen erkennen und war aus werbetechnischer Sicht relativ ereignislos.“[592]

---

[589] Müller, Marion G.: Parteienwerbung im Bundestagswahlkampf 2002. 2004, Seite 123.

[590] Korte, Karl-Rudolf: Die Mitte ist der Heilige Gral. 2002, Seite 15.

[591] Holtz-Bacha, Christina: Bundestagswahlkampf 2002: Ich oder der. 2003, Seite 25.

[592] Wagner, Jochen W.: Deutsche Wahlwerbekampagnen made in USA? 2005, Seite 341.

4.3 Der Bundestagswahlkampf 2005

Im Gegensatz zu den vorangegangenen Kampagnen lässt sich der Wahlkampfbeginn 2005 genau festhalten: Er begann am 22. Mai 2005 um 18:22 Uhr mit der Ankündigung des SPD-Vorsitzenden Franz Müntefering, nach den verlorenen Landtagswahlen von Nordrhein-Westfalen vorgezogene Neuwahlen anstreben zu wollen. Trotz der zu erwartenden rechtlichen Hürden rund um die gestellte Vertrauensfrage[593] und obwohl sie keineswegs darauf vorbereitet waren, begannen die Parteien sofort, die jeweiligen Wahlkampagnen vorzubereiten; die FDP, die nur wenige Minuten nach Münteferings Ankündigung eine Halle für die Abschlusskundgebung des Wahlkampfes suchte, dürfte dabei die schnellste gewesen sein.[594] Schon vor der Entscheidung des Bundesverfassungsgerichts über die Rechtmäßigkeit der inszenierten Vertrauensfrage entwickelte sich ein „Wahlkampf unter Vorbehalt."[595] Der Wahlkampf, der Münteferings Neuwahlankündigung folgen sollte, war von einem starken politischen Interesse der Bevölkerung begleitet und war gezwungenermaßen kurz.[596] Für die SPD, die insbesondere durch die in dieser Legislaturperiode umgesetzten Reformvorhaben unter Druck stand, erschien zu Beginn des Wahlkampfes die Fortsetzung einer rot-grünen Regierung unwahrscheinlich, die SPD selbst wirkte zerstritten; erst der einsetzende Wahlkampf führte zu neuer innerparteilicher Geschlossenheit.[597] Im Laufe der Legislaturperiode hatte die SPD stark an Zustimmung in der Bevölkerung verloren, in fast allen wichtigen Themenfeldern mit Ausnahme der sozialen Gerechtigkeit lag sie weit hinter der Opposition zurück.[598] So rechnete ähnlich wie 2002 auch 2005 niemand mit einem „einigermaßen anständige[n] Abschneiden" der SPD, die am Wahltag überraschend knapp hinter der Union lag.[599] Im Gegensatz jedoch zu

[593] Vgl. Jesse, Eckhard: Nach der gescheiterten Vertrauensfrage. 2005; Schenke, Wolf-Rüdiger/Baumeister, Peter: Vorgezogene Bundestagswahlen. 2005.

[594] Schmitt-Beck, Rüdiger/Faas, Thorsten: The Campaign and its Dynamics at the 2005 German General Election. 2006, Seite 393-395.

[595] Priess, Frank: Ein Wahlkampf der besonderen Art. 2005, Seite 10.

[596] Roth, Dieter/Wüst, Andreas M.: Abwahl ohne Machtwechsel? 2006, Seite 44.

[597] Wüst, Andreas M./Roth, Dieter: Schröder's Last Campaign. 2006, Seite 441-443.

[598] Holtmann, Everhard: Voller Einsatz, halber Machtwechsel. 2006, Seite 14.

[599] Alemann, Ulrich von/Spier, Tim: Doppelter Einsatz, halber Sieg? 2008, Seite 37.

2002 „bleibt die Kampagne 2005 durch eine besondere Intensität, eine ausgeprägte Bereitschaft zur Konfrontation sowie eine Re-Politisierung in Erinnerung.“[600]

4.3.1 Wahlkampfführung und Wahlkampfkommunikation

Wahlkampforganisation

Im Gegensatz zu den beiden vorhergehenden Bundestagswahlkämpfen stand 2005 keine ausgelagerte Kampagnenzentrale im Mittelpunkte der SPD-Wahlkampforganisation. Stattdessen wurde die Wahlkampfleitung wieder in der Parteizentrale, dem Berliner Willy-Brandt-Haus, angesiedelt. Mangelnde Zeit für die Vorbereitung einer externen Kampagnenzentrale[601] oder die zu hohen Kosten, so die offizielle Begründung,[602] werden hierfür verantwortlich gemacht. Wichtig dürfte jedoch auch gewesen sein, dass, wie der Wahlkampf 2002 deutlich gezeigt hatte, die Auslagerung der Kampagnenzentrale die Wahlkampfführung letztlich eher erschwert als erleichtert hat.[603] Auch die SPD selbst betrachtete demgemäß die Positionierung der Kampagnenzentrale im Willy-Brandt-Haus, deren Name „Kampa im WBH“ an die ausgelagerten Vorgänger anknüpfte, als „wesentliche Grundlage für den relativen Erfolg im Bundestagswahlkampf.“[604] Wahlkampfleiter wurde erneut der Bundesgeschäftsführer der SPD, bei der Wahl 2005 also Kajo Wasserhövel, der den Wahlkampf in Abstimmung mit Kanzleramt und Parteivorstand organisierte.[605] Während die Person des Wahlkampfleiters gewechselt hatte, blieben Parteifunktionäre mit der Wahlkampfführung betraut. Eine Externalisierung der Wahlkampforganisation lässt sich 2005 nicht feststellen. Auch die Mitarbeiter der Kampagnenzentrale kamen zum Großteil aus dem Apparat der Partei, unterstützt wurden sie, neben wenigen externen Mitarbeitern, hauptsächlich von studentischen Mitarbeitern und Praktikanten.[606]

---

[600] Tenscher, Jens: Professionalisierung nach Wahl. 2007, Seite 65.

[601] Geisler, Alexander/Gerster, Martin: Zentral geplant, lokal gekämpft. 2007, Seite 259.

[602] Kuhn, Yvonne: Professionalisierung deutscher Wahlkämpfe? 2007, Seite 170.

[603] Tenscher, Jens: Professionalisierung nach Wahl. 2007, Seite 70.

[604] SPD Parteivorstand: Die Kampagne zur Bundestagswahl 2005. 2005, Seite 4.

[605] Geisler, Alexander/Gerster, Martin: Zentral geplant, lokal gekämpft. 2007, Seite 259.

[606] Bosch, Thomas: "Hinten sind die Enten fett." 2006, Seite 56.

Kostengründe wurden offiziell ebenfalls für eine Verringerung der externen Dienstleister angeführt.[607] Im Gegensatz zu den vorhergehenden Bundestagskampagnen waren 2005 nur vier externe Werbeagenturen für die SPD tätig, wobei die Agentur BUTTER, die bereits bei SPD-Wahlkämpfen auf Landesebene tätig war, federführend war.[608] Eine Leitagentur, wie noch 1998 und 2002, gab es allerdings nicht. Stattdessen wurden einzelne, von der SPD zusammengestellte Aufgabenpakte vergeben.[609] Das Demoskopieinstitut infratest führte darüber hinaus Meinungsumfragen und Analysen mittels Fokusgruppen für die SPD durch.[610] Aufgrund der fehlenden Vorbereitungszeit im Wahljahr 2005 ist jedoch davon auszugehen, dass die Anwendung und der Einsatz demoskopischer Methoden hinter den Vorjahren zurück blieb, Grundlagenstudien für umfangreiche Planungen nicht durchgeführt werden konnten.[611]

Strategie und Umsetzung der Wahlkampfkommunikation

Da eine umfangreiche demoskopisch fundierte Vorbereitung der Wahlkampfstrategie 2005 nicht möglich war, wurde für die Formulierung der Strategie auf die Auswertung der Bundestagswahl 2002 zurückgegriffen.[612] Die strategische Positionierung der SPD wurde durch die neue, doppelte Konkurrenzsituation bestimmt: Auf der rechten Seite des politischen Spektrums galt es, sich gegenüber FDP und CDU/CSU abzugrenzen, während auf der linken Seite mit der Vereinigung von PDS und WASG[613] ein neuer Gegner heranwuchs.[614] Auf diese Herausforderung reagierte die SPD mit einer dreigeteilten Strategie, die auf Polarisierung, Personalisierung und ei-

---

[607] Kuhn, Yvonne: Professionalisierung deutscher Wahlkämpfe? 2007, Seite 170.

[608] Geisler, Alexander/Gerster, Martin: Zentral geplant, lokal gekämpft. 2007, Seite 259.

[609] Rosumek, Lars: Die Kanzler und die Medien. 2007, Seite 237.

[610] Tenscher, Jens: Professionalisierung nach Wahl. 2007, Seite 76.

[611] Schmitt-Beck, Rüdiger/Faas, Thorsten: The Campaign and its Dynamics at the 2005 German General Election. 2006, Seite 395.

[612] Geisler, Alexander/Gerster, Martin: Zentral geplant, lokal gekämpft. 2007, Seite 261.

[613] Die PDS bzw. nach einer Umbenennung Linkspartei.PDS kandidierte zur Bundestagswahl 2005 gemeinsam mit der WASG. Vgl. vor dem Hintergrund der Bundestagswahl 2005 Hartleb, Florian/Rode, Franz E.: Populismus und Kleinparteien. 2006; sowie allgemein Spier, Tim/Butzlaff, Felix/Micus, Matthias/Walter, Franz (Hrsg.): Die Linkspartei. 2007.

[614] Holtz-Bacha, Christina: Bundestagswahlkampf 2005 - Die Überraschungswahl. 2006, Seite 13.

ner positiven Bilanzierung der Regierungsleistung beruhte. Als zentrale Themen wurden dabei Friedenspolitik, der Mut zu Reformen und soziale Gerechtigkeit identifiziert.[615] Von dem bisherigen Koalitionspartner, den Grünen, rückten man ab, wohl als Reaktion auf wahrgenommene Wählerpräferenzen, die auf eine sinkende Akzeptanz grüner Themen innerhalb der eigenen Klientel schließen ließen.[616]

Die doppelte Frontstellung spiegelte sich auch im Wahlprogramm wieder, das Anfang Juli, nach nur 43 Tagen Entwicklungszeit, der Öffentlichkeit präsentiert wurde.[617] Neben deutlich sozialdemokratischen Inhalten fanden sich zugleich wirtschaftsliberale Elemente, insgesamt ergab sich eine „Mischung aus heterogenen Inhalten."[618] Das Wahlprogramm, dessen Bezeichnung als „Wahlmanifest" zumindest semantische Ähnlichkeit mit historischen Programmen und der sozialdemokratischen Tradition herstellen sollte, ist demgegenüber Teil einer „gezielte[n] rhetorische[n] Linksprofilierung der SPD"[619] und Signal für die im Wahlkampf stattfindende „Resozialdemokratisierung des Parteiimages."[620] Die Gründe dafür dürften einerseits ein Eingehen auf die wahrgenommenen Wählerorientierungen sein, wobei man sich durch eine Ideologisierung und eine Betonung des Solidarprinzips Zustimmung erhoffte. Die Re-Ideologisierung und Neupositionierung stellt sich aus dieser Perspektive als eine Antwort auf die demoskopisch ermittelten Wählerpräferenzen dar.[621] Allerdings kann dies ebenso als Folge innerparteilicher Konflikte betrachtet werden, da Teile der SPD eine inhaltliche Fortsetzung des Reformkurses nach der Neuwahlentscheidung strikt ablehnten.[622] Im Verlauf des Wahlkampfes rückte das Solidaritätsprinzip, auch als Reaktion auf die Unionskampagne, immer weiter in den Mittelpunkt des SPD-

---

[615] Geisler, Alexander/Gerster, Martin: Zentral geplant, lokal gekämpft. 2007, Seite 263.

[616] Jesse, Eckhard/Schubert, Thomas: Bundestagswahl 2005. 2006, Seite 10.

[617] Alemann, Ulrich von/Spier, Tim: Doppelter Einsatz, halber Sieg? 2008, Seite 44f.

[618] Grotz, Florian: Bundestagswahl 2005. 2005, Seite 476f. Vgl. Forschungsgruppe Wahlen e.V.: Bundestagswahl - eine Analyse der Wahl vom 18. September 2005. 2005, Seite 32.

[619] Geisler, Alexander/Gerster, Martin: Zentral geplant, lokal gekämpft. 2007, Seite 263.

[620] Niedermayer, Oskar: Der Wahlkampf zur Bundestagswahl 2005. 2006, Seite 14.

[621] Niedermayer, Oskar: Der Wahlkampf zu Bundestagswahl 2005. 2007, Seite 28.

[622] Niedermayer, Oskar: War die Agenda 2010 an allem Schuld? 2006, Seite 143f.

Wahlkampfes, was schließlich in dem Aufruf gipfelte, SPD zu wählen, „damit Deutschland sozial bleibt."[623]

Parallel zu dieser Neu-Positionierung wurde versucht, dem Vertrauensverlust in die SPD entgegenzuwirken. Dazu wurde zum einen gezielt die eigene Vertrauenswürdigkeit inszeniert und in der politischen Werbung auf allgemeine Vertrauenswerbung gesetzt.[624] Zugleich sollte die Glaubwürdigkeit des politischen Gegners infrage gestellt werden, indem etwa auf Themenplakaten „Aber wofür stehen die anderen?"[625] gefragt wurde.[626] Gegen den Vertrauensverlust und „das Schlechtreden des Landes" sollte eine „optimistische und positive Grundbotschaft" mit dem zentralen Slogan „Vertrauen in Deutschland" kommuniziert werden.[627]

Zu Beginn des Wahlkampfes verzichtete die SPD noch komplett auf eine Personalisierung. Grund hierfür dürften vor allem die umstrittene Zulässigkeit der Neuwahlen und die bewusst inszenierte Vertrauensfrage gewesen sein, die auch das öffentliche Meinungsbild von Kanzler Schröder negativ beeinflussten.[628] Schröder war jedoch ab Mitte Juli bis zum Wahltag der populärere Kanzlerkandidat und erzielte durchweg höhere Zustimmungswerte als seine Partei.[629] Angesichts dessen wurde schließlich im Verlauf des Wahlkampfes erneut auf Personalisierung gesetzt. Insbesondere die schwache Regierungsbilanz sowie die Probleme der Arbeits-, Sozial- und Gesundheitspolitik sollten so dethematisiert werden. Schröder wurde den Wählern als Garant sowohl für die Reformpolitik als auch für soziale Gerechtigkeit präsentiert[630] und als „kraftvoll. mutig. menschlich."[631] vorgestellt. Auf eine Zuspitzung wie im

---

[623] Niedermayer, Oskar: War die Agenda 2010 an allem Schuld? 2006, Seite 146. Vgl. SPD Parteivorstand: Die Kampagne zur Bundestagswahl 2005. 2005, Seite 29.

[624] Holtz-Bacha, Christina: Bundestagswahlkampf 2005 - Die Überraschungswahl. 2006, Seite 13.

[625] SPD Parteivorstand: Die Kampagne zur Bundestagswahl 2005. 2005, Seite 10f.

[626] Niedermayer, Oskar: Der Wahlkampf zur Bundestagswahl 2005. 2006, Seite 16.

[627] Zitate nach SPD Parteivorstand: Die Kampagne zur Bundestagswahl 2005. 2005, Seite 4.

[628] Niedermayer, Oskar: Der Wahlkampf zu Bundestagswahl 2005. 2007, Seite 29.

[629] Forschungsgruppe Wahlen e.V.: Bundestagswahl - eine Analyse der Wahl vom 18. September 2005. 2005, Seite 45-51; Schmitt, Hermann/Wüst, Andreas M.: The Extraordinary Bundestag Election of 2005. 2006, Seite 41-43.

[630] Tenscher, Jens: Professionalisierung nach Wahl. 2007, Seite 81.

[631] So ein SPD-Wahlplakat. Vgl. SPD Parteivorstand: Die Kampagne zur Bundestagswahl 2005. 2005, Seite 13.

Wahlkampf 2002 gemäß der Parole „Ich oder der“ wurde dagegen verzichtet, wahrscheinlich, um die Konnotation des Kampfes Mann gegen Frau zu vermeiden.[632] Auch eine Privatisierung der Wahlkommunikation, wie sie im Wahlkampf 2002 in Ansätzen zu beobachten war, wurde vermieden.[633] Das Ausmaß der Personalisierung ist demnach im Vergleich zu 2002 als begrenzt zu betrachten. Auch hinter anderen Kampagnenelementen wie der inhaltlichen Neupositionierung und der Re-Ideologisierung bleibt die Bedeutung der Personalisierung zurück.[634] Der Einsatz Schröders als der zentrale Kommunikator innerhalb der SPD-Kampagne hingegen ist differenzierter zu betrachten. Durch die Zuspitzung der Kommunikation auf den Spitzenkandidaten wollte die SPD weiter zur Polarisierung des Wahlkampfes beitragen.[635]

Angesichts des Popularitätsvorsprungs Schröders versuchte die Union einen sachlichen Wahlkampf zu inszenieren. Vor dem Hintergrund des sicher geglaubten Sieges beging die Unionskampagne strategische Fehler, insbesondere die Konzeption der Kampagne als gouvernementalen Wahlkampf, der die Aufmerksamkeit hin zu dem eigenen Regierungsprogramm lenkte.[636] Die Kampagne blieb dabei auf der „Argumentationsebene hängen“[637], es kam zum Wahlkampf „des realen Oppositionsführers Gerhard Schröder gegen die gefühlte Kanzlerin Angela Merkel.“[638] Erst durch diese Fehler der Union war die SPD in der Lage, einen klaren Oppositionswahlkampf führen zu können, „bei dem sie nicht mehr ihre *Regierungsbilanz* verteidigen musste, sondern die als unsozial gebrandmarkten *Regierungspläne* der Unionsparteien attackieren konnte.“[639] In der Folge avancierte der Angriffswahlkampf zum zentralen Kampagneninstrument der SPD. CDU/CSU und FDP wurde vorgeworfen, den Sozialstaat abzubauen, Politik allein für Besserverdienende zu betreiben und an einer Po-

---

632 Holtz-Bacha, Christina: Bundestagswahlkampf 2005 - Die Überraschungswahl. 2006, Seite 12f.

633 Holtz-Bacha, Christina: Strategien des modernen Wahlkampfs. 2006, Seite 17f.

634 Niedermayer, Oskar: War die Agenda 2010 an allem Schuld? 2006, Seite 137f.

635 Geisler, Alexander/Gerster, Martin: Zentral geplant, lokal gekämpft. 2007, Seite 263.

636 Brettschneider, Frank: Bundestagswahlkampf und Medienberichterstattung. 2005, Seite 26.

637 Löffler, Berthold: Wahlkampf nur auf einem Bein. 2005, Seite 29.

638 Eisel, Stephan: Reale Regierungsopposition gegen gefühlte Oppositionsregierung. 2005, Seite 49.

639 Tenscher, Jens: Professionalisierung nach Wahl. 2007, Seite 82 (Hervorhebung im Original).

litik der sozialen Kälte festzuhalten,[640] das Regierungsprogramm der Union und die als „Merkel-Steuer“ bezeichnete geplante Mehrwertssteuererhöhung wurden als „radikal unsozial“ angegriffen.[641] Die Sozialdemokraten setzten mit diesem starken Angriffswahlkampf auch auf die Furcht vor wirtschafts- und sozialpolitischen Veränderungen. Die SPD verwendete hier eine stark emotionale Wähleransprache, baute zum Teil „auf das Spiel mit der Angst.“[642] Die Sozialstaatsthematik dominierte somit nicht nur die Präsentation der eigenen Partei, sondern ebenfalls die Angriffslinie gegenüber den Oppositionsparteien.[643] Auch gegenüber der Linkspartei.PDS, der Populismus und illusionäre Politik vorgeworfen wurde, wurden Elemente des Negative Campaigning eingesetzt; zusätzlich wurde deren Spitzenkandidat, der ehemalige SPD-Vorsitzende Oskar Lafontaine, persönlich angegriffen. Gestützt wurde dieser nach rechts und links aggressive Wahlkampf durch die allgemeine Vertrauenswerbung und den kommunizierten Optimismus, die den Erfolg der SPD-Reformpolitik in Aussicht stellen sollten.[644]

Die notwendigen Anknüpfungspunkte für eine Polarisierung gegenüber der Union lieferten CDU/CSU selbst und ermöglichten dadurch die Fokussierung der SPD auf den Angriffswahlkampf und die starke Emotionalisierung der SPD-Kampagne, was die SPD „sehr konsequent und mit einer bisher beispiellosen Härte nutzte.“[645] Kennzeichnend dafür ist der Umgang mit dem designierten Finanzminister der Union, Paul Kirchhof, der konsequent angegriffen und zur sozialen Profilierung der SPD genutzt wurde. „Der ‚Professor aus Heidelberg’ wurde zum Synonym für soziale Kälte“[646] mit

---

[640] Schmitt-Beck, Rüdiger/Faas, Thorsten: The Campaign and its Dynamics at the 2005 German General Election. 2006, Seite 401.

[641] So beispielsweise in SPD-Anzeigen, vgl. SPD Parteivorstand: Die Kampagne zur Bundestagswahl 2005. 2005, Seite 21.

[642] Jesse, Eckhard: Der Ausgang der Bundestagswahl 2005. 2006, Seite 74.

[643] Alemann, Ulrich von/Spier, Tim: Doppelter Einsatz, halber Sieg? 2008, Seite 49.

[644] Schmitt-Beck, Rüdiger/Faas, Thorsten: The Campaign and its Dynamics at the 2005 German General Election. 2006, Seite 401f.

[645] Niedermayer, Oskar: Der Wahlkampf zur Bundestagswahl 2005. 2006, Seite 16f., 21-23, Zitat Seite 21.

[646] Hilmer, Richard/Müller-Hilmer, Rita: Die Bundestagswahl vom 18. September 2005. 2006, Seite 190.

> „seinem ‚illusorischen und zutiefst ungerechten' Steuermodell, der als ‚Mann der Kälte' und der ‚Grausamkeiten' den Deutschen ‚an die Rente' und sie zu seinen ‚Versuchskaninchen' machen wolle und dessen Pläne zu einer ‚kalten, unsolidarischen und unmenschlichen Gesellschaft' führen würden, die den ‚inneren Frieden' des Landes zerstören."[647]

Der Angriffswahlkampf war damit durch eine weitgehende Personalisierung gekennzeichnet. Einerseits führten die Angriffe auf Kirchhof zu einer Personalisierung der Negativkampagne, indem die inhaltlichen Angriffe zur Steuerpolitik und zur sozialen Gerechtigkeit mit einer konkreten Person verknüpft wurden.[648] Zum anderen übernahm Schröder die Rolle als Kommunikator im Rahmen der Negativkampagne.[649] In der Diskussion über das Regierungsprogramm der Union konnte Schröder das öffentliche Bild seiner Partei maßgeblich prägen, er sprach „fast im Alleingang für die SPD."[650] Der SPD gelang damit eine Emotionalisierung des Wahlkampfes, die eine Wertediskussion um soziale Gerechtigkeit und Solidarität in den Fokus rückte.[651] Der starke Angriffswahlkampf ging so Hand in Hand mit einem Wertewahlkampf[652] und half der SPD, die Unterschiede zwischen ihrem Regierungsprogramm und der Union hervorzuheben.[653]

Auch im Wahlkampf 2005 spielte das Fernsehen eine Rolle. Knapp drei Wochen vor dem Wahltermin versuchte die SPD, mit ihrem Wahlparteitag in Berlin Medienaufmerksamkeit zu generieren. Weitere TV-Auftritte wie etwa derjenige Schröders zum Wahlkampfauftakt in der ARD-Sendung Sabine Christiansen, den über 5 Millionen Zuschauer verfolgten, illustrieren die Bedeutung des Mediums Fernsehen.[654] Nach 2002 trug auch 2005 ein TV-Duell der beiden Spitzenkandidaten, das von 20 Millio-

---

[647] Niedermayer, Oskar: Der Wahlkampf zur Bundestagswahl 2005. 2006, Seite 21, mit Zitaten Schröders und aus Wahlkampfmaterialien der SPD. Vgl. SPD Parteivorstand: Die Kampagne zur Bundestagswahl 2005. 2005, Seite 20-22, 28f.

[648] Niedermayer, Oskar: War die Agenda 2010 an allem Schuld? 2006, Seite 146.

[649] Niedermayer, Oskar: Der Wahlkampf zur Bundestagswahl 2005. 2006, Seite 22.

[650] Brettschneider, Frank: Bundestagswahlkampf und Medienberichterstattung. 2005, Seite 23.

[651] Hilmer, Richard/Müller-Hilmer, Rita: Die Bundestagswahl vom 18. September 2005. 2006, Seite 190.

[652] Niedermayer, Oskar: Der Wahlkampf zu Bundestagswahl 2005. 2007, Seite 29.

[653] Roth, Dieter/Wüst, Andreas M.: Abwahl ohne Machtwechsel? 2006, Seite 59.

[654] Bosch, Thomas: "Hinten sind die Enten fett." 2006, Seite 48-51.

nen Zuschauern verfolgt wurde, den Wahlkampf in das Fernsehen.[655] Ein entpolitisierender oder personalisierender Einfluss auf die Wahlkampagne lässt sich daraus jedoch nicht ableiten.[656] Weitere TV-Diskussionen wie die „Elefantenrunde" der Parteivorsitzenden stärkten die Rolle des Fernsehens im Wahlkampf weiter.[657]

Im Vergleich zum vorhergehenden Wahlkampf jedoch hat die massenmediale Wähleransprache für die SPD relativ an Bedeutung verloren. Stattdessen wurde insbesondere die persönliche Wähleransprache vor Ort, aber auch Mittel der individualisierten Wähleransprache wie Direct Mailing als zentral für die Kampagne angesehen.[658] Ebenso spricht die Professionalisierung und Ausweitung des Internetwahlkampfes für eine nachlassende TV-Fokussierung des SPD-Wahlkampfes, wobei der SPD „eine Vorreiterrolle hinsichtlich dieses neuen Kampagneninstruments bescheinigt wurde."[659] Mit sogenannten Weblogs, also online geführten Journalen, stand den Parteien erstmals ein weiteres Online-Kommunikationsmittel der ungefilterten Wähleransprache zur Verfügung.[660] Auch die Wähleransprache mittels Podcasts, das heißt mittels online publizierter Mediendateien, wurde von der SPD genutzt.[661] Die direkte Wähleransprache über Mitglieder und Sympathisanten, Wahlkampftouren und ungefilterte, direkte Kommunikationskanäle hat so im Bundestagswahlkampf 2005 eindeutig an Bedeutung gewonnen.[662] Auch aufgrund der nur kurzen Vorbereitungszeit, die eher den Rückgriff auf bewährte Kommunikationsmittel nahe legt, blieb der Wahlkampf 2005 letztlich jedoch auf die klassischen Massenmedien angewiesen. Die

---

[655] Geisler, Alexander/Gerster, Martin: Zentral geplant, lokal gekämpft. 2007, Seite 268. Vgl. Maurer, Marcus/Reinemann, Carsten/Maier, Jürgen/Maier, Michaela: Schröder gegen Merkel. 2007.

[656] Brettschneider, Frank/Niedermayer, Oskar/Weßels, Bernhard: Die Bundestagswahl 2005. 2007, Seite 14. Vgl. Maier, Jürgen/Maier, Michaela: Das TV-Duell 2005. 2007.

[657] Hilmer, Richard/Müller-Hilmer, Rita: Die Bundestagswahl vom 18. September 2005. 2006, Seite 199.

[658] Bosch, Thomas: "Hinten sind die Enten fett." 2006, Seite 54-56.

[659] Holtz-Bacha, Christina: Bundestagswahlkampf 2005 - Die Überraschungswahl. 2006, Seite 14f., Zitat Seite 15. Vgl. Zum Internetwahlkampf 2005 Schweitzer, Eva J.: Professionalisierung im Online-Wahlkampf? 2006.

[660] Vgl. Albrecht, Steffen/Hartig-Perschke, Rasco: Wahlkampf mit Weblogs. 2007; Ott, Raphaela: Weblogs als Medium politischer Kommunikation im Bundestagswahlkampf 2005. 2006.

[661] SPD Parteivorstand: Die Kampagne zur Bundestagswahl 2005. 2005, Seite 38.

Bezeichnung Medienwahlkampf bleibt insofern gerechtfertigt, als dass ein Großteil der Informationen den Wähler weiterhin massenmedial erreichte.[663]

Wie in den vorhergehenden Wahlkämpfen ist auch im Bundestagswahlkampf 2005 das Themen- und Ereignismanagement als zentrales Kampagnenmerkmal hervorzuheben.[664] Nach der überraschenden Neuwahlankündigung stand die SPD dabei vor der Herausforderung, diese zu rechtfertigen und zugleich Diskussionen innerhalb der Partei sowie mit dem grünen Koalitionspartner zu überwinden. In der Folge wurden Schwächen im Themenmanagement zum Wahlkampfstart sichtbar.[665] Auch der Versuch, außenpolitische Themen zu setzen, blieb erfolglos.[666] Der SPD gelang es jedoch im Verlauf der Kampagne, die Frage der Rechtmäßigkeit der vorgezogenen Neuwahlen zu dethematisieren.[667] Ebenso nahmen die Reformpläne der SPD und Schröders Agenda 2010, entgegen den Ankündigungen der SPD, im Wahlkampf keine wichtige Rolle ein. Stattdessen wurden das Regierungsprogramm der Union sowie, damit verbunden, die Wertefrage der sozialen Gerechtigkeit zu den zentralen Wahlkampfthemen.

> „Das SPD-Konzept, ‚Wir reden nicht viel über unser Programm, sondern über das der Union', ging auf."[668]

Im Rahmen des SPD-Wahlkampfes 2005 lässt sich erneut der Einsatz von mediatisierten Ereignissen und Pseudo-Ereignissen als Mittel des Themenmanagements beobachten. Dazu zählen etwa vier bundesweite Aktionstage oder auch der von der SPD veranstaltete Kongress „Soziale Marktwirtschaft", salopp als „Heuschrecken-Konferenz" bezeichnet. Mit Hilfe derartiger Veranstaltungen wurde die Re-Ideologisierung der SPD untermalt und gewünschte Themen kommuniziert.[669] Eine

---

[662] Holtz-Bacha, Christina: Bundestagswahlkampf 2005 - Die Überraschungswahl. 2006, Seite 15.

[663] Brettschneider, Frank: Bundestagswahlkampf und Medienberichterstattung. 2005, Seite 20.

[664] Tenscher, Jens: Professionalisierung nach Wahl. 2007, Seite 83.

[665] Niedermayer, Oskar: War die Agenda 2010 an allem Schuld? 2006, Seite 141f.

[666] Kaiser, Jost/Sach, Annette: Der "Umfragesieger-Besieger". 2005.

[667] Schmitt-Beck, Rüdiger/Faas, Thorsten: The Campaign and its Dynamics at the 2005 German General Election. 2006, Seite 401.

[668] Brettschneider, Frank: Bundestagswahlkampf und Medienberichterstattung. 2005, Seite 22f.

[669] Bosch, Thomas: "Hinten sind die Enten fett." 2006, Seite 60-62; Schmitt-Beck, Rüdiger/Faas, Thorsten: The Campaign and its Dynamics at the 2005 German General Election. 2006, Seite 405.

besondere Rolle spielte der SPD-Wahlparteitag, nicht nur wegen der durch ihn generierten Berichterstattung, die den Parteitag erneut zu einem zentralen Kommunikationsmittel machte. Mit seiner Rede auf dem Wahlparteitag brachte Schröder das Thema Steuerpolitik und die Pläne Kirchhofs als zentrale Punkte der weiteren Kampagne erst in die Diskussion ein. Mit dem Parteitag konnte so das zentrale Thema des restlichen Wahlkampfes gesetzt werden.[670] Zugleich wurden für die Sozialdemokraten negative Themen, insbesondere die Arbeitsmarktlage, dethematisiert und das Thema soziale Gerechtigkeit in das Zentrum des Wahlkampfes gesetzt. Dies schlägt sich auch in der für die SPD vorteilhaften Art der Thematisierung anderer Themenbereiche nieder, etwa der Steuerpolitik, die im Wahlkampf primär nicht unter wirtschafts-, sondern unter sozialpolitischen Gesichtspunkten diskutiert wurde.[671]

4.3.2 Werbliche Umsetzung

Werbemittel

Wie in den Jahren zuvor standen 2005 erneut Plakate im Zentrum der SPD-Werbekampagne, auch von der Wahlkampfleitung wurden sie wieder als zentrales Werbemittel eingeschätzt.[672] Bundesweit wurden rund 25.000 Großflächenplakate plakatiert,[673] womit die Großflächenplakatierung erneut ausgeweitet wurde, gegenüber 1998 um circa 9.000 und gegenüber 2002 um circa 3.000 Exemplare. Die Anzeigenwerbung verlor dagegen an Bedeutung. Die geschalteten Anzeigen dienten vor allem der zielgruppenspezifischen Werbung, etwa in der ostdeutschen Illustrierten *Super Illu* oder den türkischsprachigen Zeitungen *Hürriyet* und *Milliyet*.[674]

Für das Fernsehen produzierte die SPD insgesamt drei verschiedene Werbespots, einen sechzig Sekunden Spot für das öffentlich-rechtliche Fernsehen und zwei Spots mit je dreißig Sekunden Dauer, die im privat-kommerziellen Fernsehen ausgestrahlt

---

[670] Bosch, Thomas: "Hinten sind die Enten fett." 2006, Seite 49-51.

[671] Brettschneider, Frank: Bundestagswahlkampf und Medienberichterstattung. 2005, Seite 24-26.

[672] Holtz-Bacha, Christina/Lessinger, Eva-Maria: Politische Farbenlehre: Plakatwahlkampf 2005. 2006, Seite 85.

[673] Geisler, Alexander/Gerster, Martin: Zentral geplant, lokal gekämpft. 2007, Seite 264, nach Angaben des SPD-Parteivorstandes.

[674] Lieske, Sandra: Die Anzeigenkampagne zur Bundestagswahl 2005. 2006, Seite 128f., 144f.

wurden.[675] Neben den 16 kostenfreien Werbeplätzen im öffentlich-rechtlichen Fernsehen schaltete die SPD 153 Werbespots im Privatfernsehen.[676] Im Vergleich zu den 220 Ausstrahlungen im Jahr 2002 war die TV-Präsenz stark rückläufig, gemessen an der Sendezeit erreichten die Sozialdemokraten durch die kürzeren Werbespots nicht einmal die Hälfte der im vorherigen Wahlkampf erzielten Werbezeit, blieben jedoch über dem Niveau von 1998.[677] Einer der drei TV-Spots thematisierte die Steuerpolitik der Union, während in den anderen beiden Kanzler Schröder im Mittelpunkt stand. Dabei wurde die Personenorientierung mit einer Themenorientierung verbunden. Aussagen zur Person Schröders wurden fast immer mit politischen Inhalten verknüpft, etwa durch den Claim „Deutschland braucht einen Bundeskanzler, der für eine moderne Familienpolitik eintritt."[678] Der Kinospot dagegen war erneut dem humorigen Angriff gewidmet, der diesmal nicht nur der CDU/CSU, sondern auch der FDP galt.[679] Ein weiterer Spot, der einem Angriff der Union zuvorkam und mit dem Motiv des CDU-Spots, einer rollenden Metallkugel, die Union angriff, wurde nur über das Internet verbreitet. Er erlangte jedoch, insbesondere durch eine starke Medienpräsenz, große Aufmerksamkeit.[680]

Wie schon 2002 wurde auch 2005 ein Telefonwahlkampf auf lokaler Ebene geführt, an dem sich über 100 Wahlkreise, mit Unterstützung durch die Kampagnenzentrale, beteiligten. Auch die direkte Wähleransprache vor Ort, insbesondere durch jugendliche Wahlkämpfer, wurde 2005 erneut betont. Gegenüber dem vorhergehenden Wahlkampf wurde die Wahlwerbung durch Direct Mailing ausgeweitet, zielgruppenspezifische Briefe, etwa an Erstwähler und nach Wahlkreisen regionalisiert, wurden verteilt bzw. verschickt.[681] Zur direkten Wähleransprache sind auch die aus-

[675] Vgl. SPD Parteivorstand: Die Kampagne zur Bundestagswahl 2005. 2005, Seite 16f.

[676] Geisler, Alexander/Gerster, Martin: Zentral geplant, lokal gekämpft. 2007, Seite 264, nach Angaben des SPD-Parteivorstandes.

[677] Vgl. Tabelle 2, Seite 134.

[678] SPD Parteivorstand: Die Kampagne zur Bundestagswahl 2005. 2005, Seite 16f, Zitat Seite 16. Vgl. Holtz-Bacha, Christina/Lessinger, Eva-Maria: Wie die Lustlosigkeit konterkariert wurde. 2006, insbes. Seite 172f.

[679] SPD Parteivorstand: Die Kampagne zur Bundestagswahl 2005. 2005, Seite 17.

[680] Holtz-Bacha, Christina/Lessinger, Eva-Maria: Wie die Lustlosigkeit konterkariert wurde. 2006, Seite 165; SPD Parteivorstand: Die Kampagne zur Bundestagswahl 2005. 2005, Seite 18.

[681] SPD Parteivorstand: Die Kampagne zur Bundestagswahl 2005. 2005, Seite 24, 40f.

gedehnten Wahlkampftouren des Spitzenkandidaten Schröder und des Parteivorsitzenden Müntefering zu zählen.[682] Der Bereich der Online-Wahlwerbung wurde 2005 stark ausgeweitet und um neue Methoden der ungefilterten und teilweise zielgruppenspezifischen Wähleransprache, wie Weblogs und Online-Werbeeinblendungen, erweitert.[683] Die Rekrutierung von Wahlkampfhelfern im Internet verknüpfte Wähleransprache vor Ort und Internetwahlkampf.[684] Daneben war das SPD-Wahlprogramm als Werbemittel von vergleichsweise großer Bedeutung und wurde von den Bürgern selbst aktiv nachgefragt,[685] worin sich eine stärkere Werte- und Themenorientierung der Wähler auszudrücken scheint.[686] Die zunehmende Bedeutung der direkten Wähleransprache scheint so Hand in Hand mit einer Bedeutungszunahme von politischen Themen im Wahlkampf zu gehen.[687]

Der Wahlkampf 2005 war ein notwendigerweise kurzer Wahlkampf, eine lange vor der Wahl einsetzende Kommunikationskampagne war nicht möglich. Die Wahlwerbung der SPD startete daher Anfang August, sechs Wochen vor der Wahl, mit einer ersten Serie an Großflächenplakaten und ersten Anzeigenschaltungen. In der zeitlichen Abfolge der Werbekampagne folgten ab Anfang September weitere Plakate, regionale Anzeigenserien sowie die Wahlkampftour und damit die verstärkte direkte Wähleransprache.[688] Ab dem 22. August, also vier Wochen vor der Wahl, liefen Wahlwerbespots.[689] Daneben veranstalte die SPD insgesamt vier bundesweite Aktionstage, die von Werbemaßnahmen, darunter Plakate, begleitet wurden.[690]

---

682 Bosch, Thomas: "Hinten sind die Enten fett." 2006, Seite 52f.; SPD Parteivorstand: Die Kampagne zur Bundestagswahl 2005. 2005, Seite 34f.

683 SPD Parteivorstand: Die Kampagne zur Bundestagswahl 2005. 2005, Seite 38f.

684 Bieber, Christoph: Der Online-Wahlkampf 2005. o. J.; Rohwer, Lars/Schuster, Christian H.: Rote Grashalme. 2006, Seite 79-86.

685 Hilmer, Richard/Müller-Hilmer, Rita: Die Bundestagswahl vom 18. September 2005. 2006, Seite 199.

686 Korte, Karl-Rudolf: Bundestagswahlen 2005. 2005, Seite 155f.

687 Vgl. Plehwe, Kerstin: Politische Dialogkommunikation im Bundestagswahlkampf 2005. 2006, Seite 240-244.

688 Geisler, Alexander/Gerster, Martin: Zentral geplant, lokal gekämpft. 2007, Seite 265f.

689 Holtz-Bacha, Christina/Lessinger, Eva-Maria: Wie die Lustlosigkeit konterkariert wurde. 2006, Seite 170.

690 SPD Parteivorstand: Die Kampagne zur Bundestagswahl 2005. 2005, Seite 28f.

In der Flächenplakatierung im SPD-Bundestagswahlkampf 2005 lassen sich fünf verschiedene Plakatserien unterscheiden: Drei Großflächenserien, die aufeinander folgend plakatiert wurden, eine Themenserie sowie die Plakate zu den Aktionstagen, deren verbindendes Element der Angriff auf den politischen Gegner ist. Mit Beginn der Plakatierung überraschte die SPD durch die Wahl des hellumbrafarbenen Farbtones, der den bis dahin üblichen blauen Hintergrund ablöst.[691]

Wahlplakate

Bei der ersten Dekade der Großflächenplakatierung handelt es sich um eine Serie reiner Textplakate im Querformat.[692] Kommuniziert werden Positionen der SPD („Wir stehen für [...]"), denen jeweils die Frage „Aber wofür stehen die anderen?" gegenübergestellt wird. Die Positionen der SPD sind dabei in schwarzen Großbuchstaben auf weißem Grund, die Frage nach der Position der anderen in weißen Lettern auf schwarzen Grund gedruckt, wodurch der angedeutete programmatische Gegensatz visuell unterstützt wird und zugleich eine einheitliche, deutlich wiedererkennbare Gestaltung entsteht. Auffallend ist das große, neben der SPD-Position positionierte Parteisignet, das mit dem Claim „Vertrauen in Deutschland" verbunden wird. Die Plakate greifen zentrale inhaltliche Positionen der SPD auf („Wir stehen für soziale Gerechtigkeit", „den Mut zu Reformen", „moderne Familienpolitik", „den Kündigungsschutz"); der Prototyp stellt die Frage „Aber wofür stehen die anderen?" unter den Claim „Wir stehen für den Mut zum Frieden." Die Auswahl der Themen folgt dabei den demoskopisch ermittelten Kompetenzzuschreibungen für die SPD. Die Plakate dieser ersten Großflächenserie bleiben eindeutig auf der sachpolitischen und argumentativen Kommunikationsebene, die Frage nach der Position der „anderen" fordert den Rezipienten auf, diese gedanklich der SPD-Position gegenüberzustellen.

In der zweiten Großflächenserie tritt Gerhard Schröder in Erschienung in kombinierten Text-Bild-Plakaten, wobei das Bild dominiert.[693] Das linke Drittel des Plakates ist dabei im Hintergrundton Umbra gehalten, während rechts davon Aufnahmen

[691] SPD Parteivorstand: Die Kampagne zur Bundestagswahl 2005. 2005, Seite 10.

[692] Für die folgenden Ausführungen und für Abbildungen der Plakate vgl. SPD Parteivorstand: Die Kampagne zur Bundestagswahl 2005. 2005, Seite 10f.

[693] Für die folgenden Ausführungen und für Abbildungen der Plakate vgl. SPD Parteivorstand: Die Kampagne zur Bundestagswahl 2005. 2005, Seite 12.

Schröders platziert sind. Ein Slogan, der wie in der ersten Serie weiß hinterlegt ist, beginnt im umbrafarbenen Feld und endet im Hintergrund des Porträtbildes und verknüpft so visuell Schröder mit den verbalisierten Politikinhalten („Wer Frieden will, muss standhaft sein“, „Wer Arbeit schaffen will, braucht Mut für Reformen“). Das Parteisignet ist wieder auffällig links neben dem Claim des Plakates untergebracht und erneut mit dem Slogan „Vertrauen in Deutschland“ verbunden. Der Prototyp zeigt Schröder, gestikulierend vor einem Mikrophon, mit dem Claim „Wer Gerechtigkeit will, muss das Soziale sichern.“ Durch die Verwendung realer Bilder eines Pressefotographen gewinnen die Plakate an Authentizität. Die Kandidatenplakate verknüpfen die Person Schröders mit drei zentralen Themen der SPD-Kampagne. Durch die Gestaltung, die an die erste Großflächenserie und die Themenserie anknüpft, werden auch Bezüge zu diesen Plakaten hergestellt. So wird der Kanzler und, über das auffällig platzierte Logo, auch die SPD in der politischen Werbung mit ihren politischen Inhalten verknüpft und „visuell als Gesamtpaket vermarktet.“[694]

Die dritte Serie an Großflächenplakaten schließlich dominiert das Porträt Schröders.[695] Der abgebildete Kopf Schröders wird dabei links vom Parteilogo der SPD und rechts von dem Claim „Kraftvoll. Mutig. Menschlich.“ eingerahmt.

> „Die Worte ‚Kraftvoll. Mutig. Menschlich.‘ standen auf diesem Plakat sowohl für die Person Gerhard Schröder als auch für den Willen der SPD, das Land auch in Zukunft ebenso kraftvoll wie mutig zu führen, ohne dabei die Menschlichkeit unter die Räder kommen zu lassen.“[696]

Auch wenn die SPD den Claim des Plakates ebenso auf die Partei selbst bezieht, rückt hier doch die Person Gerhard Schröders in den Mittelpunkt. Mit dem Claim werden persönliche Eigenschaften, die Schröder zugeschrieben werden, thematisiert. Es handelt sich dabei jedoch nicht um rollenferne, rein private Eigenschaften. Die Gestaltung des Plakates stellt zudem erneut einen Bezug zu den Textplakaten und zu den dort thematisierten Politikinhalten her.

---

[694] Holtz-Bacha, Christina/Lessinger, Eva-Maria: Politische Farbenlehre: Plakatwahlkampf 2005. 2006, Seite 94.

[695] Für die folgenden Ausführungen und für Abbildungen der Plakate vgl. SPD Parteivorstand: Die Kampagne zur Bundestagswahl 2005. 2005, Seite 13.

[696] SPD Parteivorstand: Die Kampagne zur Bundestagswahl 2005. 2005, Seite 13.

Die reinen Textplakate der hochformatigen Themenserie entsprechen in der Plakatgestaltung der querformatigen Themenserie, die in Großfläche plakatiert wurde.[697] Auch hier wird, in schwarzen Versalien, weiß hinterlegt, die Position der SPD dargelegt, der eine Negativbotschaft in weißen Großbuchstaben auf schwarzem Hintergrund gegenübergestellt wird.

> „Die Themenplakate kommunizierten zum einen die zentralen Wahlkampfthemen der SPD. Zum anderen machten sie aber auch sehr deutlich, was die Alternativen dazu sind."[698]

Zehn verschiedene Themenplakate sollen so inhaltliche Positionen der SPD und die politischen Alternativen dazu deutlich darlegen (etwa „Für moderne Familienpolitik. Gegen den Rückschritt.", „Für Chancengleichheit. Gegen Studiengebühren.", „Für die Bürgerversicherung. Gegen die Kopfpauschale."); einzelne Claims arbeiten dabei mit emotionalisierenden Formulierungen („Für den Gemeinsinn. Gegen die Gier."). Der Prototyp stellt der SPD-Position „Für den Frieden." die negativ gewendete Forderung „Gegen blinde Gefolgschaft." gegenüber. Das Parteisignet ist durch Größe und Platzierung augenfällig und erneut mit dem Slogan „Vertrauen in Deutschland" verbunden. Die Plakate dieser Themenserie bleiben, trotz teilweise emotionalisierender Formulierungen, auf der sachpolitischen und argumentativen Kommunikationsebene.

Der Angriffswahlkampf im Zuge der Plakatkampagne beschränkte sich auf Plakate zu vier bundesweiten Aktionstagen, die von der Kampagnenzentrale entwickelt und bereitgestellt wurden.[699] Die Gestaltung der Plakate, teilweise als reine Textplakate, teilweise mit kombinierten Text- und Bildsujets, ist unterschiedlich, das verbindende Element der Plakatserie ist der Angriff auf den politischen Gegner, wobei auf inhaltliche Programmpunkte, in der Regel von CDU/CSU, Bezug genommen wird. Der Prototyp zeigt dazu auf der oberen Hälfte das Foto mehrerer im Hafen liegender Yachten, dem auf der unteren Hälfte des Plakats der Claim „Hier freut man sich auf Merkels Kopfpauschale" dazugestellt wird. Unterhalb des Claims ist, mit weißen Versalien auf schwarzem Hintergrund, ein Störer mit dem Aufruf

[697] Für die folgenden Ausführungen und für Abbildungen der Plakate vgl. SPD Parteivorstand: Die Kampagne zur Bundestagswahl 2005. 2005, Seite 14.

[698] SPD Parteivorstand: Die Kampagne zur Bundestagswahl 2005. 2005, Seite 14.

[699] Für die folgenden Ausführungen und für Abbildungen der Plakate vgl. SPD Parteivorstand: Die Kampagne zur Bundestagswahl 2005. 2005, Seite 28f.

Versalien auf schwarzem Hintergrund, ein Störer mit dem Aufruf „Verhindern sie die unsoziale Kopfpauschale von CDU/CSU." Die Gestaltung des Plakates knüpft dabei an die Plakate der Themenserie an. Andere Plakate der Angriffsserie beziehen sich etwa auf die Mehrwertssteuererhöhung („Für faire Steuern. Gegen Mehrwertssteuererhöhung.") oder thematisieren Mehrbelastungen für Arbeitnehmer durch das Regierungsprogramm der Union. Auch im Angriffswahlkampf wird dabei die vergleichsweise starke Themenorientierung des Plakatwahlkampfes deutlich. Innerhalb der Plakatkampagne kommt dem Angriffswahlkampf nur eine deutlich untergeordnete Rolle zu, personalisierte Angriffe bleiben komplett aus.

4.3.3 Bewertung

Im Bundestagswahlkampf 2005 wurde die Externalisierung der Kampagnenzentrale vor dem Hintergrund von Organisations- und Steuerungsdefiziten aufgegeben. Die Kampagnenzentrale, wenn auch noch mit dem Namen an ihre Vorgänger erinnernd, war als Kampa im Willy-Brandt-Haus wieder in die Parteizentrale integriert. Wie auch in den Wahlkämpfen 1998 und 2002 wurde die Wahlkampfleitung von Parteifunktionären übernommen, auch der Großteil der Mitarbeiter stammte erneut aus der Partei. Im Vergleich zu den vorhergehenden Wahlkämpfen muss daher ein Rückgang an Externalisierung festgestellt werden. Weniger externe Dienstleister wurden engagiert und weniger externe Mitarbeiter waren in der Parteizentrale präsent. Der Wahlkampf 2005 widerspricht hier, vielleicht aufgrund seiner besonderen Bedingungen, den postulierten Trends und Entwicklungskriterien postmoderner Wahlkampagnen, insgesamt bot er nur „wenig technische oder organisatorische Neuerungen."[700]

Die kurze Vorbereitungszeit hat sich sicher negativ auf Umfang und Einfluss demoskopischer Maßnahmen ausgewirkt, so dass ein Rückgang hier nicht als Entwicklungstrend gewertet werden kann. Auch 2005 wurde jedoch auf Daten der Meinungsforscher zurückgegriffen. Die Positionierung gegenüber den anderen Parteien und die Re-Sozialdemokratisierung kann unter der Perspektive des Politischen Marketings als Nachfrageorientierung gewertet werden.

[700] Kamps, Klaus: Politisches Kommunikationsmanagement. 2007, Seite 233.

In strategischer Hinsicht fiel der Wahlkampf 2005 vor allem durch eine Re-Ideologisierung und eine starke Themenorientierung auf. Der Wahlkampf wurde von einem Wertekonflikt über unterschiedliche Konzeptionen des Gerechtigkeitsbegriffs dominiert, dabei wurde auch die ideologische Positionierung der Parteien von großer Bedeutung, es kam zu einer „Revitalisierung der ökonomischen Konfliktdimension im Parteiensystem."[701] Diese Politisierung der Wahlkampfkommunikation spiegelt sich auch in der Analyse der politischen Werbung. Erklärtes Ziel der SPD war es dabei, „das Programm wirken zu lassen."[702] Auffallend ist die Textzentriertheit der Plakate und die starke Betonung politischer Inhalte. Dem entspricht die starke Nachfrage von Seiten der Wähler, die etwa ein großes Interesse an den Wahlprogrammen erkennen ließen. Eine Personalisierungsstrategie lässt sich im Plakatwahlkampf nur in der Schlussphase im Großflächenporträt Schröders erkennen, eine Thematisierung privater Elemente findet nicht statt. Dementsprechend spielte die Personalisierung auch in der Wahlkampfkommunikation insgesamt, obgleich vorhanden, eine geringere Rolle und trat hinter der Werte- und Themendiskussion zurück. Angesichts dessen überrascht es nicht, dass der Informationsgehalt des Wahlkampfes 2005 wohl deutlich höher einzuschätzen ist, als dies viele Wahlkampfkritiker glauben.[703]

Überraschend dagegen ist der vergleichsweise geringe Grad an Negative Campaigning im Plakatwahlkampf. In der Strategie der SPD spielte der Angriffswahlkampf dagegen eine wichtige Rolle, der zum einen durch die Rolle Schröders als zentraler Kommunikator für die gesamte SPD, zum anderen durch das Angriffsziel Kirchhof personalisiert war. Im Kontext des Angriffs- und Wertewahlkampfes sprach die SPD die Wähler auch stark emotionalisierend an. Diese Emotionalisierung folgte dabei jedoch gerade nicht dem angenommenen Muster modernisierter Wahlkampagnen, das sie in Verbindung mit Entpolitisierung und Entideologisierung sieht. Der Angriffswahlkampf war darüber hinaus Bestandteil im Themenmanagement der SPD, das sich auf das Regierungsprogramm der Union zu konzentrieren versuchte. Die Wahl 2005 hat dabei, entsprechend des postulierten Wahlkampfwandels, erneut die

---

[701] Niedermayer, Oskar: Die Entwicklung des bundesdeutschen Parteiensystems. 2007, Seite 128.

[702] Holtz-Bacha, Christina/Lessinger, Eva-Maria: Politische Farbenlehre: Plakatwahlkampf 2005. 2006, Seite 123.

[703] Roth, Dieter/Wüst, Andreas M.: Abwahl ohne Machtwechsel? 2006, Seite 44.

Bedeutung des Themen- und Ereignismanagements als Element im Wahlkampf hervorgehoben.

Die Massenmedien, insbesondere das Fernsehen, blieben auch 2005 von großer Bedeutung. Der Trend jedoch, der in diesem Wahlkampf gesetzt wurde, scheint erneut der behaupteten Telemediatisierung zu widersprechen. Stattdessen lässt sich eine Bedeutungszunahme der direkten Wähleransprache erkennen. Neben dem persönlichen Kontakt vor Ort „ermöglichen Internet, E-Mail, SMS und Direct Mailing die individualisierte Ansprache."[704] Die Werbepräsenz im Fernsehen verliert dadurch an Bedeutung, wie sich auch an den wieder sinkenden Spot-Schaltungen der SPD sehen lässt. Nachdem 2002 noch verstärkt auf TV-Werbung gesetzt wurde, bricht die Fernsehpräsenz der SPD 2005 deutlich ein; im privat-kommerziellen Fernsehen werden nur 153 Spots gesendet, die zudem deutlich kürzer waren als in den vorhergehenden Wahlkämpfen. Die Werbepräsenz im Privatfernsehen liegt damit zwar noch knapp über derjenigen von 1998, aber unter der 2002 und 1994 erzielten.[705] Parallel dazu gewannen die Mitglieder im Wahlkampf 2005 deutlich an Bedeutung.

> „Es muss für die Betrachtung zukünftiger Wahlkämpfe die These erlaubt sein, dass in Deutschland die Zeit reiner Medienwahlkämpfe, wie sie in der Literatur öfter beschrieben werden, ein vorzeitiges Ende gefunden hat. Zukünftige Wahlkämpfe werden zwar weiterhin stark von den Medien dominiert sein, aber die Bedeutung der Partei- und Mobilisierungskampagne hat in diesem Wahlkampf eine Renaissance erlebt."[706]

Der überraschende und kurze Wahlkampf 2005 entsprach insbesondere durch die zentrale Bedeutung des Angriffswahlkampfes, aber auch durch Ansätze des politischen Marketing-Konzeptes, dem behaupteten Bild des modernisierten Wahlkampfes. Andere Elemente, insbesondere die Entwicklung der Telemediatisierung und die Politisierung der Kampagne, widersprechen jedoch genau diesem Bild.

---

[704] Holtz-Bacha, Christina: Bundestagswahlkampf 2005 - Die Überraschungswahl. 2006, Seite 15.

[705] Vgl. Tabelle 2, Seite 134.

[706] Bosch, Thomas: "Hinten sind die Enten fett." 2006, Seite 76.

5 Diskussion und Einordnung der Ergebnisse

Vor der Untersuchung der Bundestagswahlkämpfe von 1998 bis 2005 wurde die Arbeitshypothese aufgestellt, dass die Wahlkampfkommunikation in Deutschland einem Wandel unterworfen sei, wodurch Merkmale eines modernisierten Wahlkampfes prominente Stellungen in den Kampagnen einnehmen und zugleich als neue Wahlkampfelemente auftreten. Die Untersuchung zeigte jedoch deutlich, dass das Idealbild der gewandelten Wahlkampfführung in den Bundestagswahlkämpfen nicht zu erkennen ist. Im Folgenden sollen die Ergebnisse für die einzelnen Elemente nochmals rekapituliert werden, um so ein Bild der bundesdeutschen Wahlkampfkommunikation zu erhalten. Notwendig ist dazu eine Einordnung der Ergebnisse in den historischen Kontext, vor allem, da sich einzelne Indikatoren nicht allein durch ihr bloßes Auftreten bestimmen. So ist nicht das Vorhandensein von Angriffen auf den politischen Gegner ein Kennzeichen des Wandels hin zu modernisierten Wahlkämpfen, sondern „die Zunahme von Negativität [gilt] als ein Element dieser Entwicklung."[707] Erst durch eine Kontrastierung der untersuchten Wahlkämpfe mit vorliegenden Befunden zu historischen Wahlkämpfen lassen sich also schlüssige Aussagen zum Indikator Angriffswahlkampf treffen.

Auch die Frage, ob es sich bei den Kampagnenelementen um Innovationen und damit Elemente eines Wahlkampfwandels handelt, oder ob und gegebenenfalls in welchem Ausmaß diese schon länger bestimmende Faktoren der bundesdeutschen Wahlkampfkommunikation sind, muss noch beantwortet werden. Auch wenn letztlich jeder Wahlkampf aufgrund der spezifischen Konstellationen und Kontextbedingungen ein singuläres, historisches Ereignis darstellt, so lassen sich doch Kontinuitäten und Entwicklungslinien in der Betrachtung historischer Wahlkämpfe festhalten. Die Literatur, die sich mit dem vermeintlichen Wandel von Wahlkämpfen beschäftigt, lässt diesen Blick zurück vermissen und liefert so letztlich „keinen Nachweis für etwas Neues in der Wahlkampfführung, -gestaltung, -organisation und im Wahlkampfstil."[708]

[707] Holtz-Bacha, Christina: Negative Campaigning. 2001, Seite 674.

[708] Kuhn, Yvonne: Professionalisierung deutscher Wahlkämpfe? 2007, Seite 193.

Im Vergleich zu traditionellen Wahlkämpfen, so ein Kernpunkt des Wahlkampfwandels, hätten moderne Wahlkämpfe eine unterschiedliche Zielsetzung: Nicht mehr die Vermittlung ideologisch geprägter Parteipositionen, sondern Stimmenmaximierung und deshalb Orientierung am Wähler stünden im Zentrum des modernen Wahlkampfes.[709] Besonders deutlich lässt sich diese als politisches Marketing bezeichnete Perspektive in der Wahlkampfkonzeption 1998 erkennen, aber auch die anderen untersuchten Wahlkampfstrategien lassen sich unter dem Blickwinkel des politischen Marketings betrachten. 1998 orientierte sich die erste als Kampa bezeichnete Wahlkampfzentrale der SPD in ihrer Wahlkampfkommunikation klar am Wähler. Einzelne Werbematerialien wurden ebenso abgestimmt auf die ermittelten Wählerpräferenzen wie die im Wahlkampf aufgegriffenen Themen und zumindest teilweise das Wahlprogramm. In der Wahlkampfkonzeption lässt sich ebenso der enorm große Einfluss demoskopisch gewonnener Daten feststellen. Während der Wahlkampf 2002 dem Vorbild von 1998 folgte, ist erst für 2005 ein Rückgang der Demoskopie im Wahlkampf festzustellen, der jedoch vor dem Hintergrund der kurzen Vorbereitungszeit der überraschenden Wahl gesehen werden muss; doch auch hier lassen sich, insbesondere in der als Re-Sozialdemokratisierung bezeichneten Positionierung, Elemente des Marketingansatzes sehen.

Die Ausrichtung an den Wählerpräferenzen und der Einfluss der Demoskopie auf Wahlkampfplanung und -führung erreichte mit den Kampagnen von 1998 und 2002 einen neuen Höhepunkt, der deutlich über das Ausmaß in vorherigen Wahlkämpfen hinausgeht.[710] Auch wenn sich die Wahlkampfführung in diesem Punkt gewandelt hat, so kann nicht von einem Umbruch gesprochen werden, zeigen sich doch Prozesse der Adaption an die wahrgenommenen Wählerpräferenzen bereits seit den sechziger Jahren.[711] Insofern lässt sich hier nur eingeschränkt von einem Prozess des Wahlkampfwandels sprechen. Bezüglich der Ausrichtung auf den Wählermarkt und dem Einsatz demoskopischer Methoden entsprechen die beobachteten Wahlkämpfe jedoch weitgehend dem Bild des gewandelten, modernisierten Wahlkampfes. Ein anderer Punkt

[709] Kuhn, Yvonne: Professionalisierung deutscher Wahlkämpfe? 2007, Seite 193.

[710] Gallus, Alexander: Wahl als "Demoskopiedemokratie"? 2003, Seite 134f.

[711] Vgl. die Beispiele bei Kuhn, Yvonne: Professionalisierung deutscher Wahlkämpfe? 2007, insbes. Seite 199-201.

des Marketing-Ansatzes, die Zielgruppenorientierung, spielte dagegen nur eine untergeordnete Rolle. Die Wahlkampagne 1998 setzte mit der „Neuen Mitte" gerade auf eine diffuse, fast die ganze Wählerschaft umfassende Wähleransprache. Zudem lässt sich durch die beobachteten Marketing-Strategien keine Entpolitisierung der Kampagne durch die Annährung der Wahlalternativen konstatieren, die „Orientierung am politischen Markt ist [...] nicht mit ununterscheidbaren politischen Aussagen zu verwechseln."[712]

Daneben können zwei weitere Indikatoren in allen untersuchten Wahlkämpfen festgestellt werden, nämlich das Themen- und Ereignismanagement der Parteien sowie die emotionalisierte Wähleransprache, deren Höhepunkte insbesondere die Diskussion um eine Beteiligung am Irak-Krieg 2002 oder die Gerechtigkeitsdiskussion 2005 darstellen. Die emotionale Wähleransprache war dementsprechend auch Bestandteil der politischen Werbung der Parteien.[713] Albrecht Müller, ehemaliger Wahlkampfberater Willy Brandts, sieht allerdings durchaus Parallelen zwischen dem Themen- und Ereignismanagement der SPD-Kampagne 1998 und den ähnlichen, wenn auch weniger umfangreichen Themenplanungen und Inszenierungen der Wahlkampagnen in den siebziger Jahren.[714] Eine aktive und systematische Medienarbeit sowie inszenierte Pseudoereignisse zur Steuerung der Berichterstattung und zum Setzen von Wahlkampfthemen lassen sich seit den fünfziger Jahren in der Wahlkampfführung erkennen, Art und Umfang des Themen- und Ereignismanagements haben sich jedoch seitdem gewandelt.[715] Die Emotionalität der Wahlkampfbotschaften, wie sie in den analysierten Wahlkämpfen zu beobachten war, lässt sich ebenso nur schwer als neues Element der Wahlkampfführung beurteilen. Die Art der Gestaltung und das Medium selbst haben sich durch Zeitgeschmack und technischen Fortschritt gewan-

---

[712] Keil, Silke I.: Parteiprogrammatik in Wahlkampfanzeigen und Wahlprogrammen 1957-2002. 2004, Seite 384.

[713] Vgl. Maurer, Marcus: Überzeugen oder Überreden? 2008, Seite 142f.

[714] Müller, Albrecht: Von der Parteiendemokratie zur Mediendemokratie. 1999, Seite 49f.

[715] Hetterich, Volker: Von Adenauer zu Schröder - der Kampf um Stimmen. 2000, Seite 361. Vgl. ebd., Seite 361-367.

delt, die Emotionalität der Wähleransprache war hingegen auch in früheren Wahlkämpfen gegeben.[716]

Die untersuchten Wahlkämpfe lassen sich daneben insofern als modernisiert bezeichnet, als die Rolle der Metakommunikation gemeint ist. Kommunikation über Kommunikation ist im Wahlkampf 1998 zentraler Bestandteil der SPD-Wahlkampfkommunikation, der sogar als bedeutender als die realitätsbezogene Kampagnenkommunikation eingeschätzt wurde. Die Thematisierung der Wahlkampfführung ist zeitweise das dominierende Strategieelement der Kampagnen, mit dem Modernität und Professionalität demonstriert werden soll, aber ebenso die Selbstreflexivität der Wahlkampfkommunikation verstärkt wird. Auch in der medialen Öffentlichkeit nimmt die Metakommunikation dabei einen großen Raum der Wahlkampfkommunikation ein. Mit dem Wahlkampf als zentralem Wahlkampfthema nähern sich die beobachteten Wahlkämpfe tatsächlich dem Idealbild des modernisierten, gewandelten Wahlkampfes an und prägen die Wahlkampfkommunikation mit einem Element, dass sich in dieser Form in früheren Wahlkämpfen nicht finden lässt.[717]

Im Gegensatz dazu muss eine Professionalisierung der Wahlkampfkommunikation, verstanden als deren Externalisierung, weitgehend verneint werden. In allen untersuchten Wahlkämpfen wurden zwar externe Dienstleister hinzugezogen, die teilweise auch in der Kampagnenzentrale präsent waren, jedoch blieb die Auslagerung der Wahlkampfkommunikation an kommerzielle Dienstleister durchgängig kein bestimmender Faktor der Organisation. Auch die 1998 erstmals vorgenommene räumliche Auslagerung der Kampagnenzentrale aus der Parteizentrale kann nicht als Element der Professionalisierung gedeutet werden. Eine Externalisierung von Entscheidungskompetenzen fand nicht statt, die Wahlkampfleitung blieb stets in der Hand von Parteifunktionären. Auch die meisten Mitarbeiter der ausgelagerten ‚Kampa' stammten aus dem Parteiapparat. Für die Wahlkämpfe 2002 und 2005 muss dieser Befund sogar noch weiter eingeschränkt werden: Während die Wahlkampforganisation 2002,

[716] Kuhn, Yvonne: Professionalisierung deutscher Wahlkämpfe? 2007, Seite 196f. Vgl. Radunski, Peter: Wahlkampf in den achtziger Jahren. 1986, Seite 35.

[717] Kuhn, Yvonne: Professionalisierung deutscher Wahlkämpfe? 2007, Seite 197-199. Vgl. auch Müller, Albrecht: Von der Parteiendemokratie zur Mediendemokratie. 1999, Seite 57f.

die weitgehend als Kopie von 1998 angelegt war, durch die ausgelagerte Kampagnenzentrale eher behindert wurde, wurde die Wahlkampfzentrale 2005, vor dem Hintergrund dieser Organisationsdefizite, schließlich wieder innerhalb der Partei angesiedelt. Zudem wurden deutlich weniger externe Dienstleister engagiert und weniger externe Mitarbeiter in die Kampagnenzentrale integriert. Da also selbst in denjenigen Wahlkämpfen mit der weitgehendsten Externalisierung Wahlkampfführung und -konzeption in der Partei verankert blieben, lässt sich allenfalls nur von einer bedingten Externalisierung ausgehen. Der letzte untersuchte Wahlkampf deutet darüber hinaus, obgleich innerhalb besonderer Kontextbedingungen, einen Trend nachlassender Externalisierung an. Der Eindruck der Professionalisierung scheint sich daher viel eher auf die Metakommunikation über die Professionalität der Wahlkampfführung zurückführen zu lassen.

> „Von einer Professionalisierung im Sinne einer Externalisierung der Kampagnenführung oder gar einer Diktatur der Wahlkampfmanager zu sprechen, schien aber eine Fehlinterpretation zu sein angesichts der Rolle, die diese innerhalb der Entscheidungsstrukturen im Wahlkampf einnahmen. [...] Es lässt sich bisher bei keiner der behandelten Parteien eine Einflussnahme (wirklich) externer Berater feststellen, die in den politischen Bereich hineinreicht oder die eine legitimatorisch heikle Konstellation hervorriefe."[718]

Eine Externalisierung der Wahlkampfführung blieb in den beobachteten Wahlkämpfen weitgehend aus. Die festgestellte Zusammenarbeit mit externen Dienstleistern allerdings ist seit mehreren Jahrzehnten als Normalfall der Wahlkampforganisation zu bezeichnen. Eine derartige Externalisierung, wie sie in den betrachteten Wahlkämpfen offenbar wurde, „konnte man schon mit der Bundestagswahl 1953 beobachten"[719], zu der die CDU erste externe Dienstleister im Wahlkampf hinzuzog.[720] Im Wahlkampf 1969 arbeitete die SPD bereits mit mehreren externen Partnern aus Werbung, Medien und Demoskopie zusammen.[721] Angesichts dessen scheint sich die fortschreitende Professionalisierung „auf die Verwendung dieses Begriffes als Wahlkampfbotschaft"[722] in der Metakommunikation zu beschränken.

[718] Kuhn, Yvonne: Professionalisierung deutscher Wahlkämpfe? 2007, Seite 191f.

[719] Kamps, Klaus: Politisches Kommunikationsmanagement. 2007, Seite 78.

[720] Hetterich, Volker: Von Adenauer zu Schröder - der Kampf um Stimmen. 2000, Seite 348.

[721] Müller, Albrecht: Von der Parteiendemokratie zur Mediendemokratie. 1999, Seite 54.

[722] Kuhn, Yvonne: Professionalisierung deutscher Wahlkämpfe? 2007, Seite 191.

Andere Indikatoren verlangen eine differenziertere Bewertung, so das Merkmal der Personalisierung der Wahlkampfkommunikation. War ein Element der Personalisierung in allen Wahlkämpfen vorhanden, ist es 1998 jedoch nur als gering und im Vergleich zum vorhergehenden Wahlkampf sogar als rückläufig zu bezeichnen; eine Privatisierung im größeren Ausmaß lässt sich nur für den Wahlkampf 2002 feststellen. Zudem traten die Personen im Wahlkampf nicht losgelöst von den politischen Parteien auf; auch in eigentlich personalisierten Kontexten wie dem TV-Duell agierten die Kandidaten vor dem Hintergrund der Parteien und als deren Sprecher,[723] die Präsentation in der politischen Werbung ist letztlich ebenso parteiverbunden. Auch blieb die Darstellung politischer Personen überwiegend mit den Wahlkampfthemen verknüpft. Gerade der stark personalisierte SPD-Wahlkampf 2002 hat die Relevanz inhaltlicher Aspekte augenscheinlich gemacht.

Die Personalisierung von Politik ist „weder neu noch allein ein Phänomen der Mediengesellschaft.“[724] Den Wandel hin zu personalisierten Wahlkämpfen sieht Hetterich dann auch nicht in den neunziger Jahren, sondern bereits 1953 gegeben:

> „Wesentliche, bis heute immer wieder praktizierte Muster der Personalisierung von Politik [...] waren in diesem Wahlkampf zu finden.“[725]

Zur Umsetzung der Personalisierungsstrategie Adenauers diente auch die gezielte Thematisierung privater Eigenschaften.[726] Ebenfalls lag der Anteil personenbezogener, unpolitischer Thematisierungen in der Presseberichterstattung 1953 deutlich höher als im Wahlkampf 1998.[727] Die SPD zog im Wahlkampf 1961 nach und stellte ihren Kanzlerkandidaten in den Mittelpunkt der Kampagne,[728] in der Folge spielten Personalisierungsstrategien immer wieder eine zentrale Rolle in Wahlkämpfen.[729] Die

---

[723] Korte, Karl-Rudolf: Model or Deterrence? 2006, Seite 154.

[724] Sarcinelli, Ulrich: Politische Kommunikation in Deutschland. 2005, Seite 190.

[725] Hetterich, Volker: Von Adenauer zu Schröder - der Kampf um Stimmen. 2000, Seite 374.

[726] Rosumek, Lars: Die Kanzler und die Medien. 2007, Seite 69f.

[727] Rosumek, Lars: Politische Öffentlichkeitsarbeit im Wandel? 2005, Seite 28. Vgl. Wilke, Jürgen/Reinemann, Carsten: Kanzlerkandidaten in der Wahlkampfberichterstattung 1949-1998. 2000, Seite 94f.

[728] Holtz-Bacha, Christina: Wahlkämpfe in Deutschland. 2002, Seite 220f.

[729] Vgl. ausführlich Hetterich, Volker: Von Adenauer zu Schröder - der Kampf um Stimmen. 2000, Seite 295-329.

Kritik an einer Vernachlässigung politischer Inhalte zugunsten der Persönlichkeitsdarstellung findet sich ebenso bereits in Wahlanalysen aus der Frühphase bundesdeutscher Wahlkämpfe.[730] Eine zunehmende oder besonders starke Personalisierung in den untersuchten Wahlkämpfen, welche, entsprechend dem Idealbild des gewandelten Wahlkampfes, Inhalte und Parteien in der Wahlkampfkommunikation unbedeutend macht und stattdessen unpolitische und private Aspekte in den Fokus rückt, ist nicht zu erkennen. Die in den Wahlkämpfen von 1998 bis 2005 festgestellte Personalisierung ist somit nicht als Bestätigung des Wahlkampfwandels zu sehen, im Gegenteil, in ihr manifestiert sich gerade kein Umbruch in der Wahlkampfkommunikation.

Ähnlich stellt sich das Bild für das Merkmal Angriffswahlkampf dar: Während 1998 die Diffamierung und Diskreditierung des politischen Gegners eine klar untergeordnete Rolle spielte, setzte die SPD 2002 gerade auf eine Polarisierung, auch auf der Ebene der Personen. Der Wahlkampf 2002 zeigt jedoch ebenso die Grenzen dieser vermeintlich modernen Wahlkampfmittel, sie erwiesen sich als ungeeignet und traten im Zuge des SPD-Strategiewechsels zugunsten inhaltlicher Themensetzungen weiter in den Hintergrund. Somit lässt sich allein für den SPD-Wahlkampf 2005 von einer entscheidenden Rolle des Angriffswahlkampfes sprechen, der jedoch gerade in Verbindung mit der starken Themenorientierung und Ideologisierung der Kampagne wirken konnte.

Negative Campaigning, das in den untersuchten Wahlkämpfen nur bedingt die behauptete Bedeutung besaß, findet sich seit der Frühphase der Bundesrepublik. Eine Zunahme an Negativität, die ja als Kennzeichen des Wahlkampfwandels gilt, muss aber angezweifelt werden.

> „Die Angriffsstrategie wies besonders während der fünfziger und siebziger Jahre eine Vehemenz und rhetorische Schärfe auf, die das 2002 wahrnehmbare Ausmaß sogar überstieg."[731]

So griff der Wahlkampf der CDU in den fünfziger Jahren zur Diffamierung der SPD auf persönliche Angriffe und bewusst falsche Unterstellungen zurück, 1961, nach Verabschiedung des Godesberger Programms, wurde von der Union eine lange

[730] Ketterl, Hans-Peter: Politische Kommunikation. 2004, Seite 441.

[731] Kuhn, Yvonne: Professionalisierung deutscher Wahlkämpfe? 2007, Seite 194.

vorbereitete Kampagne gegen die Person Willy Brandts als „Umgehungsoffensive“ auf die weniger Angriffsfläche bietende SPD eingesetzt; in der Folge wurden etwa intime Briefe Brandts oder seine uneheliche Geburt im Wahlkampf thematisiert. Auch die SPD setzte immer wieder auf einen diffamierenden und diskreditierenden Wahlkampf, etwa zur Bundestagswahl 1976 oder im der Kampagne gegen Franz Josef Strauß 1980, die durch eine personalisierte Polarisierung gekennzeichnet war.[732] Das Ausmaß und auch der persönliche und teils private Bezug des Angriffswahlkampfes machen dabei deutlich, dass bei den beobachteten Wahlkämpfen diesbezüglich nicht von einem Wandel der Wahlkampfkommunikation gesprochen werden kann. Die allermeisten Angriffe bezogen sich zudem nicht auf Personen, sondern setzten an den Parteien an. Während die Personen, wie gesehen, oft ein wichtiges Element der Kampagnenkommunikation sind, spricht jedoch die geringe Bedeutung personalisierter Angriffe gegen eine vermeintliche Personalisierung des Angriffswahlkampfes.[733]

In den untersuchten Werbemitteln spielen beide Aspekte, der Angriffswahlkampf und die Personalisierung bzw. Privatisierung, eine im Vergleich zur Gesamtkampagne unbedeutende Rolle. In der politischen Werbung werden thematische Aspekte stärker in den Vordergrund gerückt oder Angriffs- und Personalisierungsstrategien konsequenter mit sachpolitischen Inhalten verknüpft. Die untersuchten Plakate waren folglich durch eine insgesamt positivere Darstellung charakterisiert, meist mit Bezug auf politische Inhalte. Ähnliches gilt für TV-Spots, die „von positiver Selbstdarstellung im Kontext von relevanten politischen Sachthemen geprägt“[734] waren. Das stärker personalisierte und negativere Bild des Wahlkampfes in den Medien deutet sich so als mögliche Folge der Präsentationslogik der Massenmedien an.

Strategien, die meist unter Entertainisierung oder Talkshowisierung firmieren, lassen sich für alle untersuchten Wahlkämpfe feststellen. Auch wenn Wahlkampfkommunikation mittels Talk- und Unterhaltungssendungen sicherlich kein neues

---

[732] Die Beispiele entstammen den Ausführungen Hetterichs; vgl. ausführlich Hetterich, Volker: Von Adenauer zu Schröder - der Kampf um Stimmen. 2000, Seite 270-295, 367-373.

[733] Hetterich, Volker: Von Adenauer zu Schröder - der Kampf um Stimmen. 2000, Seite 367.

[734] Maurer, Marcus: Überzeugen oder Überreden? 2008, Seite 137.

Phänomen ist,[735] so erreichte sie mit dem Wahlkampf 1998 einen deutlich größeren Umfang.[736] Die gestiegene Bedeutung lässt sich als Reflex auf den gesellschaftlichen Wandel, also im Sinne der Modernisierungsthese, interpretieren.

> „Da Politik in der ‚Erlebnisgesellschaft' (Schulze) einen eher randständigen Stellenwert besitzt, haben es genuin politikbezogene Formate und Inhalte schwer sich gegen populäre Unterhaltungsangebote durchzusetzen und zu behaupten. Für die Präsentation von Themen und Kandidaten bieten sich deshalb [...] mediale Ausweichformate an."[737]

Eine Unterhaltungsorientierung muss somit jedoch nicht, so zeigen auch die untersuchten Wahlkämpfe, mit einer Entpolitisierung einher gehen. Gerade für den SPD-Wahlkampf 1998, der oft als entpolitisierte Showveranstaltung kritisiert wird, lässt sich festhalten, dass er „weit davon entfernt [war], inhaltsarm zu sein."[738] Auch bezüglich der politischen Werbung muss eine Entpolitisierung zurückgewiesen werden, vielmehr lässt sich ein „deutlicher Vorrang sachpolitischer Themen"[739] erkennen. Nach der starken Personalisierung des Jahres 2002 blieb der Wahlkampf 2005 gerade durch eine Re-Politisierung in Erinnerung. Ein Trend zur fortgesetzten Entpolitisierung der Wahlkämpfe lässt sich in den beobachteten Jahren also nicht feststellen.

Auch eine Telemediatisierung der Wahlkampfkommunikation ist nur bedingt gegeben, eine Entwicklung der sich steigernden Telemediatisierung lässt sich nicht erkennen. Dies gilt vor allem für den Bereich der politischen Werbung. In allen untersuchten Wahlkämpfen findet die Wahlkampfkommunikation politischer Akteure über einen Mix an Kommunikationskanälen statt, wobei den klassischen Medien in der Werbekampagne eine Schlüsselrolle zukommt. Mit dem Plakat steht gerade ein traditionelles, oft totgesagtes,[740] noch immer aktuelles Medium im Mittelpunkt der politischen Werbung.

---

[735] Man denke beispielsweise an Walter Scheels Interpretation des Volksliedes „Hoch auf dem gelben Wagen" im ZDF. Vgl. Ketterl, Hans-Peter: Politische Kommunikation. 2004, Seite 449f. Vgl. auch bereits Radunski, Peter: Wahlkämpfe. 1980, Seite 82.

[736] Holtz-Bacha, Christina: Entertainisierung der Politik. 2000, Seite 160-163.

[737] Sarcinelli, Ulrich: Politische Kommunikation in Deutschland. 2005, Seite 208.

[738] Rettich, Markus/Schatz, Roland: Amerikanisierung oder Die Macht der Themen. 1998, Seite 54.

[739] Holtz-Bacha, Christina: "Wir sind bereit": Wählen Sie "Weltklasse für Deutschland". 1999, Seite 79.

[740] Vgl. etwa Kamps, Johannes: Plakat. 1999, Seite 70.

> „Die Plakate als schon 1949 traditionsreiches Werbemittel prägen demgegenüber die politische Werbung bis in die Gegenwert.“[741]

TV-Spots dagegen, sowohl im öffentlich-rechtlichen als auch im privat-kommerziellen Fernsehen, wird von den sozialdemokratischen Wahlkampfmanagern nur eine mittlere Bedeutung zugestanden.[742] Eine Tendenz zu einer verstärkten Werbepräsenz im Fernsehen zeigt sich nicht. Während die Großflächenplakatierung zunahm, wurden sowohl 1998 als auch 2005 zahlenmäßig deutlich weniger Spots gesendet und deutlich weniger Werbeminuten gebucht als noch im Wahlkampf 1994, lediglich das Jahr 2002 sticht durch eine erhöhte Fernsehpräsenz hervor. In diesem Punkt widersprechen die beobachteten Wahlkämpfe überwiegend der behaupteten Telemediatisierung, vielmehr ist gerade die gegensätzliche Entwicklungstendenz zu erkennen. Auch die sinkende Anzahl produzierter Werbespots lässt auf eine abnehmende Bedeutung dieses Kommunikationskanals schließen.

Tabelle 2: Wahlwerbung der SPD im privat-kommerziellen Fernsehen				
Wahljahr	Anzahl Werbespots, Spotlänge	Anzahl gesendeter Werbespots	Fernsehpräsenz	
			in Minuten	in % zum vorhergehenden Bundestagswahlkampf
1998	3 Spots je 45 Sek.	77	57,75	35 %
2002	1 Spot je 45 Sek.	220	165	286 %
2005	2 Spots je 30 Sek.	153	76,5	46 %

Quelle: Wagner, Jochen W.: Deutscher Wahlwerbekampagnen made in USA? 2005, Seite 289, 328, 333 und eigene Berechnung, basierend auf Geisler, Alexander/Gerster, Martin: Zentral geplant, lokal gekämpft. 2007, Seite 264; SPD Parteivorstand: Kampa 02. 2002, Seite 21; SPD Parteivorstand: Die Kampagne zur Bundestagswahl 2005. 2005, Seite 16f.

Festzuhalten bleibt jedoch, dass Medien, insbesondere das Fernsehen, eine zentrale Rolle in den beobachteten Wahlkämpfen spielen. Wahlkämpfe sind zweifelsfrei auch Medienwahlkämpfe,

[741] Hetterich, Volker: Von Adenauer zu Schröder - der Kampf um Stimmen. 2000, Seite 193.

[742] Vgl. für die Wahlkämpfe 1998 und 2002 die Interviewstudie von Müller, Marion G.: Parteienwerbung im Bundestagswahlkampf 2002. 2004, Seite 112.

> „weil sich Politik und Gesellschaft nur durch die Massenmedien selbst beobachten können. Die Massenmedien sind deshalb in Wahlkampfzeiten [...] die zentrale Plattform der Politikdarstellung."[743]

Die beobachtete Entwicklung stellt jedoch gerade die „Zukunft des massenmedialen, weil ungerichteten Wahlkampfes in Frage."[744] Auf der einen Seite verstärkt sich die direkte Wähleransprache über technische Kommunikationsmittel; erinnert sei hier an die Telefonkampagnen der SPD, die in allen beobachteten Wahlkämpfen durchgeführt wurden, und an die zunehmende Wähleransprache mittels Direct Mailing. Daneben verdient vor allem das Internet als neues Medium Beachtung. Während 1998 die Wirkung des Internets noch vor allem eine mittelbare war, d. h. über seine Thematisierung in den traditionellen Massenmedien und somit als Teil der Metakommunikation, lässt sich bis zum Bundestagswahlkampf 2005 eine stetige, qualitative und quantitative Steigerung der Onlinekampagnen ausmachen. Trotz dieser Expansion der Onlinekommunikation ist jedoch die Behauptung falsch, moderne Wahlkämpfe seien durch das Internet charakterisiert, „deutsche Wahlkämpfe [werden] längst nicht im Internet gewonnen."[745] Das Internet reiht sich vielmehr, abseits mancher optimistischer Visionen, als „preiswerte und zielgruppengenaue [...] Werbeplattform nahtlos in den Reigen der etablierten Mittel der Wahlkampfkommunikation ein."[746] Mit der direkten Wähleransprache über Internet, aber etwa auch über E-Mail, SMS oder Direct Mailing stehen den Parteien allerdings zusätzliche, neue Kommunikationskanäle zur Verfügung, die den Medienwahlkampf zwar nicht ersetzen, jedoch seine Bedeutung einschränken können.

Insbesondere der Wahlkampf 2005 hat allerdings auch gezeigt, dass die Telemediatisierung der Kampagnen von einer zweiten Form der individualisierten Wähleransprache eingeschränkt wird, nämlich der direkten Wähleransprache vor Ort. Ausgedehnte Wahlkampftouren prominenter Politiker und das Wahlkampfengagement von Mitgliedern und Sympathisanten waren zentrale und wichtige Elemente des SPD-Wahlkampfes 2005 und verdeutlichen die Wiederbelebung des direkten Wählerkon-

---

[743] Sarcinelli, Ulrich: Politische Kommunikation in Deutschland. 2005, Seite 207.

[744] Holtz-Bacha, Christina: Bundestagswahlkampf 2005 - Die Überraschungswahl. 2006, Seite 15.

[745] Strohmeier, Gerd: Moderne Wahlkämpfe unter besonderer Berücksichtigung der Bundestagswahlkämpfe seit 1998. 2007, Seite 115.

[746] Sarcinelli, Ulrich: Politische Kommunikation in Deutschland. 2005, Seite 210.

taktes.[747] Der Straßenwahlkampf vor Ort, vor allem bekannt aus Kommunalwahlkämpfen, gewinnt auch bei Wahlkämpfen auf höheren politischen Ebenen an Bedeutung.

> „Current trends suggest that the grassroots activities of volunteers will continue to gain in importance in German electioneering."[748]

Der von Mitgliedern getragene Wahlkampf vor Ort wird wichtiger und setzt damit die These der Telemediatisierung bundesdeutscher Wahlkämpfe weiter unter Druck. Daraus resultiert schließlich auch der „Zweifel [...], dass der kapitalintensive wirklich den mitgliederintensiven Wahlkampf abgelöst hat."[749]

Anhand dieser Ergebnisse lässt sich insgesamt nicht von einem Wandel der Wahlkampfkommunikation und einer Annäherung bundesdeutscher Wahlkämpfe an das Idealbild der modernisierten Wahlkampagne sprechen. Vielmehr ergibt sich ein vielschichtigeres Bild des Wahlkampfes. Im Hinblick auf einige der analysierten Merkmale lässt sich durchaus von einem modernisierten Wahlkampf ausgehen: Ansätze des politischen Marketings, die zentrale Bedeutung des Themen- und Ereignismanagement mit inszenierten (Pseudo-)Ereignissen und auch die emotionalisierte Wähleransprache sind Elemente, bezüglich derer die beobachteten Wahlkämpfe dem Ideal des gewandelten Wahlkampfes nahe kommen. Jedoch ist auch für sie festzuhalten, dass eine derartige Wahlkampfführung bereits in der Vergangenheit, zumindest in Ansätzen, beobachtbar war. Somit ist hier nicht von einem Umbruch in der Wahlkampfkommunikation oder gar von einer „kopernikanischen Wende"[750] in der Politikdarstellung, sondern nur von einer Fortentwicklung auszugehen. Der in der Modernisierungstheorie postulierte Zustand des Wahlkampfes lässt sich hier erkennen, der Prozess des Wandels und der Modernisierung aber nicht. Die zentrale Rolle der Metakommunikation, die Kommunikation über Kommunikation als bedeutsamer Wahlkampfinhalt, ist dagegen als ein neues Element der Wahlkampfführung zu werten, das dem postulierten Wahlkampfwandel entspricht. Die zunehmende Selbstreflexivi-

[747] Empirisch gesicherte Erkenntnisse hierzu liegen leider nicht vor. Vgl. Bosch, Thomas: "Hinten sind die Enten fett." 2006, Seite 33.

[748] Korte, Karl-Rudolf: Model or Deterrence? 2006, Seite 162.

[749] Holtz-Bacha, Christina: Bundestagswahlkampf 2005 - Die Überraschungswahl. 2006, Seite 15.

[750] Meyer, Thomas: Mediokratie. 2002, Seite 7.

tät, die Thematisierung von Kommunikation und deren Entstehungshintergrundes sowie der Bezug der Wahlkampfkommunikation auf Wahlkampfkommunikation stellt sich so als herausragendes neues, modernisiertes Element bundesdeutscher Wahlkämpfe dar. Die Ausweitung der Metakommunikation geht dabei zu Lasten der Thematisierung politischer Inhalte und trägt dadurch zu einer tendenziellen Entpolitisierung des Wahlkampfes bei.[751] In anderen Punkten, insbesondere in der Externalisierung der Wahlkampfkommunikation und der zunehmenden Negativität, folgen die beobachteten Wahlkämpfe jedoch nicht den Vorgaben des vermeintlichen Wahlkampfwandels. In der sinkenden Telemediatisierung der Wahlkampagnen zeichnet sich sogar eine der Modernisierungsthese widersprechende Entwicklung ab.

Die Wahlkämpfe der SPD zum deutschen Bundestag scheinen so zwischen Wandel und Kontinuität verortet. Eine Annährung an das gezeichnete Bild des vermeintlich gewandelten Wahlkampfes ist nur in einigen Punkten zu erkennen, die zudem eher als Entwicklung der Wahlkampfkommunikation denn als deren Wandel zu werten sind. Die meisten Indikatoren sprechen jedoch gegen eine vermeintliche Modernisierung der Wahlkampfkommunikation, bezüglich der Telemediatisierung widersprechen die Beobachtungen sogar der postulierten Entwicklung. Der Zustand einer modernisierten Wahlkampfkommunikation ist somit nur sehr bedingt gegeben, der postulierte Modernisierungsprozess als Umbruch in der Wahlkampfführung und -kommunikation hingegen lässt sich in der Analyse allein im Hinblick auf die Metakommunikation erkennen.

[751] Kuhn, Yvonne: Professionalisierung deutscher Wahlkämpfe? 2007, Seite 197-199.

6 Zusammenfassung und Ausblick

Die Modernisierung bundesdeutscher Wahlkämpfe gilt in der politischen Kommunikationsforschung meist als „ziemlich trivial“[752] und wird kaum hinterfragt. Die Diskussion um den vermeintlichen Wandel deutscher Wahlkämpfe ist keine neue, sondern wird regelmäßig geführt, „spätestens seit Willy Brandt 1961 Konrad Adenauer herausforderte.“[753] Mittlerweile ist die These der Amerikanisierung bzw. der Modernisierung der deutschen Wahlkämpfe ebenso weit verbreitet und etabliert wie unhinterfragt.[754]

Die vorliegende Studie hinterfragt eben diese Alltagsweisheit des gewandelten Wahlkampfes. Ziel war es, zu untersuchen, ob und inwiefern die Wahlkampfführung und -kommunikation in bundesdeutschen Wahlkampagnen dem postulierten Wahlkampfwandel entsprechen, wie er in der Amerikanisierungs- oder der Modernisierungsthese formuliert wird. Dazu wurden zentrale Merkmale des Idealbilds der gewandelten Wahlkämpfe als Indikatoren für den vermeintlichen Wahlkampfwandel mit den letzten drei Wahlkämpfen zum Deutschen Bundestag, 1998, 2002 und 2005, einer ausgewählten Partei, nämlich der SPD, verglichen.

Die meisten der untersuchten Indikatoren sprechen dabei gegen eine Angleichung deutscher Wahlkämpfe an das postulierte Wahlkampfmodell. Zentrale Merkmale des idealtypischen, modernisierten Wahlkampfes lassen sich im Untersuchungszeitraum nicht erkennen. Insbesondere die vermeintliche Professionalisierung, verstanden als Externalisierung und Kommerzialisierung der Wahlkampfführung, muss aufgrund der vorliegenden Analyse zurückgewiesen werden. Andere Merkmale, hauptsächlich der politische Marketing-Ansatz und die Bedeutung des Themen- und Ereignismanagements, spiegeln eine Annäherung bundesdeutscher Wahlkämpfe an das modernisierte Wahlkampfmodell wider; der Prozess der Modernisierung, verstanden als ein Umbruch der Wahlkampfkommunikation, lässt sich hierbei jedoch nicht erkennen. Als einziges Merkmal eines tatsächlichen Wandels bleibt die zunehmende Bedeutung

[752] Schulz, Winfried: Medialisierung von Wahlkämpfen und die Folgen für das Wählerverhalten. 2006, Seite 42.

[753] Kamps, Klaus: Politisches Kommunikationsmanagement. 2007, Seite 63.

der Metakommunikation und damit verbunden eine verstärkte Selbstreflexivität und eine tendenzielle Entpolitisierung der Wahlkampfkommunikation.

Die Wahlkampfkommunikation wurde hier innerhalb eines Handlungssystem zwischen den drei Akteuren Politik, Medien und Wähler konzipiert. Dadurch wird bereits eine mögliche Dynamik impliziert, die durch die Interaktion der Akteure entstehen kann.[755] Ein Stillstand der Wahlkampfkommunikation erscheint angesichts dessen unwahrscheinlich. Auch historische Vergleiche weisen durchaus auf eine Entwicklung bundesdeutscher Wahlkämpfe hin. Die Wahlkampfführung hat sich zweifelsfrei verändert, die Veränderungen entsprechen jedoch nur sehr eingeschränkt den Vorgaben, wie sie im Zuge der Amerikanisierungs- oder Modernisierungsthese vertreten werden. Anstatt einer gesellschaftlicher Modernisierung oder der Angleichung an Wahlkampfmodelle anderer Länder werden im diachronen Blick insbesondere die technischen und methodischen Entwicklungen und Neuerungen als „wesentlichste dynamische Kraft […] auf Wahlkampfstrategien und -führung"[756] betont.

> „Die deutschen Wahlkämpfe haben sich innerhalb der letzten Jahrzehnte verändert, allerdings nicht im Sinne der Professionalisierungsthese."[757]

Eine weitergehende Annäherung an den Idealtyp modernisierter Wahlkämpfe lässt sich nicht feststellen, der Wahlkampfwandel ist nur *prima facie* gegeben. Während die oft punktuellen und kurzen Aufsätze, die sich dem Wahlkampfwandel widmen, diesen zu bestätigen scheinen, zeigt eine genauere Analyse und ein Hinterfragen dieser weitverbreiteten Annahmen ein anderes Bild, lässt keinen Umbruch der Wahlkampfführung erkennen. Eine weitere wissenschaftliche Beschäftigung mit und Reflexion von diesen Thesen erscheint somit notwendig. Lassen sich die Ergebnisse zur Wahlkampfführung auf die kleineren Parteien in Deutschland und auf andere politische Ebenen, etwa auf Landtags- oder Europawahlen, übertragen? Auch die lokale Umsetzung vor Ort, abseits der bundeseinheitlichen Kampagnenführung, ist weitge-

---

[754] Kuhn, Yvonne: Professionalisierung deutscher Wahlkämpfe? 2007, Seite V.

[755] Klingemann, Hans-Dieter/Voltmer, Katrin: Politische Kommunikation als Wahlkampfkommunikation. 1998, Seite 397.

[756] Hetterich, Volker: Von Adenauer zu Schröder - der Kampf um Stimmen. 2000, Seite 380.

[757] Kuhn, Yvonne: Professionalisierung deutscher Wahlkämpfe? 2007, Seite 193. Vgl. ebd., insbes. Seite 98-118, 193-197 und Hetterich, Volker: Von Adenauer zu Schröder - der Kampf um Stimmen. 2000, insbes. Seite 331-383.

hend unklar. Bislang fand dieser Bereich der Wahlkampfkommunikation kaum wissenschaftliche Aufmerksamkeit, ein eventueller Wandel der Wahlkampfführung bleibt im Dunkeln.[758] Ebenso verdient die unterschiedliche Wahlkampfkommunikation in den Massenmedien sowie in der von den Parteien gestalteten politischen Werbung Beachtung: Werden hier die Selektions- und Bearbeitungsroutinen der Medien deutlich oder verfolgen die Parteien in den ihnen zurechenbaren Werbemitteln eine andere Selbstdarstellungsstrategie? Der Einbezug weiterer Werbemittel, insbesondere der TV-Spots und der Anzeigen als vielbeachtete Werbeträger, und ein Vergleich der Selbstdarstellung in Werbemitteln und politischen Programmen sind weitere Anknüpfungspunkte für eine weitergehende Forschung.[759] Offen ist ebenso, ob sich die hier in der Analyse dreier Wahlkämpfe gewonnen Ergebnisse auch in Zukunft verstetigen können. Die 2009 anstehenden Wahlen auf Bundes- und Europaebene bieten die Möglichkeit, diesen Fragen weiter auf den Grund zu gehen.

Ausgangspunkt dieser Studie war die Feststellung, dass nicht nur Wahlen, sondern auch Wahlkämpfe zentrale Elemente einer demokratischen Ordnung bilden, Wahlkämpfe mithin konstitutiver Teil des demokratischen Legitimationsprozesses sind. Sie erfüllen wichtige Funktionen in der demokratischen Praxis, insbesondere durch die Information der Wähler, und prägen das politische Weltbild aller an der politischen Kommunikation Beteiligten. Ein Wandel, wie er in der Modernisierungs- oder Amerikanisierungsdiskussion geschildert wird, kann sicherlich auch die Erfüllung dieser Funktionen beeinträchtigen. Besonders deutlich wird dies hinsichtlich der Informationsfunktion: Durch die Konzentration auf Personen statt auf Programme, durch die zunehmende Negativität, Emotionalität und Unterhaltungsorientierung wird ein inhaltsloser Wahlkampf befürchtet.[760] Die Untersuchungsergebnisse widersprechen aber diesen Befürchtungen, die vermutete, umfangreiche Entpolitisierung der Wahlkampfkommunikation ließ sich nicht erkennen. Abseits des einzelnen Wahlkampfes erregt der Einfluss der Wahlkampfkommunikation auf die politische Kultur zunehmend Interesse. Steigende Negativität oder Personalisierung in Wahlkämpfen

---

[758] Schreiber, Michaela: Kommunikationsstrategien im Wahlkampf. 2004, insbes. Seite 67f.

[759] Vgl dazu die Arbeiten von Holtz-Bacha, Christina: Wahlwerbung als politische Kultur. 2000 und Keil, Silke I.: Wahlkampfkommunikation in Wahlanzeigen und Wahlprogrammen. 2003

[760] Vgl. etwa Kuhn, Yvonne: Professionalisierung deutscher Wahlkämpfe? 2007, Seite 26-36.

etwa wären nicht nur Ausdruck politischer Kultur, sondern würden sie zugleich aktualisieren und verändern,[761] der Wahlkampfwandel so zu Politikverdrossenheit führen.[762] Empirische Anhaltspunkte jedoch sprechen gegen einen Vertrauensverlust in das politische System und eine sinkende politische Involvierung aufgrund der Wahlkämpfe. Im Gegenteil, sie legen nahe, dass der Wahlkampf Interesse für Politik weckt und seine Kernfunktion, die Vermittlung von Informationen, durchaus erfüllt.[763] Wie in Wahlkämpfen, so werden auch in der Wahlkampfforschung Übertreibungen und Untergangsprognosen offenbar.

> „Zugleich stellt sich die Frage, von welcher Qualität frühere Wahlkämpfe denn waren, wenn deren Informationswert kontinuierlich ab- und deren Unterhaltungswert beständig zugenommen haben. Die Vorstellung, es gäbe Politik in Reinform, gleichsam gesäubert von Vermittlungs- und Darstellungsmerkmalen, [...] ist eine politische Lebenslüge.“[764]

Ebenso greift die Kritik der Alternativlosigkeit durch die beobachteten Elemente des politischen Marketings und der Nachfrageorientierung zu kurz, da diese Marktorientierung nicht zwangsläufig eine programmatische Indifferenz bedeutet.[765] Im politischen Prozess stellt sich die Nachfrageorientierung nicht nur als Gefahr des Populismus dar, sondern kann ebenso als ein die Responsivität förderndes Merkmal gesehen werden.[766]

Kann sich der besorgte Betrachter bundesdeutscher Wahlkämpfe somit beruhigt zurücklehnen? Ja und Nein. Die Neuartigkeit von Wahlkämpfen entsprechend der Modernisierungsthese hat sich nur sehr bedingt gezeigt, die befürchtete weitgehende und zunehmende Negativität, Personalisierung, Entpolitisierung und Professionalisierung blieb aus. Aber angesichts vieler offener Fragen bleibt die Erforschung von

---

[761] Vgl. Holtz-Bacha, Christina: Wahlwerbung als politische Kultur. 2000, Seite 16-21.

[762] Schulz, Winfried: Medialisierung von Wahlkämpfen und die Folgen für das Wählerverhalten. 2006, Seite 52f.

[763] Schön, Harald: Wahlkampfforschung. 2005, Seite 529f.; Schulz, Winfried: Medialisierung von Wahlkämpfen und die Folgen für das Wählerverhalten. 2006, Seite 53.

[764] Sarcinelli, Ulrich: Politische Kommunikation in Deutschland. 2005, Seite 213.

[765] Keil, Silke I.: Parteiprogrammatik in Wahlkampfanzeigen und Wahlprogrammen 1957-2002. 2004, Seite 384.

[766] Geisler, Alexander/Sarcinelli, Ulrich: Modernisierung von Wahlkämpfen und Modernisierung von Demokratie? 2002, Seite 62.

Wahlkämpfen und deren weiterer Entwicklung wichtig. Auch die Neuerung der Wahlkampfkommunikation ist dabei ein wichtiger Punkt. „Mit der Amerikanisierung ist es wie mit anderen Gespenstern. Man muss sie sehr ernst nehmen, weil viele Leute daran glauben und entsprechend handeln.“[767]

[767] Maase, Kaspar: Diagnose: Amerikanisierung. 1999, Seite 82. Zitiert nach: Kamps, Klaus: Politisches Kommunikationsmanagement. 2007, Seite 69.

7 Bibliographie

Albrecht, Steffen/Hartig-Perschke, Rasco: Wahlkampf mit Weblogs. Neue Formen der politischen Kommunikation im Netz. In: Brettschneider, Frank/Niedermayer, Oskar/Weßels, Bernhard (Hrsg.): Die Bundestagswahl 2005. Analysen des Wahlkampfes und der Wahlergebnisse. Wiesbaden: VS Verlag für Sozialwissenschaften, 2007.

Alemann, Ulrich von: Der Wahlsieg der SPD von 1998. Politische Achsenverschiebung oder glücklicher Ausreißer? In: Niedermayer, Oskar (Hrsg.): Die Parteien nach der Wahl 1998. Opladen: Leske + Budrich, 1999.

Alemann, Ulrich von: Parteien und Medien. In: Gabriel, Oscar W./Niedermayer, Oskar/Stöss, Richard (Hrsg.): Parteiendemokratie in Deutschland. Bonn: Bundeszentrale für politische Bildung, 2001.

Alemann, Ulrich von: Das Parteiensystem der Bundesrepublik Deutschland. Bonn: Bundeszentrale für politische Bildung und Opladen: Leske + Budrich, 2003.

Alemann, Ulrich von: Der Zittersieg der SPD. Mit einem blauen und grünen Auge davon gekommen. In: Niedermayer, Oskar (Hrsg.): Die Parteien nach der Bundestagswahl 2002. Opladen: Leske + Budrich, 2003.

Alemann, Ulrich von/Spier, Tim: Doppelter Einsatz, halber Sieg? Die SPD und die Bundestagswahl 2005. In: Niedermayer, Oskar (Hrsg.): Die Parteien nach der Bundestagswahl 2005. Wiesbaden: VS Verlag für Sozialwissenschaften, 2008.

Altendorfer, Otto: Wahlparteitage. Veranstaltungsmanagement und Parteitagsregie. In: Altendorfer, Otto/Hollerith, Josef/Müller, Gerd (Hrsg.): Die Inszenierung der Parteien am Beispiel der Wahlparteitage 2002. Eichstätt: Media Plus, 2003.

Althaus, Marco: Wahlkampf als Beruf. Die Professionalisierung der Political Consultants in den USA. Frankfurt/Main: Peter Lang, 1998.

Althaus, Marco/Cercere, Vito (Hrsg.): Kampagne! 2. Neue Strategien für Wahlkampf, PR und Lobbying. Münster: LIT, 2003.

Bachmeier, Andreas: Wirtschaftspopulismus. Die Instrumentalisierung von Arbeitslosigkeit in Wahlkämpfen. Wiesbaden: VS Verlag für Sozialwissenschaften, 2006.

Baringhorst, Sigrid: Politik als Kampagne. Zur medialen Erzeugung von Solidarität. Wiesbaden: Westdeutscher Verlag, 1998.

Barsfeld, Dariush: Von wegen Amerikanisierung. Eine rhetorische Analyse der Wahlparteitagsreden 2002. In: Altendorfer, Otto/Hollerith, Josef/Müller, Gerd (Hrsg.): Die Inszenierung der Parteien am Beispiel der Wahlparteitage 2002. Eichstätt: Media Plus, 2003.

Bearns, Barbara: Macht der Öffentlichkeitsarbeit und Macht der Medien. In: Sarcinelli, Ulrich (Hrsg.): Politikvermittlung. Beiträge zur politischen Kommunikationskultur. Bonn: Bundeszentrale für politische Bildung und Wiesbaden: Westdeutscher Verlag, 1987.

Behnke, Joachim: Das Wahlsystem der Bundesrepublik Deutschland. Logik, Technik und Praxis der Verhältniswahl. Baden-Baden: Nomos, 2007.

Bentele, Günter: Zukünftige Trends politischer Öffentlichkeitsarbeit. In: Balzer, Axel/Geilich, Marvin/Rafat, Shamin (Hrsg.): Politik als Marke. Politikvermittlung zwischen Kommunikation und Inszenierung. Münster: LIT, 2005.

Berg, Thomas (Hrsg.): Moderner Wahlkampf. Blick hinter die Kulissen. Opladen: Leske + Budrich, 2002.

Bergmann, Knut: Der Bundestagswahlkampf 1998. Vorgeschichte, Strategien, Ergebnis. Wiesbaden: Westdeutscher Verlag, 2002.

Besson, Waldemar/Jasper, Gotthart: Das Leitbild der modernen Demokratie. Bonn: Verlag J.H.W. Dietz Nachf., 1991 [1965].

Bethscheider, Monika: Wahlkampfführung und politische Weltbilder. Eine systematische Analyse des Wahlkampfes der Bundestagsparteien in den Bundestagswahlkämpfen 1976 und 1980. Frankfurt/Main: Peter Lang, 1987.

Bieber, Christoph: Online-Wahlkampf 2002. Formate und Inhalte in der digitalen Politikarena. In: Media Perspektiven, 6, 2002, Seite 277-283.

Bieber, Christoph: Der Online-Wahlkampf 2005. Supporter-Sites, Negative Campaigning, Weblogs. o. J. [http://www.bpb.de/themen/Z22XZ9,,0,Der_Online Wahlkampf_2005.html, zuletzt aufgerufen am 23.04.2008].

Blatter, Joachim K./Janning, Frank/Wagemann, Claudius: Qualitative Politikanalyse. Eine Einführung in Forschungsansätze und Methoden. Wiesbaden: VS Verlag für Sozialwissenschaften, 2007.

Bosch, Thomas: "Hinten sind die Enten fett." Der Bundestagswahlkampf der SPD und die Mobilisierung der eigenen Mitglieder. In: Holtz-Bacha, Christina (Hrsg.): Die Massenmedien im Wahlkampf: Die Bundestagswahl 2005. Wiesbaden: VS Verlag für Sozialwissenschaften, 2006.

Brettschneider, Frank: Demoskopie im Wahlkampf - Leitstern oder Irrlicht? In: Klein, Markus/Jagodzinski, Wolfgang/Mochmann, Ekkehard/Ohr, Dieter (Hrsg.): 50 Jahre empirische Wahlforschung in Deutschland. Entwicklung, Befunde, Perspektiven, Daten. Wiesbaden: Westdeutscher Verlag, 2000.

Brettschneider, Frank: Die Medienwahl 2002. Themenmanagement und Berichterstattung. In: Aus Politik und Zeitgeschichte, B 49-50, 2002, Seite 36-47.

Brettschneider, Frank: Spitzenkandidaten und Wahlerfolg. Personalisierung - Kompetenz - Parteien. Ein internationaler Vergleich. Wiesbaden: Westdeutscher Verlag, 2002.

Brettschneider, Frank: Bundestagswahlkampf und Medienberichterstattung. In: Aus Politik und Zeitgeschichte, B 51-52, 2005, Seite 19-26.

Brettschneider, Frank: Massenmedien und Wählerverhalten. In: Falter, Jürgen W./Schön, Harald (Hrsg.): Handbuch Wahlforschung. Wiesbaden: VS Verlag für Sozialwissenschaften, 2005.

Brettschneider, Frank: Politiker als Marke. Warum Spitzenkandidaten keine Gummibärchen sind. In: Balzer, Axel/Geilich, Marvin/Rafat, Shamin (Hrsg.): Politik als Marke. Politikvermittlung zwischen Kommunikation und Inszenierung. Münster: LIT, 2005.

Brettschneider, Frank/Deth, Jan van/Roller, Edeltraud: Die Bundestagswahl 2002. Analysen der Wahlergebnisse und des Wahlkampfes. In: Brettschneider, Frank/Deth, Jan van/Roller, Edeltraud (Hrsg.): Die Bundestagswahl 2002. Analysen der Wahlergebnisse und des Wahlkampfes. Wiesbaden: VS Verlag für Sozialwissenschaften, 2004.

Brettschneider, Frank/Niedermayer, Oskar/Weßels, Bernhard: Die Bundestagswahl 2005. Analysen des Wahlkampfes und der Wahlergebnisse In: Brettschneider, Frank/Niedermayer, Oskar/Weßels, Bernhard (Hrsg.): Die Bundestagswahl 2005. Analysen des Wahlkampfes und der Wahlergebnisse. Wiesbaden: VS Verlag für Sozialwissenschaften, 2007.

Broschek, Jörg/Schultze, Rainer-Olaf: Wahlverhalten. Wer wählt wen? In: Hoecker, Beate (Hrsg.): Politische Partizipation zwischen Konvention und Protest. Eine studienorientierte Einführung. Opladen: Barbara Budrich, 2006.

Brunner, Wolfram: Bundestagswahlkämpfe und ihre Effekte. Der Traditionsbruch 1998. In: Zeitschrift für Parlamentsfragen, 2, 1999, Seite 268-296.

Dalton, Russel J.: Cognitive Mobilisation and Partisan Dealignment in Advanced Industrial Democracies. In: Journal of Politics, 46, 1984, Seite 264-284.

Dehm, Ursula: Fernsehduelle im Urteil der Zuschauer. In: Media Perspektiven, 12, 2002, Seite 600-609.

Delhaes, Daniel: Politik und Medien. Zur Interaktionsdynamik zweier sozialer Systeme. Wiesbaden: Westdeutscher Verlag, 2002.

Diekmann, Andreas: Empirische Sozialforschung. Grundlagen, Methoden, Anwendungen. Reinbek bei Hamburg: Rowohlt, 1995.

Donges, Patrick: Amerikanisierung, Professionalisierung, Modernisierung? Anmerkungen zu einigen amorphen Begriffen. In: Kamps, Klaus (Hrsg.): Trans-Atlantik - Trans-Portabel? Die Amerikanisierungsthese in der politischen Kommunikation. Wiesbaden: Westdeutscher Verlag, 2000.

Donges, Patrick: Politische Kampagnen. In: Röttger, Ulrike (Hrsg.): PR-Kampagnen. Über die Inszenierung von Öffentlichkeit. Wiesbaden: VS Verlag für Sozialwissenschaften, 2006.

Dörner, Andreas: Politainment. Politik in der medialen Erlebnisgesellschaft. Frankfurt/Main: Suhrkamp, 2001.

Dörner, Andreas: Wahlkämpfe - eine rituelle Inszenierung des "demokratischen Mythos". In: Dörner, Andreas/Vogt, Ludgera (Hrsg.): Wahl-Kämpfe. Betrachtungen über ein demokratisches Ritual. Frankfurt/Main: Suhrkamp, 2002.

Dörner, Andreas/Vogt, Ludgera: Der Wahlkampf als Ritual. Zur Inszenierung der Demokratie in der Multioptionsgesellschaft. In: Aus Politik und Zeitgeschichte, B 15-16, 2002, Seite 15-22.

Downs, Anthony: Ökonomische Theorie der Demokratie. Hrsg. von Rudolf Wildenmann. Tübingen: Mohr, 1968.

Drechsel, Benjamin: Politik im Bild. Wie politische Bilder entstehen und wie digitale Bildarchive arbeiten. Frankfurt/Main: Campus, 2005.

Dröge, Franz/Lerg, Winfried/Weißenborn, Rainer: Zur Technik politischer Propaganda in der Demokratie. Analyse der Fernseh-Wahlwerbesendungen der Parteien im Wahlkampf 1969. In: Longolius, Christian (Hrsg.): Fernsehen in Deutschland. Band 2: Die Bundestagswahl 1969 als journalistische Aufgabe. Mainz: v. Hase & Koehler, 1969.

Dülmer, Hermann: Der Ausgangspunkt: Der Wahlsieg von Rot-Grün bei der Bundestagswahl 1998. In: Güllner, Manfred, et al. (Hrsg.): Die Bundestagswahl 2002. Eine Untersuchung im Zeichen hoher politischer Dynamik. Wiesbaden: VS Verlag für Sozialwissenschaften, 2005.

Edelmann, Murray J.: Politik als Ritual. Die symbolische Funktion staatlicher Institutionen und politischen Handelns. Frankfurt/Main: Campus, 2005 [1976].

Eisel, Stephan: Reale Regierungsopposition gegen gefühlte Oppositionsregierung. Zur Bundestagswahl 2005. In: Die politische Meinung, 433, 2005, Seite 47-52.

Esser, Frank/Pfetsch, Barbara: Amerikanisierung, Modernisierung, Globalisierung. Ein programmatisches Plädoyer für die komparative Kommunikationswissenschaft. In: Donsbach, Wolfgang/Jandura, Olaf (Hrsg.): Chancen und Gefahren der Mediendemokratie. Schriftenreihe der Deutschen Gesellschaft für Publizistik- und Kommunikationswissenschaft, Band 30. Konstanz: UVK Verlagsgesellschaft, 2003.

Falter, Jürgen W.: Alle Macht dem Spin Doctor. Die Amerikanisierung der Wahlkämpfe ist auch in Deutschland fortgeschritten. In: Frankfurter Allgemeine Zeitung, Nr. 97 vom 27. April 1998, Seite 11f.

Falter, Jürgen W./Römmele, Andrea: Professionalisierung deutscher Wahlkämpfe, oder: Wie amerikanisch kann es werden? In: Berg, Thomas (Hrsg.): Moderner Wahlkampf. Blick hinter die Kulissen. Opladen: Leske + Budrich, 2002.

Fengler, Susanne/Jun, Uwe: Rückblick auf den Wahlkampf 2002. Kopie der Kampa 98 im neuen Kontext. In: Althaus, Marco/Cercere, Vito (Hrsg.): Kampagne! 2. Neue Strategien für Wahlkampf, PR und Lobbying. Münster: LIT, 2003.

Forschungsgruppe Wahlen e.V.: Bundestagswahl 1998. Eine Analyse der Wahl vom 27. September 1998. Berichte der Forschungsgruppe Wahlen e.V., Nr. 91. Mannheim: Forschungsgruppe Wahlen, 1998.

Forschungsgruppe Wahlen e.V.: Bundestagswahl - eine Analyse der Wahl vom 22. September 2002. Berichte der Forschungsgruppe Wahlen e.V., Nr. 108. Mannheim: Forschungsgruppe Wahlen, 2002.

Forschungsgruppe Wahlen e.V.: Bundestagswahl - eine Analyse der Wahl vom 18. September 2005. Vorläufige Fassung. Berichte der Forschungsgruppe Wahlen e.V., Nr. 122. Mannheim: Forschungsgruppe Wahlen, 2005.

Gallus, Alexander: Demoskopie in Zeiten des Wahlkampfs. "Wirkliche Macht" oder "Faktor ohne politische Bedeutung"? In: Aus Politik und Zeitgeschichte, B 15-16, 2002, Seite 29-36.

Gallus, Alexander: Wahl als "Demoskopiedemokratie"? Überlegungen zur Meinungsforschung und ihren Wirkungen aus Anlass der Bundestagswahlen 2002. In: Jesse, Eckhard (Hrsg.): Bilanz der Bundestagswahl 2002. Voraussetzungen, Ergebnisse, Folgen. München: Bayerische Landeszentrale für politische Bildungsarbeit, 2003.

Geisler, Alexander/Gerster, Martin: Zentral geplant, lokal gekämpft. Der Wahlkampf der SPD zur Bundestagswahl 2005 - Der Wahlkreis 293 Biberach als Fallbeispiel. In: Jackob, Nikolaus (Hrsg.): Wahlkämpfe in Deutschland. Fallstudien zur Wahlkampfkommunikation 1912-2005. Wiesbaden: VS Verlag für Sozialwissenschaften, 2007.

Geisler, Alexander/Sarcinelli, Ulrich: Modernisierung von Wahlkämpfen und Modernisierung von Demokratie? In: Dörner, Andreas/Vogt, Ludgera (Hrsg.): Wahl-Kämpfe. Betrachtungen über ein demokratisches Ritual. Frankfurt/Main: Suhrkamp, 2002.

Geisler, Alexander/Tenscher, Jens: Modern, post-modern, pseudo-modern? Eine Überprüfung der Amerikanisierungsthese am Beispiel des nordrhein-westfälischen Landtagswahlkampfes 2000. Landauer Arbeitspapiere und Preprints Nr. 11/01. Landau: Universität Koblenz-Landau, 2001.

Geisler, Alexander/Tenscher, Jens: "Amerikanisierung" der Wahlkampagne(n)? Zur Modernität von Kommunikationsstrukturen und -strategien im nordrhein-westfälischen Landtagswahlkampf 2002. In: Sarcinelli, Ulrich/Schatz, Heribert (Hrsg.): Mediendemokratie im Medienland. Inszenierungen und Themensetzungsstrategien im Spannungsfeld von Medien und Parteieliten am Beispiel der nordrhein-westfälischen Landtagswahl 2000. Opladen: Leske + Budrich, 2002.

Gellner, Winand/Strohmeier, Gerd: Netzwahlk(r)ampf. Die Wahlkommunikation im Internet. In: Holtz-Bacha, Christina (Hrsg.): Wahlkampf in den Medien - Wahlkampf mit den Medien. Ein Reader zum Wahljahr 1998. Opladen: Westdeutscher Verlag, 1999.

Gellner, Winand/Strohmeier, Gerd: Cyber-Kampagnen. In: Dörner, Andreas/Vogt, Ludgera (Hrsg.): Wahl-Kämpfe. Betrachtungen über ein demokratisches Ritual. Frankfurt/Main: Suhrkamp, 2002.

Goergen, Fritz/Goergen, Barbara: Bilder für die Bilder-Macher. Eine Strategie für den Medienwahlkampf. In: Altendorfer, Otto/Wiedemann, Heinrich/Mayer, Hermann (Hrsg.): Der moderne Medienwahlkampf. Handbuch. Professionelles Wahlmanagement unter Einsatz neuer Medien, Strategien und Psychologien. Eichstätt: Media Plus, 2000.

Graner, Jürgen/Stern, Eva: It's the Candidate, Stupid? Personalisierung der bundesdeutschen Wahlkämpfe. In: Berg, Thomas (Hrsg.): Moderner Wahlkampf. Blick hinter die Kulissen. Opladen: Leske + Budrich, 2002.

Green, Simon: The 1998 German Bundestag Election: The End of an Era. In: Parliamentary Affairs, 52, 1, 1999, Seite 306-320.

Griese, Honza: Von der Notwendigkeit des Wahlkampfmanagements. In: Berg, Thomas (Hrsg.): Moderner Wahlkampf. Blick hinter die Kulissen. Opladen: Leske + Budrich, 2002.

Grotz, Florian: Bundestagswahl 2002. Kontext, Ergebnisse, Konsequenzen. In: Zeitschrift für Staats- und Europawissenschaften, 1, 1, 2003, Seite 115-136.

Grotz, Florian: Bundestagswahl 2005. Kontext, Ergebnisse, absehbare Konsequenzen. In: Zeitschrift für Staats- und Europawissenschaften, 3, 3, 2005, Seite 470-495.

Gurevitch, Michael/Blumler, Jay G.: Linkages between the Mass Media and Politics. A Model for the Analysis of Political Communications Systems. In: Curran, James/Gurevitch, Michael/Woollacott, Janet (Hrsg.): Mass Communication and Society. London: Arnold, 1977.

Habermas, Jürgen: Strukturwandel der Öffentlichkeit. Untersuchungen zu einer Kategorie der bürgerlichen Gesellschaft. Neuwied: Luchterhand, 1962.

Hallin, Daniel C./Mancini, Paolo: Amerikanisierung, Globalisierung, Säkularisierung. Zur Konvergenz von Mediensystemen und politischer Kommunikation in westlichen Demokratien. In: Esser, Frank/Pfetsch, Barbara (Hrsg.): Politische Kommunikation im internationalen Vergleich. Grundlagen, Anwendungen, Perspektiven. Wiesbaden: Westdeutscher Verlag, 2003.

Hartleb, Florian/Jesse, Eckhard: Der Bundestagswahlkampf von 2002 unter strategisch-personellen Gesichtspunkten. Mit einem Ausblick auf den Bundestagswahlkampf 2005. In: Politische Studien, 56, 402, 2005, Seite 86-97.

Hartleb, Florian/Jesse, Eckhard: Ein Blick zurück und nach vorne: Faktor "Zufall" oder kalkulierte Kanzlerstrategie? Die SPD in den Bundestagswahlkämpfen 2002 und 2005. In: Balzer, Axel/Geilich, Marvin/Rafat, Shamin (Hrsg.): Politik als Marke. Politikvermittlung zwischen Kommunikation und Inszenierung. Münster: LIT, 2005.

Hartleb, Florian/Rode, Franz E.: Populismus und Kleinparteien. Das Beispiel der Linkspartei.PDS und der WASG vor dem Hintergrund der Bundestagswahl 2005. In: Jun, Uwe/Kreikenbom, Henry/Neu, Viola (Hrsg.): Kleine Parteien im Aufwind. Zur Veränderung der deutschen Parteienlandschaft. Frankfurt/Main: Campus, 2006.

Hartmann, Clemens: Die Wahlkampfwerbung von Parteien in der Bundesrepublik Deutschland. Dissertation. Köln: Universität Köln, 1992.

Hetterich, Volker: Von Adenauer zu Schröder - der Kampf um Stimmen. Eine Längsschnittanalyse der Wahlkampagnen von CDU und SPD bei den Bundestagswahlen 1949 bis 1998. Opladen: Leske + Budrich, 2000.

Hilmer, Richard: Bundestagswahl 2002. Eine zweite Chance für Rot-Grün. In: Zeitschrift für Parlamentsfragen, 34, 1, 2003, Seite 187-219.

Hilmer, Richard/Müller-Hilmer, Rita: Die Bundestagswahl vom 18. September 2005. Votum für Wechsel in Kontinuität. In: Zeitschrift für Parlamentsfragen, 37, 1, 2006, Seite 183-218.

Hoffmann, Jochen/Raupp, Juliana: Politische Personalisierung. Disziplinäre Zugänge und theoretische Folgen. In: Publizistik, 51, 4, 2006, Seite 456-478.

Hoffmann, Jochen/Steiner, Adrian/Jarren, Otfried: Politische Kommunikation als Dienstleistung. Public-Affairs-Berater in der Schweiz. Konstanz: UVK Verlagsgesellschaft, 2007.

Hofrichter, Jürgen: Die Rolle der TV-Duelle im Bundestagswahlkampf 2002. In: Brettschneider, Frank/Deth, Jan van/Roller, Edeltraud (Hrsg.): Die Bundestagswahl 2002. Analysen der Wahlergebnisse und des Wahlkampfes. Wiesbaden: VS Verlag für Sozialwissenschaften, 2004.

Hogwood, Patricia: The Chancellor-Candidates and the Campaign. In: German Politics, 13, 2, 2004, Seite 243-367.

Holtmann, Everhard: Voller Einsatz, halber Machtwechsel. Die vorgezogene Bundestagswahl vom 18. September 2005. In: Gesellschaft - Wirtschaft - Politik, 55, 1, 2006, Seite 13-24.

Holtz-Bacha, Christina: Bundestagswahlkampf 1998 - Modernisierung und Professionalisierung. In: Holtz-Bacha, Christina (Hrsg.): Wahlkampf in den Medien - Wahlkampf mit den Medien. Ein Reader zum Wahljahr 1998. Opladen: Westdeutscher Verlag, 1999.

Holtz-Bacha, Christina: "Wir sind bereit": Wählen Sie "Weltklasse für Deutschland". Fernsehwerbung der Parteien im Bundestagswahlkampf 1998. In: Holtz-Bacha, Christina (Hrsg.): Wahlkampf in den Medien - Wahlkampf mit den Medien. Ein Reader zum Wahljahr 1998. Opladen: Westdeutscher Verlag, 1999.

Holtz-Bacha, Christina: Entertainisierung der Politik. In: Zeitschrift für Parlamentsfragen, 31, 1, 2000, Seite 156-166.

Holtz-Bacha, Christina: Wahlkampf in Deutschland. Ein Fall bedingter Amerikanisierung. In: Kamps, Klaus (Hrsg.): Trans-Atlantik - Trans-Portabel? Die Amerikanisierungsthese in der politischen Kommunikation. Wiesbaden: Westdeutscher Verlag, 2000.

Holtz-Bacha, Christina: Wahlwerbung als politische Kultur. Parteienspots im Fernsehen 1957-1998. Wiesbaden: Westdeutscher Verlag, 2000.

Holtz-Bacha, Christina: Das Private in der Politik. Ein neuer Medientrend? In: Aus Politik und Zeitgeschichte, B 41-42, 2001, Seite 20-26.

Holtz-Bacha, Christina: Negative Campaigning. In Deutschland negativ aufgenommen. In: Zeitschrift für Parlamentsfragen, 32, 3, 2001, Seite 669-677.

Holtz-Bacha, Christina: Massenmedien und Wahlen: Die Professionalisierung der Kampagnen. In: Aus Politik und Zeitgeschichte, B 15-16, 2002, Seite 23-28.

Holtz-Bacha, Christina: Wahlkämpfe in Deutschland. In: Dörner, Andreas/Vogt, Ludgera (Hrsg.): Wahl-Kämpfe. Betrachtungen über ein demokratisches Ritual. Frankfurt/Main: Suhrkamp, 2002.

Holtz-Bacha, Christina: Bundestagswahlkampf 2002: Ich oder der. In: Holtz-Bacha, Christina (Hrsg.): Die Massenmedien im Wahlkampf. Die Bundestagswahl 2002. Wiesbaden: Westdeutscher Verlag, 2003.

Holtz-Bacha, Christina: Kampagnen politischer Kommunikation. Zur Internationalisierung und Konvergenz moderner Medienwahlkämpfe. In: Esser, Frank/Pfetsch, Barbara (Hrsg.): Politische Kommunikation im internationalen Vergleich. Grundlagen, Anwendungen, Perspektiven. Wiesbaden: Westdeutscher Verlag, 2003.

Holtz-Bacha, Christina: Bundestagswahlkampf 2005 - Die Überraschungswahl. In: Holtz-Bacha, Christina (Hrsg.): Die Massenmedien im Wahlkampf: Die Bundestagswahl 2005. Wiesbaden: VS Verlag für Sozialwissenschaften, 2006.

Holtz-Bacha, Christina: Strategien des modernen Wahlkampfs. In: Aus Politik und Zeitgeschichte, B 7, 2006, Seite 11-19.

Holtz-Bacha, Christina/Lessinger, Eva-Maria: Wahlwerbung als Indikator politisch-kulturellen Wandels. Erfahrungen aus einer Langzeituntersuchung. In: Bohrmann, Hans/Jarren, Otfried/Melischek, Gabriele/Seethaler, Josef (Hrsg.): Wahlen und Politikvermittlung durch Massenmedien. Wiesbaden: Westdeutscher Verlag, 2000.

Holtz-Bacha, Christina/Lessinger, Eva-Maria: Politische Farbenlehre: Plakatwahlkampf 2005. In: Holtz-Bacha, Christina (Hrsg.): Die Massenmedien im Wahlkampf: Die Bundestagswahl 2005. Wiesbaden: VS Verlag für Sozialwissenschaften, 2006.

Holtz-Bacha, Christina/Lessinger, Eva-Maria: Wie die Lustlosigkeit konterkariert wurde. Fernsehwahlwerbung 2005. In: Holtz-Bacha, Christina (Hrsg.): Die

Massenmedien im Wahlkampf: Die Bundestagswahl 2005. Wiesbaden: VS Verlag für Sozialwissenschaften, 2006.

Holtz-Bacha, Christina/Lessinger, Eva-Maria/Hettesheimer, Merle: Personalisierung als Strategie der Wahlwerbung. In: Imhof, Kurt/Schulz, Peter (Hrsg.): Die Veröffentlichung des Privaten - Die Privatisierung des Öffentlichen. Wiesbaden: Westdeutscher Verlag, 1998.

Hönemann, Stefan/Moors, Markus: Wer die Wahl hat... Bundestagswahlkämpfe seit 1957. Muster der politischen Auseinandersetzung. Marburg: Schüren, 1994.

Jackob, Nikolaus: Wahlkampfkommunikation als Vertrauenswerbung. Einführung anstelle eines Vorwortes. In: Jackob, Nikolaus (Hrsg.): Wahlkämpfe in Deutschland. Fallstudien zur Wahlkampfkommunikation 1912-2005. Wiesbaden: VS Verlag für Sozialwissenschaften, 2007.

Jahn, Detlef: Einführung in die vergleichende Politikwissenschaft. Wiesbaden: VS Verlag für Sozialwissenschaften, 2006.

Jakubowski, Alex: Kommunikationsstrategien in Wahlwerbespots. Systemtheoretische und inhaltsanalytische Untersuchung zur Bundestagswahl 1994. In: Media Perspektiven, 8, 1998, Seite 402-410.

Jakubowski, Alex: Parteienkommunikation in Wahlwerbespots. Eine systemtheoretische und inhaltsanalytische Untersuchung von Wahlwerbespots zur Bundestagswahl 1994. Wiesbaden: Westdeutscher Verlag, 1998.

Jarren, Otfried: "Mediengesellschaft" - Risiken für die politische Kommunikation. In: Aus Politik und Zeitgeschichte, B 41-42, 2001, Seite 10-19.

Jarren, Otfried/Bode, Markus: Ereignis- und Medienmanagement politischer Parteien. Kommunikationsstrategien im "Superwahljahr 1994". In: Bertelsmann Stiftung (Hrsg.): Politik überzeugend vermitteln. Wahlkampfstrategien in Deutschland und den USA. Analysen und Bewertungen von Politikern, Journalisten und Experten. Gütersloh: Verlag Bertelsmann Stiftung, 1996.

Jarren, Otfried/Donges, Patrick: Politische Kommunikation in der Mediengesellschaft. Eine Einführung. 2., überarbeitete Auflage. Wiesbaden: VS Verlag für Sozialwissenschaften, 2006.

Jarren, Otfried/Röttger, Ulrike: Politiker, politische Öffentlichkeitsarbeiter und Journalisten als Handlungssystem. Ein Ansatz zum Verständnis politischer PR. In: Rolke, Lothar/Wolff, Volker (Hrsg.): Wie die Medien die Wirklichkeit steuern und selber gesteuert werden. Wiesbaden: Westdeutscher Verlag, 1999.

Jesse, Eckhard: Nach der gescheiterten Vertrauensfrage. Zur Lage der Parteien und des Parteiensystems in Deutschland. In: Zeitschrift für Parlamentsfragen, 36, 2005, Seite 600-615.

Jesse, Eckhard: Der Ausgang der Bundestagswahl 2005. Ein halber Regierungswechsel. In: Politische Studien, 57, 405, 2006, Seite 72-90.

Jesse, Eckhard/Schubert, Thomas: Bundestagswahl 2005. In: Einsichten und Perspektiven. Bayerische Zeitschrift für Politik und Geschichte, Themenheft 1/2006, 2006, Seite 4-55.

Jun, Uwe: Der Wahlkampf der SPD zur Bundestagswahl 1998. Der Kampf um die "Neue Mitte" als Medieninszenierung. In: Hirscher, Gerhard/Sturm, Roland (Hrsg.): Die Strategie des "Dritten Weges". Legitimation und Praxis sozialdemokratischer Regierungspolitik. München: Olzog, 2001.

Kaase, Max: Demokratisches System und die Mediatisierung von Politik. In: Sarcinelli, Ulrich (Hrsg.): Politikvermittlung und Demokratie in der Mediengesellschaft. Bonn: Bundeszentrale für politische Bildung und Wiesbaden: Westdeutscher Verlag, 1998.

Kaase, Max: Politische Kommunikation. Politikwissenschaftliche Perspektiven. In: Jarren, Otfried/Sarcinelli, Ulrich/Saxer, Ulrich (Hrsg.): Politische Kommunikation in der demokratischen Gesellschaft. Ein Handbuch mit Lexikonteil. Opladen: Westdeutscher Verlag, 1998.

Kaase, Max: Die Bundesrepublik Deutschland nach der Bundestagswahl 2002. Überlegungen eines Wahlsoziologen. In: Politische Vierteljahresschrift, 44, 1, 2003, Seite 3-9.

Kaid, Lynda L./Tedesco, John: Die Arbeit am Image. Kanzlerkandidaten in der Wahlwerbung. Die Rezeption der Fernsehspots von SPD und CDU. In: Holtz-Bacha, Christina (Hrsg.): Wahlkampf in den Medien - Wahlkampf mit den Medien. Ein Reader zum Wahljahr 1998. Opladen: Westdeutscher Verlag, 1999.

Kaiser, Jost/Sach, Annette: Der "Umfragesieger-Besieger". Die Sozialdemokraten im Endspurt der Bundestagswahl. Erschienen in: Das Parlament, Nr. 36, 2005 [http://www.das-parlament.de/2005/36/Thema/003.html, zuletzt aufgerufen am 23.4.2008].

Kamps, Johannes: Plakat. Grundlagen der Medienkommunikation, Band 5. Tübingen: Niemeyer, 1999.

Kamps, Klaus: America ante Portas? Grundzüge der Amerikanisierungsthese. In: Kamps, Klaus (Hrsg.): Trans-Atlantik - Trans-Portabel? Die Amerikanisierungsthese in der politischen Kommunikation. Wiesbaden: Westdeutscher Verlag, 2000.

Kamps, Klaus: Politisches Kommunikationsmanagement. Grundlagen und Professionalisierung moderner Politikvermittlung. Wiesbaden: VS Verlag für Sozialwissenschaften, 2007.

Karp, Markus: Einführung in das Politische Marketing. In: Karp, Markus/Zolleis, Udo (Hrsg.): Politisches Marketing. Eine Einführung in das Politische Marketing mit aktuellen Bezügen aus Wissenschaft und Praxis. Münster: LIT, 2004.

Keil, Silke I.: Wahlkampfkommunikation in Wahlanzeigen und Wahlprogrammen. Eine vergleichende inhaltsanalytische Untersuchung der von den Bundesparteien CDU, CSU, SPD, FDP, B'90/Die Grünen und PDS vorgelegten Wahlanzeigen und Wahlprogrammen in den Bundestagswahlkämpfen 1957-1998. Frankfurt/Main: Lang, 2003.

Keil, Silke I.: Parteiprogrammatik in Wahlkampfanzeigen und Wahlprogrammen 1957-2002. Und es gibt ihn doch - den kleinen Unterschied. In: Brettschneider, Frank/Deth, Jan van/Roller, Edeltraud (Hrsg.): Die Bundestagswahl 2002. Analysen der Wahlergebnisse und des Wahlkampfes. Wiesbaden: VS Verlag für Sozialwissenschaften, 2004.

Kepplinger, Hans M.: Ereignismanagement. Wirklichkeit und Massenmedien. Zürich: Ed. Interfrom, 1992.

Kepplinger, Hans M.: Inszenierung. In: Jarren, Otfried/Sarcinelli, Ulrich/Saxer, Ulrich (Hrsg.): Politische Kommunikation in der demokratischen Gesellschaft. Ein Handbuch mit Lexikonteil. Opladen: Westdeutscher Verlag, 1998.

Ketterl, Hans-Peter: Politische Kommunikation. Analyse und Perspektiven eines sich verändernden Kommunikations-Genres. Inaugural-Dissertation. München: Digitale Hochschulschriften der Ludwig-Maximilians-Universität, 2004.

Kießling, Daniel: Wahlwerbung - Ihr Anspruch und ihre Wirklichkeit im Bundestagswahlkampf 2002. Wirtschaft und Politik Working Paper Nr. 23 - 2004, Institut für Politikwissenschaft. Tübingen: Eberhard Karls Universität, 2004.

Klein, Markus: Der professionalisierte Wahlkampf. Die strategische Positionierung der Parteien. In: Güllner, Manfred, et al. (Hrsg.): Die Bundestagswahl 2002. Eine Untersuchung im Zeichen hoher politischer Dynamik. Wiesbaden: VS Verlag für Sozialwissenschaften, 2005.

Klingemann, Hans-Dieter/Voltmer, Katrin: Politische Kommunikation als Wahlkampfkommunikation. In: Jarren, Otfried/Sarcinelli, Ulrich/Saxer, Ulrich (Hrsg.): Politische Kommunikation in der demokratischen Gesellschaft. Ein Handbuch mit Lexikonteil. Opladen: Westdeutscher Verlag, 1998.

Korte, Karl-Rudolf: Die Mitte ist der Heilige Gral. Wahlkampf und Wahlergebnis 2002. In: Die politische Meinung, 396, 47, 2002, Seite 15-18.

Korte, Karl-Rudolf: Bundestagswahlen 2005. Die Republik im vorgezogenen Wahlkampf. In: Balzer, Axel/Geilich, Marvin/Rafat, Shamin (Hrsg.): Politik als Marke. Politikvermittlung zwischen Kommunikation und Inszenierung. Münster: LIT, 2005.

Korte, Karl-Rudolf: Model or Deterrence? The United States Presidential Election Campaigns and the Bundestag Election Campaigns. In: German Politics, 15, 2, 2006, Seite 153-165.

Korte, Karl-Rudolf: Die Amerikanisierung der Wahlkämpfe. o. J. [http://www.bpb.de/themen/6NJLV0,0,0,Die_Amerikanisierung_der_Wahlk%E4mpfe.html#art0, zuletzt aufgerufen am 13.02.2008].

Kuhn, Yvonne: Professionalisierung deutscher Wahlkämpfe? Wahlkampagnen seit 1953. Wiesbaden: Deutscher Universitäts-Verlag, 2007.

Lamnek, Siegfried: Qualitative Sozialforschung. Basel: Beltz PVU, 2005.

Lazarsfeld, Paul F./Berelson, Bernard/Gaudet, Hazel: The People's Choice. How the Voter Makes Up His Mind in a Presidential Campaign. New York: Duell, Sloan and Pearce, 1944.

Lessinger, Eva-Maria/Moke, Markus: "Ohne uns schnappt jeder Kanzler über..." Eine Studie zur Rezeption von Plakatwerbung im Bundestagswahlkampf 1998. In: Holtz-Bacha, Christina (Hrsg.): Wahlkampf in den Medien - Wahlkampf mit den Medien. Ein Reader zum Wahljahr 1998. Opladen: Westdeutscher Verlag, 1999.

Lessinger, Eva-Maria/Moke, Markus/Holtz-Bacha, Christina: "Edmund, Essen ist fertig". Plakatwahlkampf 2002 - Motive und Strategien. In: Holtz-Bacha, Christina (Hrsg.): Die Massenmedien im Wahlkampf. Die Bundestagswahl 2002. Wiesbaden: Westdeutscher Verlag, 2003.

Lieske, Sandra: Die Anzeigenkampagne zur Bundestagswahl 2005. In: Holtz-Bacha, Christina (Hrsg.): Die Massenmedien im Wahlkampf: Die Bundestagswahl 2005. Wiesbaden: VS Verlag für Sozialwissenschaften, 2006.

Lipset, Seymour M./Rokkan, Stein: Cleavage Structures, Party Systems and Voter Alignments. An Introduction. In: Lipset, Seymour M./Rokkan, Stein (Hrsg.): Party Systems and Voter Alignments. Cross-National Perspectives. International Yearbook of Political Behavior Research 7. New York: Free Press, 1967.

Löffler, Berthold: Wahlkampf nur auf einem Bein. Hat die Union den Sieg verschenkt? In: Die politische Meinung, 431, 2005, Seite 29-33.

Lutter, Johannes/Hickersberger, Michaela: Wahlkampagnen aus normativer Sicht. Dissertationen der Universität Wien, Band 69. Wien: Wiener Universitätsverlag WUV, 2000.

Maase, Kaspar: Diagnose: Amerikanisierung. Zur Geschichte eines Deutungsmusters. In: Transit, 17, Sommer, 1999, Seite 72-89.

Machnig, Matthias: Die Kampa als SPD-Wahlkampfzentrale der Bundestagswahl '98. Organisation, Kampagnenformen und Erfolgsfaktoren. In: Forschungsjournal Neue Soziale Bewegungen, 3, 1999, Seite 20-39.

Machnig, Matthias: Auf der Zielgeraden. Ein Rückblick auf die Bundestagswahl 2002. In: Oberreuter, Heinrich (Hrsg.): Der versäumte Wechsel. Eine Bilanz des Wahljahres 2002. München: Olzog, 2004.

Maier, Jürgen/Maier, Michaela: Das TV-Duell 2005. Katalysator für die Personalisierung des Wahlverhaltens? In: Brettschneider, Frank/Niedermayer, Oskar/Weßels, Bernhard (Hrsg.): Die Bundestagswahl 2005. Analysen des Wahlkampfes und der Wahlergebnisse. Wiesbaden: VS Verlag für Sozialwissenschaften, 2007.

Maier, Michaela/Tenscher, Jens (Hrsg.): Campaigning in Europe - Campaigning for Europe. Political Parties, Campaigns, Mass Media and the European Parliament Elections 2004. Berlin: LIT, 2006.

Mancini, Paolo/Swanson, David L.: Politics, Media and Modern Democracy: Introduction. In: Swanson, David L./Mancini, Paolo (Hrsg.): Politics, Media and Modern Democracy. An International Study of Innovations in Electoral Campaigning and their Consequences. Westport: Praeger, 1996.

Mannstein, Coordt von: Von Popularität bis Polarisierung. Zum Stellenwert des Plakativen in der politischen Kommunikation. In: Altendorfer, Otto/Wiedemann, Heinrich/Mayer, Hermann (Hrsg.): Der moderne Medienwahlkampf. Handbuch. Professionelles Wahlmanagement unter Einsatz neuer Medien, Strategien und Psychologien. Eichstätt: Media Plus, 2000.

Marcinkowski, Frank: Politikvermittlung durch Fernsehen und Hörfunk. In: Sarcinelli, Ulrich (Hrsg.): Politikvermittlung und Demokratie in der Mediengesellschaft. Bonn: Bundeszentrale für politische Bildung und Wiesbaden: Westdeutscher Verlag, 1998.

Marcinkowski, Frank/Greger, Volker: Die Personalisierung politischer Kommunikation im Fernsehen. Ein Ergebnis der "Amerikanisierung"? In: Kamps, Klaus (Hrsg.): Trans-Atlantik - Trans-Portabel? Die Amerikanisierungsthese in der politischen Kommunikation. Wiesbaden: Westdeutscher Verlag, 2000.

Mathes, Rainer/Donsbach, Wolfgang: Rundfunk. In: Noelle-Neumann, Elisabeth/Schulz, Winfried/Wilke, Jürgen (Hrsg.): Publizistik Massenkommunikation. Fischer Lexikon. Frankfurt/Main: Fischer, 2003.

Maurer, Marcus: Überzeugen oder Überreden? Argumentationsstrategien in den Wahlwerbespots der Bundestagsparteien 1994 bis 2005. In: Dörner, Andreas/Schicha, Christian (Hrsg.): Politik im Spot-Format. Zur Semantik, Pragmatik und Ästhetik politischer Werbung in Deutschland. Wiesbaden: VS Verlag für Sozialwissenschaften, 2008.

Maurer, Marcus/Reinemann, Carsten: Schröder gegen Stoiber. Nutzung, Wahrnehmung und Wirkung der TV-Duelle. Wiesbaden: Westdeutscher Verlag, 2003.

Maurer, Marcus/Reinemann, Carsten: TV-Duelle als Instrument der Wahlkampfkommunikation. Mythen und Fakten. In: Jackob, Nikolaus (Hrsg.): Wahlkämpfe in Deutschland. Fallstudien zur Wahlkampfkommunikation 1912-2005. Wiesbaden: VS Verlag für Sozialwissenschaften, 2007.

Maurer, Marcus/Reinemann, Carsten/Maier, Jürgen/Maier, Michaela: Schröder gegen Merkel. Wahrnehmung und Wirkung des TV-Duells 2005 im Ost-West-Vergleich. Wiesbaden: VS Verlag für Sozialwissenschaften, 2007.

Mayring, Philipp: Qualitative Inhaltsanalyse. Basel: Beltz, 2007.

Mertens, Michael: Bundeskanzleramt und Bundespresseamt. In: Hirscher, Gerhard/Korte, Karl-Rudolf (Hrsg.): Information und Entscheidung. Kommunikationsmanagement der politischen Führung. Wiesbaden: VS Verlag für Sozialwissenschaften, 2004.

Meyer, Thomas: Mediokratie. Die Kolonisierung der Politik durch das Mediensystem. Frankfurt/Main: Suhrkamp, 2001.

Meyer, Thomas: Mediokratie. Auf dem Weg in eine andere Demokratie? In: Aus Politik und Zeitgeschichte, B 15-16, 2002, Seite 7-14.

Michel, Marco: Die Bundestagswahlkämpfe der FDP 1949-2002. Wiesbaden: VS Verlag für Sozialwissenschaften, 2005.

Müller, Albrecht: Von der Parteiendemokratie zur Mediendemokratie. Beobachtungen zum Bundestagswahlkampf 1998 im Spiegel früherer Erfahrungen. Opladen: Leske + Budrich, 1999.

Müller, Marion G.: Visuelle Wahlkampfkommunikation. Eine Typologie der Bildstrategien im amerikanischen Präsidentschaftswahlkampf. In: Publizistik, 42, 2, 1997, Seite 205-228.

Müller, Marion G.: Parteienwerbung im Bundestagswahlkampf 1998. Eine qualitative Produktionsanalyse politischer Werbung. In: Media Perspektiven, 5, 1999, Seite 251-261.

Müller, Marion G.: "Seht mich, liebt mich, wählt mich!" Wahlkampf in der ikonischen Öffentlichkeit am Beispiel des Bundestagswahlkampfes 1998. In: Winterhoff-Spurk, Peter/Jäckel, Michael (Hrsg.): Politische Eliten in der Mediengesellschaft. Rekrutierung, Darstellung, Wirkung. München: Reinhard Fischer, 1999.

Müller, Marion G.: Parteitagsinszenierungen diesseits und jenseits des Atlantiks. In: Kamps, Klaus (Hrsg.): Trans-Atlantik - Trans-Portabel? Die Amerikanisierungsthese in der politischen Kommunikation. Wiesbaden: Westdeutscher Verlag, 2000.

Müller, Marion G.: Parteienwerbung im Bundestagswahlkampf 2002. Eine qualitative Analyse politischer Werbung und PR. In: Media Perspektiven, 12, 2002, Seite 629-638.

Müller, Marion G.: Grundlagen der visuellen Kommunikation. Theorieansätze und Analysemethoden. Konstanz: UVK Verlagsgesellschaft, 2003.

Müller, Marion G.: Parteitagskommunikation im Bundestagswahlkampf. Eine Untersuchung zur "Telemediatisierung" der SPD- und CDU-Bundesparteitage 2001. In: Donsbach, Wolfgang/Jandura, Olaf (Hrsg.): Chancen und Gefahren der Mediendemokratie. Schriftenreihe der Deutschen Gesellschaft für Publizistik- und Kommunikationswissenschaft, Band 30. Konstanz: UVK Verlagsgesellschaft, 2003.

Müller, Marion G.: Parteienwerbung im Bundestagswahlkampf 2002. Eine qualitative Produktionsanalyse politischer Werbung und PR. In: Knieper, Thomas/Müller,

Marion G. (Hrsg.): Visuelle Wahlkampfkommunikation. Köln: Herbert von Halem Verlag, 2004.

Münke, Stephanie: Wahlkampf und Machtverschiebung. Geschichte und Analyse der Berliner Wahlen vom 3. Dezember 1950. Berlin: Duncker & Humblot, 1952.

Müntefering, Franz: Die SPD wird einen interessanten und kommunikativen Wahlkampf führen. Rede zur Eröffnung der SPD-Wahlkampfzentrale. Pressemitteilung vom 26.9.1997. Bonn: Sozialdemokratische Partei Deutschlands (SPD), 1997.

Negrine, Ralph M./Papathanassopoulos, Stylianos: The "Americanization" of Political Communication. A Critique. In: Harvard International Journal of Press/Politics, 1, 2, 1996, Seite 45-62.

Neuwerth, Lars: Strategisches Handeln in Wahlkampfsituationen. Der Bundestagswahlkampf 1998. Hamburg: Dr. Kovac, 2001.

Niedermayer, Oskar: Modernisierung von Wahlkämpfen als Funktionsentleerung der Parteibasis. Erschienen in: Niedermayer, Oskar/Westle, Bettina (Hrsg.): Demokratie und Partizipation. Wiesbaden: Westdeutscher Verlag, 2000 [http://www.polwiss.fu-berlin.de/people/niedermayer/docs/Aufsatz_Niedermayer2 000.pdf, zuletzt aufgerufen am 20.04.2008].

Niedermayer, Oskar: Wandel durch Flut und Irak-Krieg? Wahlkampfverlauf und Wahlkampfstrategien der Parteien. In: Jesse, Eckhard (Hrsg.): Bilanz der Bundestagswahl 2002. Voraussetzungen, Ergebnisse, Folgen. München: Bayerische Landeszentrale für politische Bildungsarbeit, 2003.

Niedermayer, Oskar: Der Wahlkampf zur Bundestagswahl 2005. Arbeitspapiere des Otto-Stammer-Zentrums, Nr. 8. Berlin: FU Berlin, 2006.

Niedermayer, Oskar: War die Agenda 2010 an allem Schuld? Die Regierungsparteien SPD und Bündnis 90/Die Grünen. In: Jesse, Eckhard/Sturm, Roland (Hrsg.): Bilanz der Bundestagswahl 2005. Voraussetzungen, Ergebnisse, Folgen. München: Bayerische Landeszentrale für politische Bildungsarbeit, 2006.

Niedermayer, Oskar: Der Wahlkampf zu Bundestagswahl 2005. Parteistrategien und Kampagnenverlauf. In: Brettschneider, Frank/Niedermayer, Oskar/Weßels, Bernhard (Hrsg.): Die Bundestagswahl 2005. Analysen des Wahlkampfes und der Wahlergebnisse. Wiesbaden: VS Verlag für Sozialwissenschaften, 2007.

Niedermayer, Oskar: Die Entwicklung des bundesdeutschen Parteiensystems. In: Decker, Frank/Neu, Viola (Hrsg.): Handbuch der deutschen Parteien. Bonn: Bundeszentrale für politische Bildung und Wiesbaden: VS Verlag für Sozialwissenschaften, 2007.

Nieland, Jörg-Uwe: Politics goes popular. Anmerkungen zur Popularisierung der politischen Kommunikation. In: Kamps, Klaus (Hrsg.): Trans-Atlantik - Trans-Portabel? Die Amerikanisierungsthese in der politischen Kommunikation. Wiesbaden: Westdeutscher Verlag, 2000.

Nohlen, Dieter: Wahlrecht und Parteiensystem. Opladen: Leske + Budrich, 2004.

Oberreuter, Heinrich: Medien und Demokratie. Ein Problemaufriß. In: Rohe, Karl (Hrsg.): Politik und Demokratie in der Informationsgesellschaft. Baden-Baden: Nomos, 1997.

Oberreuter, Heinrich: '98 und die Folgen. Veränderungen in Parteiensystem und medialer Politikdarstellung. In: Oberreuter, Heinrich (Hrsg.): Umbruch '98. Wähler, Parteien, Kommunikation. München: Olzog, 2001.

Oberreuter, Heinrich: Image statt Inhalt? Möglichkeiten und Grenzen inszenierter Politik. In: Depenheuer, Otto (Hrsg.): Öffentlichkeit und Vertraulichkeit. Theorie und Praxis der politischen Kommunikation. Opladen: Westdeutscher Verlag, 2001.

Oeltzen, Anne-Kathrin/Forkmann, Daniela: Charismatiker, Kärrner und Hedonisten. Die Parteivorsitzenden der SPD. In: Forkmann, Daniela/Schlieben, Michael (Hrsg.): Die Parteivorsitzenden in der Bundesrepublik Deutschland 1949-2005. Wiesbaden: VS Verlag für Sozialwissenschaften, 2005.

Ohr, Dieter: Sprechende Bilder. Die Werbemittel der Parteien und ihre Wahrnehmung. In: Güllner, Manfred, et al. (Hrsg.): Die Bundestagswahl 2002. Eine Untersuchung im Zeichen hoher politischer Dynamik. Wiesbaden: VS Verlag für Sozialwissenschaften., 2005.

Ott, Raphaela: Weblogs als Medium politischer Kommunikation im Bundestagswahlkampf 2005. In: Holtz-Bacha, Christina (Hrsg.): Die Massenmedien im Wahlkampf: Die Bundestagswahl 2005. Wiesbaden: VS Verlag für Sozialwissenschaften, 2006.

Paletz, David L./Vinson, Danielle: Mediatisierung von Wahlkampagnen. Zur Rolle der amerikanischen Medien bei Wahlen. In: Media Perspektiven, 7, 1994, Seite 362-368.

Pappi, Franz U.: Zur Theorie des Parteienwettbewerbs. In: Klein, Markus/Jagodzinski, Wolfgang/Mochmann, Ekkehard/Ohr, Dieter (Hrsg.): 50 Jahre empirische Wahlforschung in Deutschland. Entwicklung, Befunde, Perspektiven, Daten. Wiesbaden: Westdeutscher Verlag, 2000.

Pappi, Franz U./Shikano, Susumu: Schröders knapper Sieg bei der Bundestagswahl 2002. In: Zeitschrift für Politik, 50, 2003, Seite 1-16.

Paterson, William E./Sloam, James: Gerhard Schröder and the Unlikely Victory of the German Social Democrats. In: Conradt, David P./Kleinfeld, Gerald R./Soe, Christian (Hrsg.): Precarious Victory. The 2002 German Federal Election and Its Aftermath. New York; Oxford: Berghahn Books, 2005.

Pfetsch, Barbara: "Amerikanisierung" der politischen Kommunikation? Politik und Medien in Deutschland und den USA. In: Aus Politik und Zeitgeschichte, B 41-42, 2001, Seite 27-36.

Pfetsch, Barbara/Adam, Silke: Massenmedien als Akteure im politischen Prozess. Konzepte und Analysen. Wiesbaden: VS Verlag für Sozialwissenschaften, 2007.

Pfetsch, Barbara/Mayerhöffer, Eva: Politische Kommunikation in der modernen Demokratie. Eine Bestandsaufnahme. Öffentlichkeit und Politische Kommunikation, Band 1. Stuttgart: Universität Hohenheim, 2006.

Pippa, Norris: A Virtuous Circle. Political Communication in Postindustrial Societies. Cambridge: Cambridge University Press, 2000.

Plasser, Fritz: American Campaign Techniques Worldwide. In: Harvard International Journal of Press/Politics, 5, 4, 2000, Seite 33-54.

Plasser, Fritz: "Amerikanisierung" der Wahlkommunikation in Westeuropa. Diskussions- und Forschungsstand. In: Bohrmann, Hans/Jarren, Otfried/Melischek, Gabriele/Seethaler, Josef (Hrsg.): Wahlen und Politikvermittlung durch Massenmedien. Wiesbaden: Westdeutscher Verlag, 2000.

Plasser, Fritz: Wahlkommunikation in den USA und Europa. Par et impar. In: Melischek, Gabriele/Seethaler, Josef/Wilke, Jürgen (Hrsg.): Medien & Kommunikationsforschung im Vergleich. Grundlagen, Gegenstandsbereiche, Verfahrensweisen. Wiesbaden: VS Verlag für Sozialwissenschaften, 2008.

Plasser, Fritz/Plasser, Gunda: Globalisierung der Wahlkämpfe. Praktiken der campaign professionals im weltweiten Vergleich. Wien: Wiener Universitätsverlag WUV, 2002.

Plehwe, Kerstin: Politische Dialogkommunikation im Bundestagswahlkampf 2005. In: Holtz-Bacha, Christina (Hrsg.): Die Massenmedien im Wahlkampf: Die Bundestagswahl 2005. Wiesbaden: VS Verlag für Sozialwissenschaften, 2006.

Podschuweit, Nicole: Wirkungen von Wahlwerbung. Aufmerksamkeitsstärke, Verarbeitung, Erinnerungsleistung und Entscheidungsrelevanz. München: Verlag Reinhard Fischer, 2007.

Podschuweit, Nicole/Dahlem, Stefan: Das Paradox der Wahlwerbung. Wahrnehmung und Wirkungen der Parteikampagnen im Bundestagswahlkampf 2002. In: Jackob, Nikolaus (Hrsg.): Wahlkämpfe in Deutschland. Fallstudien zur Wahlkampfkommunikation 1912-2005. Wiesbaden: VS Verlag für Sozialwissenschaften, 2007.

Political Consulting Group, The: Zwischen Wahnsinn und Methode. In: Pickel, Gert/Walz, Dieter/Brunner, Wolfram (Hrsg.): Deutschland nach den Wahlen. Befunde zur Bundestagswahl 1998 und zur Zukunft des deutschen Parteiensystems. Opladen: Leske + Budrich, 2000.

Priess, Frank: Ein Wahlkampf der besonderen Art. 2005 war vieles anders. In: Die politische Meinung, 431, 10, 2005, Seite 10-14.

Prittwitz, Volker von: Vergleichende Politikanalyse. Stuttgart: Lucius & Lucius, 2007.

Quandt, Markus: Neue Themen, neue Lage. Irak-Krise und Elbe-Hochwasser als wahlentscheidende Ereignisse? In: Güllner, Manfred, et al. (Hrsg.): Die Bundestagswahl 2002. Eine Untersuchung im Zeichen hoher politischer Dynamik. Wiesbaden: VS Verlag für Sozialwissenschaften, 2005.

Radunski, Peter: Wahlkämpfe. Moderne Wahlkampfführung als politische Kommunikation. München: Olzog, 1980.

Radunski, Peter: Wahlkampf in den achtziger Jahren. Repolitisierung der Wahlkampfführung und neue Techniken in den Wahlkämpfen der westlichen Demokratien. In: Aus Politik und Zeitgeschichte, B 11, 1986, Seite 34-45.

Radunski, Peter: Politisches Kommunikationsmanagement. Die Amerikanisierung der Wahlkämpfe. In: Bertelsmann Stiftung (Hrsg.): Politik überzeugend vermitteln. Wahlkampfstrategien in Deutschland und den USA. Analysen und Bewertungen von Politikern, Journalisten und Experten. Gütersloh: Verlag Bertelsmann Stiftung, 1996.

Raschke, Joachim/Tils, Ralf: Politische Strategie. Eine Grundlegung. Wiesbaden: VS Verlag für Sozialwissenschaften, 2007.

Reinemann, Carsten: Wandel beschrieben - Wandel erklärt? In: Melischek, Gabriele/Seethaler, Josef/Wilke, Jürgen (Hrsg.): Medien & Kommunikationsforschung im Vergleich. Grundlagen, Gegenstandsbereiche, Verfahrensweisen. Wiesbaden: VS Verlag für Sozialwissenschaften, 2008.

Rettich, Markus/Schatz, Roland: Amerikanisierung oder Die Macht der Themen. Bundestagswahl 1998: die Medien-Tenor-Analyse der Berichterstattung und ihrer Auswirkung auf das Wählervotum. Bonn: InnoVatio, 1998.

Ristau, Malte: Wahlkampf in der Mediendemokratie. Die Kampagne der SPD 1997/1998. In: Klein, Markus/Jagodzinski, Wolfgang/Mochmann, Ekkehard/Ohr, Dieter (Hrsg.): 50 Jahre empirische Wahlforschung in Deutschland. Entwicklung, Befunde, Perspektiven, Daten. Wiesbaden: Westdeutscher Verlag, 2000.

Rohwer, Lars/Schuster, Christian H.: Rote Grashalme. Online-Kämpfer an der SPD-Basis. In: Melchert, Florian/Magerl, Fabian/Voigt, Mario (Hrsg.): In der Mitte der Kampagne. Grassroots und Mobilisierung im Bundestagswahlkampf 2005. Berlin; München: poli-c-books, 2006.

Römmele, Andrea: Postmoderne Wahlkampftechnologien. Direct Mailing als neue Form direkter Kommunikation zwischen Parteien und Wählern. In: Klein, Markus/Jagodzinski, Wolfgang/Mochmann, Ekkehard/Ohr, Dieter (Hrsg.): 50 Jahre empirische Wahlforschung in Deutschland. Entwicklung, Befunde, Perspektiven, Daten. Wiesbaden: Westdeutscher Verlag, 2000.

Roper, Juliet/Holtz-Bacha, Christina/Mazzoleni, Gianpietro: The Politics of Representation. Election Campaigning and Proportional Representation. New York: Peter Lang, 2004.

Rössing, Thomas: Wahlkampf und Wirklichkeit. Veränderungen der Realität als Herausforderung für die empirische Wahlkampfforschung. In: Jackob, Nikolaus (Hrsg.): Wahlkämpfe in Deutschland. Fallstudien zur Wahlkampfkommunikation 1912-2005. Wiesbaden: VS Verlag für Sozialwissenschaften, 2007.

Rosumek, Lars: Politische Öffentlichkeitsarbeit im Wandel? Adenauer als Vorreiter des Medienkanzlers. In: Bentele, Günter/Piwinger, Manfred/Schönborn, Gregor (Hrsg.): Kommunikationsmanagement. Strategien, Wissen, Lösungen. (Loseblattwerk) Neuwied: Luchterhand, 2005.

Rosumek, Lars: Die Kanzler und die Medien. Acht Porträts von Adenauer bis Merkel. Frankfurt/Main: Campus, 2007.

Roth, Dieter/Wüst, Andreas M.: Abwahl ohne Machtwechsel? Die Bundestagswahl 2005 im Lichte langfristiger Entwicklungen. In: Jesse, Eckhard/Sturm, Roland (Hrsg.): Bilanz der Bundestagswahl 2005. Voraussetzungen, Ergebnisse, Folgen. München: Bayerische Landeszentrale für politische Bildungsarbeit, 2006.

Röttger, Ulrike: Campaigns (f)or a better world? In: Röttger, Ulrike (Hrsg.): PR-Kampagnen. Über die Inszenierung von Öffentlichkeit. Wiesbaden: VS Verlag für Sozialwissenschaften, 2006.

Sarcinelli, Ulrich: Wahlkampfkommunikation als symbolische Politik. Überlegungen zu einer theoretischen Einordnung der Politikvermittlung im Wahlkampf. In: Klingemann, Hans-Dieter/Kaase, Max (Hrsg.): Wahlen und politischer Prozeß. Analysen aus Anlaß der Bundestagswahl 1983. Opladen: Westdeutscher Verlag, 1986.

Sarcinelli, Ulrich: Politikvermittlung und demokratische Kommunikationskultur. In: Sarcinelli, Ulrich (Hrsg.): Politikvermittlung. Beiträge zur politischen Kommunikationskultur. Bonn: Bundeszentrale für politische Bildung und Wiesbaden: Westdeutscher Verlag, 1987.

Sarcinelli, Ulrich: Legitimität. In: Jarren, Otfried/Sarcinelli, Ulrich/Saxer, Ulrich (Hrsg.): Politische Kommunikation in der demokratischen Gesellschaft. Ein Handbuch mit Lexikonteil. Opladen: Westdeutscher Verlag, 1998.

Sarcinelli, Ulrich: Politikvermittlung und Demokratie. Zum Wandel der politischen Kommunikationskultur. In: Sarcinelli, Ulrich (Hrsg.): Politikvermittlung und Demokratie in der Mediengesellschaft. Bonn: Bundeszentrale für politische Bildung und Wiesbaden: Westdeutscher Verlag, 1998.

Sarcinelli, Ulrich: Politikvermittlung und Wahlen - Sonderfall oder Normalität des politischen Prozesses? Essayistische Anmerkungen und Anregungen für die Forschung. In: Bohrmann, Hans/Jarren, Otfried/Melischek, Gabriele/Seethaler, Josef (Hrsg.): Wahlen und Politikvermittlung durch Massenmedien. Wiesbaden: Westdeutscher Verlag, 2000.

Sarcinelli, Ulrich: Politische Kommunikation in Deutschland. Zur Politikvermittlung im demokratischen System. Wiesbaden: VS Verlag für Sozialwissenschaften, 2005.

Sarcinelli, Ulrich/Geisler, Alexander: Die Demokratie auf dem Opferaltar kampagnenpolitischer Aufrüstung? Anmerkungen zur Modernisierung von Wahlkampfkommunikation. In: Machnig, Matthias (Hrsg.): Politik - Medien - Wähler. Wahlkampf im Medienzeitalter. Opladen: Leske+ Budrich, 2002.

Sarcinelli, Ulrich/Schatz, Heribert: Mediendemokratie im Medienland Nordrhein-Westfalen? Eine Bilanz aus Akteurssicht sowie eine zusammenfassende Bewertung der Untersuchungsergebnisse. In: Sarcinelli, Ulrich/Schatz, Heribert (Hrsg.): Mediendemokratie im Medienland. Inszenierungen und Themensetzungsstrategien im Spannungsfeld von Medien und Parteieliten am Beispiel der nordrhein-westfälischen Landtagswahl 2000. Opladen: Leske + Budrich, 2002.

Sarcinelli, Ulrich/Schatz, Heribert (Hrsg.): Mediendemokratie im Medienland. Inszenierungen und Themensetzungsstrategien im Spannungsfeld von Medien und Parteieliten am Beispiel der nordrhein-westfälischen Landtagswahl 2000. Opladen: Leske + Budrich, 2002.

Sarcinelli, Ulrich/Schatz, Heribert: Von der Parteien- zur Mediendemokratie. Eine These auf dem Prüfstand. In: Sarcinelli, Ulrich/Schatz, Heribert (Hrsg.): Mediendemokratie im Medienland. Inszenierungen und Themensetzungsstrategien im Spannungsfeld von Medien und Parteieliten am Beispiel der nordrhein-westfälischen Landtagswahl 2000. Opladen: Leske + Budrich, 2002.

Saxer, Ulrich: Mediengesellschaft. Verständnisse und Mißverständnisse. In: Sarcinelli, Ulrich (Hrsg.): Politikvermittlung und Demokratie in der Mediengesellschaft. Bonn: Bundeszentrale für politische Bildung und Wiesbaden: Westdeutscher Verlag, 1998.

Saxer, Ulrich: Massenmedien als Wahlkommunikatoren in längerfristiger Perspektive. Ein Forschungsüberblick. In: Bohrmann, Hans/Jarren, Otfried/Melischek, Gabriele/Seethaler, Josef (Hrsg.): Wahlen und Politikvermittlung durch Massenmedien. Wiesbaden: Westdeutscher Verlag, 2000.

Schenke, Wolf-Rüdiger/Baumeister, Peter: Vorgezogene Bundestagswahlen. Überraschungscoup ohne Verfassungsbruch? In: Neue Juristische Wochenschrift, 2, 2005, Seite 1844-1846.

Scheuch, Erwin K./Wildenmann, Rudolf (Hrsg.): Zur Soziologie der Wahl. Kölner Zeitschrift für Soziologie und Sozialpsychologie, Sonderheft Nr. 9. Köln; Opladen: Westdeutscher Verlag, 1965.

Schicha, Christian: Die Inszenierung politischer Diskurse. Beobachtungen zu Politikerauftritten in Fernsehtalkshows. In: Tenscher, Jens/Schicha, Christian (Hrsg.): Talk auf allen Kanälen. Angebote, Akteure und Nutzer von Fernsehgesprächssendungen. Wiesbaden: Westdeutscher Verlag, 2002.

Schicha, Christian: Die Theatralität der politischen Kommunikation. Medieninszenierungen am Beispiel des Bundestagswahlkampfes 2002. Münster: LIT, 2003.

Schicha, Christian/Dörner, Andreas: "Parteien zur Bundestagswahl 2005 - Für den Inhalt der Spots sind ausschließlich die Parteien verantwortlich." Einleitung. In: Dörner, Andreas/Schicha, Christian (Hrsg.): Politik im Spot-Format. Zur Semantik, Pragmatik und Ästhetik politischer Werbung in Deutschland. Wiesbaden: VS Verlag für Sozialwissenschaften, 2008.

Schmid, Josef/Griese, Honza (Hrsg.): Wahlkampf in Baden-Württemberg. Organisationsformen, Strategien und Ergebnisse der Landtagswahl vom 25. März 2001 Opladen: Leske + Budrich, 2002.

Schmidt, Manfred G.: Das politische System Deutschlands. Institutionen, Willensbildung und Politikfelder. Bonn: Bundeszentrale für politische Bildung und München: C.H. Beck, 2007.

Schmitt-Beck, Rüdiger: Wirkungen der Parteienwerbung im Fernsehen. Mannheim: Unveröff. Ms., 1999.

Schmitt-Beck, Rüdiger/Faas, Thorsten: The Campaign and its Dynamics at the 2005 German General Election. In: German Politics, 15, 4, 2006, Seite 393-419.

Schmitt, Hermann/Wüst, Andreas M.: The Extraordinary Bundestag Election of 2005. The Interplay of Long-term Trends and Short-term Factors. In: Langenbacher, Eric (Hrsg.): Launching the Grand Coalition. The 2005 Bundestag Election and the Future of German Politics. New York; Oxford: Berghahn Books, 2006.

Schoenbach, Klaus: The "Americanization" of German Election Campaigns. Any Impact on Voters? In: Swanson, David L./Mancini, Paolo (Hrsg.): Politics, Media and Modern Democracy. An International Study of Innovations in Electoral Campaigning and their Consequences. Westport: Praeger, 1996.

Schön, Harald: Der Kanzler, zwei Sommerthemen und ein Foto-Finish. Priming-Effekte bei der Bundestagswahl 2002. In: Brettschneider, Frank/Deth, Jan van/Roller, Edeltraud (Hrsg.): Die Bundestagswahl 2002. Analysen der Wahlergebnisse und des Wahlkampfes. Wiesbaden: VS Verlag für Sozialwissenschaften, 2004.

Schön, Harald: Wahlkampfforschung. In: Falter, Jürgen W./Schön, Harald (Hrsg.): Handbuch Wahlforschung. Wiesbaden: VS Verlag für Sozialwissenschaften, 2005.

Schön, Harald: Ein Wahlkampf ist ein Wahlkampf ist ein Wahlkampf? Anmerkungen zu Konzepten und Problemen der Wahlkampfforschung. In: Jackob, Nikolaus (Hrsg.): Wahlkämpfe in Deutschland. Fallstudien zur Wahlkampfkommunikation 1912-2005. Wiesbaden: VS Verlag für Sozialwissenschaften, 2007.

Schreiber, Michaela: Kommunikationsstrategien im Wahlkampf. Unterschiede lokaler und nationaler Kampagnen am Beispiel von SPD und Labour Party. In: Karp, Markus/Zolleis, Udo (Hrsg.): Politisches Marketing. Eine Einführung in das Politische Marketing mit aktuellen Bezügen aus Wissenschaft und Praxis. Münster: LIT, 2004.

Schultze, Rainer-Olaf: Strukturierte Vielfalt als Wählerentscheidung heute? Eine Analyse der Bundestagswahl vom 22. September 2002. In: Jesse, Eckhard (Hrsg.): Bilanz der Bundestagswahl 2002. Voraussetzungen, Ergebnisse, Folgen. München: Bayerische Landeszentrale für politische Bildungsarbeit, 2003.

Schulz, Winfried: Wahlkampf unter Vielkanalbedingungen. Kampagnenmanagement, Informationsnutzung und Wählerverhalten. In: Media Perspektiven, 8, 1998, Seite 378-391.

Schulz, Winfried: Medialisierung von Wahlkämpfen und die Folgen für das Wählerverhalten. In: Imhof, Kurt/Blum, Roger/Bonfadelli, Heinz/Jarren, Otfried (Hrsg.): Demokratie in der Mediengesellschaft. Wiesbaden: VS Verlag für Sozialwissenschaften, 2006.

Schulz, Winfried: Politische Kommunikation. Theoretische Ansätze und Ergebnisse empirische Forschung. 2., vollständig überarbeitete und erweiterte Auflage. Wiesbaden: VS Verlag für Sozialwissenschaften, 2008.

Schweitzer, Eva: Wahlkampf im Internet. Eine Analyse der Internetauftritte von SPD, CDU, Bündnis '90/Die Grünen und FDP zur Bundestagswahl 2002. In: Holtz-Bacha, Christina (Hrsg.): Die Massenmedien im Wahlkampf. Die Bundestagswahl 2002. Wiesbaden: Westdeutscher Verlag, 2003.

Schweitzer, Eva J.: Professionalisierung im Online-Wahlkampf? Ein Längsschnittvergleich deutscher Partei-Websites zu den Bundestagswahlen 2002 und 2005. In: Holtz-Bacha, Christina (Hrsg.): Die Massenmedien im Wahlkampf: Die Bundestagswahl 2005. Wiesbaden: VS Verlag für Sozialwissenschaften, 2006.

Seifert, Karl-Heinz/Hömig, Dieter (Hrsg.): Grundgesetz für die Bundesrepublik Deutschland. Taschenkommentar. Baden-Baden: Nomos, 1999.

SPD Parteivorstand: Kampa 02. Die Kampagne zur Bundestagswahl 2002. Berlin: Sozialdemokratische Partei Deutschlands (SPD), 2002.

SPD Parteivorstand: Die Kampagne zur Bundestagswahl 2005. Vertrauen in Deutschland. Berlin: Sozialdemokratische Partei Deutschlands (SPD), 2005.

SPD Parteivorstand: Kampa 02: Familien im Zentrum. Leitfaden für den Bundestagswahlkampf 2002. Berlin: Sozialdemokratische Partei Deutschlands (SPD), o. J.

SPD Parteivorstand, Abteilung Kommunikation und Wahlen: Mehrheit 98. Die Bundestagswahlkampagne der SPD. o. O.: Sozialdemokratische Partei Deutschlands (SPD), o. J.

SPD Pressestelle: In Deutschland ist die Mitte rot. Pressemitteilung vom 12.2.2002. 2002 [http://archiv.spd.de/servlet/PB/menu/1011224/1011420.html, zuletzt aufgerufen am 16.3.2008].

Spier, Tim/Butzlaff, Felix/Micus, Matthias/Walter, Franz (Hrsg.): Die Linkspartei. Zeitgemäße Idee oder Bündnis ohne Zukunft? Wiesbaden: VS Verlag für Sozialwissenschaften, 2007.

Stauss, Frank: Wählt Markenpolitik. Werbung und ihre Rolle in der politischen Kampagne. In: Machnig, Matthias (Hrsg.): Politik - Medien - Wähler. Wahlkampf im Medienzeitalter. Opladen: Leske+ Budrich, 2002.

Stöss, Richard/Neugebauer, Gero: Die SPD und die Bundestagswahl 1998. Ursachen und Risiken eines historischen Wahlsiegs unter besonderer Berücksichtigung der Verhältnisse in Ostdeutschland. Arbeitshefte aus dem Otto-Stammer-Zentrum, Nr. 2. Berlin: Freie Universität Berlin, 1998.

Stöss, Richard/Neugebauer, Gero: Mit einem blauen Auge davon gekommen. Eine Analyse der Bundestagswahl 2002. Arbeitshefte aus dem Otto-Stammer-Zentrum, Nr. 7. Berlin: Freie Universität Berlin, 2002.

Strohmeier, Gerd: Moderne Wahlkämpfe. Wie sie geplant, geführt und gewonnen werden. Baden-Baden: Nomos, 2002.

Strohmeier, Gerd: Die Modernisierung der Wahlkämpfe in Deutschland. In: Karp, Markus/Zolleis, Udo (Hrsg.): Politisches Marketing. Eine Einführung in das Politische Marketing mit aktuellen Bezügen aus Wissenschaft und Praxis. Münster: LIT, 2004.

Strohmeier, Gerd: Moderne Wahlkämpfe unter besonderer Berücksichtigung der Bundestagswahlkämpfe seit 1998. In: Jesse, Eckhard/Klein, Eckart (Hrsg.): Das Parteienspektrum im wiedervereinigten Deutschland. Schriftenreihe der Gesellschaft für Deutschlandforschung, Band 94. Berlin: Duncker & Humblot, 2007.

Strünck, Christoph: Agenten oder Agenturen? Amerikanische und deutsche Parteien in vergleichender Perspektive. In: Kamps, Klaus (Hrsg.): Trans-Atlantik - Trans-Portabel? Die Amerikanisierungsthese in der politischen Kommunikation. Wiesbaden: Westdeutscher Verlag, 2000.

Swanson, David L./Mancini, Paolo: Patterns of Modern Electoral Campaigning and Their Consequences. In: Swanson, David L./Mancini, Paolo (Hrsg.): Politics, Media and Modern Democracy. An International Study of Innovations in Electoral Campaigning and their Consequences. Westport: Praeger, 1996.

Tenscher, Jens: Talkshowisierung als Element moderner Politikvermittlung. In: Tenscher, Jens/Schicha, Christian (Hrsg.): Talk auf allen Kanälen. Angebote, Akteure und Nutzer von Fernsehgesprächssendungen. Wiesbaden: Westdeutscher Verlag, 2002.

Tenscher, Jens: Professionalisierung der Politikvermittlung? Politikvermittlungsexperten im Spannungsfeld von Politik und Massenmedien. Wiesbaden: Westdeutscher Verlag, 2003.

Tenscher, Jens: Bundestagswahlkampf 2002 - Zwischen strategischem Kalkül und der Inszenierung des Zufalls. In: Falter, Jürgen W./Gabriel, Oscar W./Weßels, Bernhard (Hrsg.): Wahlen und Wähler. Analysen aus Anlass der Bundestagswahl 2002. Wiesbaden: VS Verlag für Sozialwissenschaften, 2005.

Tenscher, Jens (Hrsg.): Wahl-Kampf um Europa. Analysen aus Anlass der Wahlen zum Europäischen Parlament 2004. Wiesbaden: VS Verlag für Sozialwissenschaften, 2005.

Tenscher, Jens: Professionalisierung nach Wahl. Ein Vergleich der Parteienkampagnen im Rahmen der jüngsten Bundestags- und Europawahlkämpfe in Deutschland. In: Brettschneider, Frank/Niedermayer, Oskar/Weßels, Bernhard (Hrsg.): Die Bundestagswahl 2005. Analysen des Wahlkampfes und der Wahlergebnisse. Wiesbaden: VS Verlag für Sozialwissenschaften, 2007.

Timm, Andreas: Die SPD-Strategie im Bundestagswahlkampf 1998. Hamburg: Kovac, 1999.

Vorländer, Hans: Demokratie. Geschichte - Formen - Theorien. Bonn: Bundeszentrale für politische Bildung und München: C.H. Beck, 2003.

Vowe, Gerhard/Dohle, Marco: Politische Kommunikation im Umbruch. Neue Forschung zu Akteuren, Medieninhalten und Wirkungen. In: Politische Vierteljahresschrift, 48, 2, 2007, Seite 338-359.

Vowe, Gerhard/Wolling, Jens: Amerikanisierung des Wahlkampfs oder Politisches Marketing? In: Kamps, Klaus (Hrsg.): Trans-Atlantik - Trans-Portabel? Die Amerikanisierungsthese in der politischen Kommunikation. Wiesbaden: Westdeutscher Verlag, 2000.

Wagner, Jochen W.: Deutsche Wahlwerbekampagnen made in USA? Amerikanisierung oder Modernisierung bundesrepublikanischer Wahlkampagnen. Wiesbaden: VS Verlag für Sozialwissenschaften, 2005.

Webel, Diana von: Der Wahlkampf der SPD. In: Noelle-Neumann, Elisabeth/Kepplinger, Hans Mathias/Donsbach, Wolfgang (Hrsg.): Kampa. Meinungsklima und Medienwirkung im Bundestagswahlkampf 1998. Freiburg: Alber, 1999.

Wiesendahl, Elmar: Parteienkommunikation. In: Jarren, Otfried/Sarcinelli, Ulrich/Saxer, Ulrich (Hrsg.): Politische Kommunikation in der demokratischen Gesellschaft. Ein Handbuch mit Lexikonteil. Opladen: Westdeutscher Verlag, 1998.

Wiesendahl, Elmar: Die Bundestagswahl 2002. Eine Nachbetrachtung aus strategischer Sicht. In: Rissener Einblicke, 2, 2003, Seite 87-105.

Wilke, Jürgen/Reinemann, Carsten: Kanzlerkandidaten in der Wahlkampfberichterstattung 1949-1998. Köln: Böhlau, 2000.

Wirth, Werner/Voigt, Ronald: Der Aufschwung ist meiner! Personalisierung von Spitzenkandidaten im Fernsehen zur Bundestagswahl 1998. In: Holtz-Bacha, Christina (Hrsg.): Wahlkampf in den Medien - Wahlkampf mit den Medien. Ein Reader zum Wahljahr 1998. Opladen: Westdeutscher Verlag, 1999.

Woyke, Wichard: Die Bundestagswahl 2002. Wahl - Wähler - Wahlkampf. Opladen: Leske + Budrich, 2002.

Wüst, Andreas M./Roth, Dieter: Schröder's Last Campaign. An Analysis of the 2005 Bundestag Election in Context. In: German Politics, 15, 4, 2006, Seite 439-459.

***ibidem*-Verlag**
Melchiorstr. 15
D-70439 Stuttgart
info@ibidem-verlag.de

www.ibidem-verlag.de
www.ibidem.eu
www.edition-noema.de
www.autorenbetreuung.de

Zeitfracht Medien GmbH
Ferdinand-Jühlke-Straße 7
99095 Erfurt, Deutschland
produktsicherheit@kolibri360.de